ゴンドラの文化史

運河をとおして見るヴェネツィア

アレッサンドロ・マルツォ・マーニョ
和栗珠里 訳

LA CARROZZA DI VENEZIA STORIA DELLA GONDOLA

Alessandro Marzo Magno

白水社

列車でヴェネツィアに到着した観光客は鉄道駅前のトラゲットでゴンドラに乗った（上、昔の駅）。旅行カバンを船尾に積むと、ゴンドラは宿に向かった（下）。これがヴェネツィアに来て最初にすることだった。

フェルツェや日よけが使われなくなって数十年後の写真。乗客を守るために、冬場は船室が（上）、夏場はより軽い遮蔽物が（下）つけられた。写真上のゴンドリエーレは、お抱えゴンドリエーレの制服を着ている。

伝統的な配置（リアルト橋の前のゴンドラ、十九世紀の写真）と、まったく新しい光景（リド島のオテル・デ・バン前の海に浮かべられたゴンドラ、第二次世界大戦前）。

今日のフェッロはすべて歯の数が六本であるが、かつてはそうではなかった。五本の場合もあれば（下）、四本しかない場合もあった（上）。

十九世紀のゴンドリエーレは貧しかった。アレッサンドロ・ミレジの絵画には、パンとワインだけの典型的な船頭の食事風景が描かれている。妻と子は、それを見つめている。

ブラーノ式のサンドロは、とくにブラーノ島とサン・フランチェスコ・デル・デゼルト島の間の渡し舟として利用された。

戦時中のゴンドラ。上は、一九四一年六月一四日に撮影されたナチス・ドイツの外務大臣ヨアヒム・フォン・リッベントロップとファシスト・イタリアの外務大臣ガレアッツォ・チャーノ。下は、一九四五年五月二九日に撮影されたアメリカのハロルド・アレクサンダー将軍とイギリスのバーナード・モンゴメリ将軍。

ヴェネツィアのアメリカ人。一九四五年八月、サンドロに載ったGI。

VENEZIA 1940: La guerra in gondola

マスクをつけたゴンドラ客とゴンドリエーレ。これら二枚の象徴的な写真には四八年の隔たりがある。一枚目は一九四〇年のもので、戦争とガス爆弾の危険を訴えている。二枚目は一九八八年七月、腐敗した海藻の悪臭がヴェネツィアに充満していたときのもの。ジャンフランコ・タリアピエトラが撮影した後者は、ANSAとロイター通信社によって配信され、世界各国の新聞に載った。ヴェネツィアでは実際に人々がマスクをつけて出歩いたが、それが象徴的だと述べる者もいれば、否定する者もいた。大きな騒ぎとなり、ホテル経営者たちは激しく抗議して法的手段に訴える気配を見せた。論争は数日後におさまり、急場しのぎではあれ、ラグーナで海藻の回収作業が始まった。この写真は、インタープレス・フォト・タリアピエトラ社の厚意により使用許可を得た。

一風変わったゴンドラの利用例。十九世紀末の救急ゴンドラ（上）と、『007ムーンレイカー』でジェイムズ・ボンドを追う悪者に激突されたゴンドラ（下）。

一世を風靡した結婚式。一九五五年、一五歳のイラ・フルシュテンベルク姫と三一歳の貴公子アルフォンソ・ホーエンローエ=ランゲンブルクがサン・セバスティアーノ教会で挙式した。ラビア館で行なわれた披露宴には四五〇人の招待客が列席した。

バッファロー・ビルと一座のアメリカ・インディアン（上）。イタリア王ヴィットリオ・エマヌエーレ三世（下）。

ゴンドラ上の教皇たち。総大司教ジュゼッペ・サルトは、コンクラーヴェに参加するため一九〇三年にヴェネツィアを発ち、教皇に選出されてピウス十世となった（上）。一九七二年のパウロ六世のヴェネツィア訪問（下）。パウロ六世とともに舟に乗っているのは、彼の秘書官と、六年後に彼の後任としてヨハネ・パウロ一世となるヴェネツィア総大司教アルビノ・ルチャーニ。

一九五八年のディーノ・リージ監督映画のポスター。出演は、マリーザ・アッラジオ、ニーノ・マンフレディ、アルベルト・ソルディ。

詩人エズラ・パウンド。

一九八五年、イギリスのチャールズ皇太子とダイアナ妃。

ゴンドラの文化史——運河をとおして見るヴェネツィア

〔扉・表紙図版〕カナレット／アントニオ・ヴィゼンティーニ

ゴンドラの文化史　目次

〔装幀〕 柳川貴代

用語解説

アルセナーレ　ヴェネツィア共和国の国立造船所。おもにガレー船を建造していた。

コルティジャーナ　高級娼婦。

ゴンドリエーレ　ゴンドラの船頭。

ゴンドリーノ　小型ゴンドラ。

サンドロ　ラグーナで用いられる平底舟の一種で、もともとは漁やカモ猟に用いられていた。大きさにより、一人漕ぎから四人漕ぎまである。一人の漕ぎ手が二本の櫂で漕ぐ場合もある。

スクェーロ　ゴンドラの造船所。

ス・チョポン　ラグーナで用いられる平底舟の一種。軽量であるため、とくに水深の浅いところでも用いることができる。

ドージェ　ヴェネツィア共和国元首。貴族のなかから選挙で選ばれた終身職。

トラゲット　渡し場、および渡しに使われる舟。

ビッソーナ　八人漕ぎの大型ゴンドラ。

フェッロ　ゴンドラの舳先飾り（かつては艫にもあった）。現在では、一般的に櫛の形をしている。

フェルツェ　かつてゴンドラの中央に設置されていた屋根付きの客室。

フォルコラ　櫂受け（櫂を支える部品）。独特のくぼみとカーブを持ち、取り外しが可能であるため、車で言えばギアやキーの役割を果たす。

ブチントーロ　ヴェネツィア共和国で公式行事に用いられた祝祭用の豪華な舟。

プッパリーノ　サンドロの一種で、ゴンドラと同様に左右非対称。かつては自家用舟として用いられていたが、現在はおもに競技用である。

ペアータ　ラグーナで用いられる平底舟の一種。頑丈で積載量が大きく、輸送に用いられる。

マスカレータ　ラグーナで用いられる平底舟の一種。軽くて細く、女子のレースに用いられることが多い。

レガータ　ボートレース。九月の第一日曜に歴史パレードとともに行なわれるものは歴史レガータ（レガータ・ストリカ）と呼ばれる。

1　ゴンドラは馬車である

ゴンドラは舟ではなく、水の上を行く馬車である。それは、次のことを考えてみればわかる。舟にはみな名前がついているが、ゴンドラにはないのだ。舟で一番大事なのは効率性だが、ゴンドラの場合は美しいことが重要となる。そして、ゴンドラが馬車であるなら、ゴンドリエーレは御者である。船乗りには経験や勇気や行動力が求められるが、ゴンドラ漕ぎに要求されるのは、——昔なら——お仕着せを完璧に身につけ、詩を朗唱できること（現代なら各国語に通じていること）である。それから、船乗りはあくせく働くが、ゴンドリエーレは汗さえかかない。

ゴンドラが馬車だとすれば、昔は誰もゴンドラの歴史を語ろうとしなかったわけが容易に理解できる。日常的な事柄に語るべき歴史はないからだ。ゴンドラとは、そのようなものだった。中世の年代記作者は誰も、たとえば、フィレンツェのシニョリーア広場へ人や商品を運ぶ馬車について書き留めようなど、夢にも思わなかっただろう。それと同じで、年代記作者は誰も、商品や人を乗せてサン・マルコの小広場《ピアッツェッタ》(1)の前や街中の運河を行きかう小舟のことを、ほとんど気にも留めなかった。だが、ヴェネツィアを訪れる人の多くは、自然にゴンドラを馬車にたとえてきた。たとえば、ド・ブレンヴィルは十八世紀初期に、ロンドンかパリの街角で「馬車！」と叫ぶように「ゴンドラ！」と叫べば、すぐに少なくとも一艘が現れる、と書いている。

ゴンドラにまつわる最も確かな歴史的痕跡は、地名に見ることができる。ヴェネツィアにある通り（カッレ、カンピエッロ、ソットポルテゴ、フォンダメンタなどと呼ばれている）[2]のうち一八の通りに、「トラゲットの」という名がついている（なかには、さらに「古い《ヴエーチヨ》」とか「穴の《ブーゾ》」といった修飾語がついているものもある）。また、一四の通りが「スクェーロの」、つまりゴンドラをつくる作業所の、と呼ばれ、「櫂職人《レメール》」の名を持つ六つの通りでは、ゴンドラに不可欠な付属品である櫂《レーモ》とフォルコラを製造していた。「フェッロ磨き《ルストラフエッリ》」の橋の上ではフェッロを磨いていたことが容易にわかるし、今では用いられなくなったフェルツェ[3]という言葉は、四つの通り——二つのフォンダメンタと一つのラモと一つのカンピエッロ——の名前のなかにまだ生きている。もっとも、今日となっては、これらの場所でゴンドラ用の船室がつくられていたのか、それとも、古い写真に見られるように、ゴンドラから降ろしたフェルツェを置いておく場所にすぎなかったのか、知る由はない。

中世のヴェネツィアでは、馬も用いられていた。サン・マルコの鐘楼の鐘のひとつは一二七九年以降「トロッティエーラ」と呼ばれているが、それは、この鐘が大評議会[4]の招集を知らせるためのもので、この鐘が鳴ると、貴族たちは会議に間に合うように馬を速足《トロット》で駆けさせねばならなかったからである。一二九一年のある法令は、特定の時間帯、とくに朝に、サン・マルコ広場を馬で通ることを禁止していた。馬に乗る者は、サン・サルヴァドール広場に馬を置いて、小間物屋通り《メルチエリーエ》を徒歩で進まなければならなかった。一三五九年に出された別の法令は、駆歩《ギャロップ》でない限り、リアルト橋を馬で渡ってもよいとしている。一三一〇年に起きたバイアモンテ・ティエポロ——祖父ヤコポと父ロレンツォは共にドージェ（ヴェネツィア共和国元首）であった——の陰謀事件は、ジュスティーナ・ロッシという女性が共謀者の（別の史料によれば首謀者の）頭の上に塩入れ鉢を落としたために失敗に終わった。彼女の姿は、時計台から続くメルチェリーエの石に刻まれた「鉢を持つ老女」の浮き彫りによって、永遠のものとなっている。このとき、陰謀者のあとに続いていた者たちは、彼が馬から落ちる（あるいは、旗印が地面に落ちる）のを見て、散り散りになったという。もっと楽しそうなのは、次の話だろう。一四四四年、ヤコポ・フォスカリとルクレツィア・コンタリーニの結婚を祝うために盛大な馬上試合が行なわれたとき、「馬に乗った人々の豪華な行列」がサン・バルナバ教区からサン・マルコ広場まで繰りひろげられたのである。だがいずれにせよ、ヴェネツィア人は馬に乗るのが恐ろしく下手で、手綱よりも櫂を握るのに慣れていると考えられており、本土の住民たちはしばしば、彼らに乗馬の素質がないことをからかった。それは今日、VE（ヴェネツィアの略号）のナンバープレートをつけた車を見つけたら気をつけたほうがよい、と言うのに少し似ている（もっとも、ヴェネツィアの歴史的中心地区の住民はわずか六万人にすぎず、ヴェネツィア市民の圧倒的多数は本土側に住む一七・七万人である）。「ヴェネツィア風の乗馬をする」という表現は、馬の扱いに慣れていない人を指して用いられる（いっぽうピエトロ・アレティーノは、船首ではなく船尾のほうからゴンドラを降りようとする外国人を見ては嘲り笑っていた）。とはいえ、十五世紀初めのドージェ、ミケーレ・ステーノは、イタリア中の国の元首のなかでも最良の厩舎を持っているという評判だった。しかし、道の舗装や石橋の出現によって馬の使用が制限されるようになり、やがて完全に使われなくなった。

サン・マルコ広場の舗装（素焼き煉瓦による）は一二六五年に始まった。そして、サン・マルコ広場とリアルト橋を結ぶルートの舗装は一二七二年に始まり、一六七六年に完了した。石でできた最初の橋は一一七〇年のサン・ザッカリア橋であったが、石造のリアルト橋は一五八八年六月九日に着工され、一五九〇年九月には歩行者が通れるようになった。しかしながら、カナレットの絵には、馬が渡れるように傾斜がついていない橋や、非常に緩やかな傾斜の橋が見出される。また、フラーリ広場を描いた一七四三年のミケーレ・マリエスキの銅版画には、一台の馬車が見える。十八世紀のヴェネツィアでは、馬はもはや移動手段ではなくなっていたが、明らかに、ヴェネツィアの馬車製造職人はまだ名声を保っており、輸出用に馬車をつくっていた（実際には、十九世紀半ばにもヴェネツィアに馬がいたことが、アメリカ領事ウィリアム・ディーン・ハウエルズがサンテレーナの公園の厩舎についての記録を残していることからわかる。そこでは、一時間一フィオリーノで馬を借りることができ、乗馬者のほとんどすべてが――なぜかはわからないが――ユダヤ人だったということである）。

このように馬の使用がすたれていくのと平行して、ゴンドラの役割は増していった。十四世紀には陸上交通と水上交通が共存していたが、十七世紀にはすでに運命が決まっていた。馬はほとんど姿を消し、人はゴンドラで移動するようになっていたのである。ゴンドラは、馬一頭よりも安かったし（いずれにしても、国立造船所《アルセナーレ》労働者の年収ていどだった）、雨天時のぬかるみを避けることもできた。フランチェスコ・サンソヴィーノは一五八一年に「昔ヴェネツィアでは、馬がよく使われていた」と書いたが、その後、金持ちも下層の人々と同じ行動をとりはじめた。つまり、彼らは小舟に乗るようになり、そのため橋は高く弓なりに架けられるようになった（かつては、板を渡したような単純なものだった）。しかし、見栄のために船頭を二人にし、一人は船尾、もう一人は船首に立たせて、フェルツェまでつけ加えた。こうしてまさに、ヴェネツィアの貴族たちにとって、この自家用舟が本土における馬車と同じような意味を持つようになった。すなわち、使用者の社会的地位を誇示する役割を持つ交通手段となったのである。そして、本土の城や宮殿の中庭や庭園にいろいろな馬車を並べておくことができたように、ヴェネツィアのさまざまな邸宅《カ》(5)の正面の杭（ヴェネツィア方言でパリーナという）には、四艘から五艘のゴンドラを舫《もや》っておくことができた。

ミケーレ・マリエスキの一七四三年の版画の細部。当時、フラーリ広場ではヴェネツィアの外に輸出される馬車をつくっていた。

ゴンドリエーレは、御者と同じように、前を向いている。進行方向を見なければならないし、舟が座礁しないように、立って上から運河の底に注意を配らなければならないからである。しかし、船尾に立つため、櫂は長くなければならない。そこで、長い棒と櫂の特徴を兼ね備えた道具が必要となる。つまり、漕いで進むためには、十分な推進力を伝える幅広の水かきがついていなければならない。そのほかに、水底を突いて押すのにも使えなければならないし、ラグーナ[6]のなかで停止する必要があるときには、泥に突き刺して錨の役割も果たさなければならない。二人のゴンドリエーレのうちでより重要なのは、船尾で舟を操る者ではなく、船首にいる見習いのほうである。なぜなら、主人に手を、女主人に腕を差し出して乗り降りを助け、「やんごとなき方々」とじかに触れ合うのは彼だからである。船尾の者は、航海用語で言うところの船長に当たるが、副次的な役割しか持たないのである。

今日では、すべてが変わってしまった。ゴンドラの役割が変わり始めたのは、一七九七年五月十二日、いとも静謐なる《ラ・セレニッシマ》共和国（ヴェネツィア共和国のこと）がナポレオンの手に落ち、貴族共和政が歴史的な機能を失ってからのことである。それ以来、ゴンドラは少しずつ、ヴェネツィア人のための舟から観光客用の舟になっていった。このような役割の変化によって、フェルツェが失われた。ゴンドラはもはや、どこか目的地に着くために乗るものではなくなり、都市を見物するためのものになった。そのため、両側に小さな窓が開いているだけで前に扉のついたフェルツェは、邪魔になったのである。三六〇度見渡せるほうが望ましく、雨粒が落ちてきたり、強風が吹きつけたりしても、我慢すればよいというわけだ。

数十年前まで、ヴェネツィア人は結婚式と葬式のときしかゴンドラに乗らないと言われていた。今日では、そのような機会にさえ乗ることはない。かなり前から、ヴェネツィア市の葬儀事業では、共同墓地のあるサン・ミケーレ島に死者を運ぶのにモーターボートが使われている。また、教会や市役所内の結婚式

[7]場へ向かうのに、豪華な調度で飾られ、白いお仕着せに赤い帯をしたゴンドリエーレが漕ぐゴンドラを選ぶ者は、もはや誰ひとりとしていない。嘆かわしいことだ。もっとも、現在営業している四二五人のゴンドリエーレ（プラス一〇〇人ほどの補欠人員）にとって、婚礼の仕事は厄介なだけで、金をたんまり持った観光客のグループを乗せるほうが好ましいだろう。

　メアリ・マッカーシーは、『私のみたヴェネツィア』を一九六三年に出版した。そのころはまだ、ゴンドラによる葬送が行なわれており、見たところでは、尊重されてさえいたようだ。彼女はこう書いている。「ただでゴンドラに乗ることほど、ヴェネツィア人をうっとりさせるものはない。黒と金で飾られた大きな霊柩車のようなゴンドラがどこかのフォンダメンタ近くにとまっていたら、恍惚に浸る機会が訪れたということなのだ。私の隣人たちは特権的な地位を享受している。広場の向こうに永遠の住処があるからだ」。ほかの土地では、ツバメが春を告げる。ヴェネツィアでは、かぐわしい季節の到来を告げる役目はゴンドラのものだ。通りや広場にスミレ売りやヒヤシンス売りが現れ、ラグーナに自家用のゴンドラがひしめきだすと、冬が去ったことがわかる、とエリザベス・ロビン・ペンネルは一八八〇年に書いた。彼女は、「ロンドンでサンザシやリラの花が咲くと、ハイド・パークの広い道を馬車が行きかうようになるのと、まったく同じだ」と記している。

　ゴンドラは実に明確な特徴を持つ小舟である。パオロ・ラナポッピは『木造船』という雑誌の中で、ゴンドラに必須の条件を次のようにスケッチしている。「まず第一に、双方向に向かう同類の舟で交通渋滞をおこしている非常に狭い運河を進まなければならない。そのため、漕ぎ手が後ろではなく前を見ることが肝心だ。次に、この都市の運河はたくさんの舟で溢れかえっているうえに、急なカーブや短い橋だらけなので、極端なまでに操縦性が高くなければならない。水深が三〇センチメートルそこそこの場所も多いので、平底でなければならない。櫂は櫂受けに固定されてはならない。何度も素早く櫂の位置を変えることができなければならないからだ。漕ぎ手は、前後左右に敏捷に舟を動かせなければならない。六人乗せていても容易に移動できなければならないから、散歩するのと変わらない力で漕ぐ必要がある。しかし、漕ぎ手はまた、逆流や逆風のときなど、腕のいいところを見せられるようでなければならない。乗客が、波や風を気にせず、座席でくつろぎ、誰にも邪魔されずに飲んだり食べたり――昔なら、愛し合ったり――できるようでなければならない。最後に、この小舟は美しくなければならない。つややかで優美で、木や金属や布を使い、最高に洗練されたあらゆる装飾で飾られねばならないのだ」

ゴンドラがなぜ現在のような形になったのか、大胆な仮説を立てるにいたった者さえいる。国連の教育科学文化機関（ユネスコ）の首脳であるアーサー・ジレットによれば、この小舟は「ダーウィン的進化論を船舶において説明づけるもの、すなわち、船を取り囲む地理的環境と船との特殊地域的な関係の所産」なのだそうだ。

おそらく、ヴェネツィアについて英語で書かれた本で最も有名なのは、ジャン・モリスの『ヴェニス』だろう。この本の中で彼は、ゴンドラは馬車に相当するという概念に立ち戻り、次のように述べている。「現代世界においてゴンドラという言葉がたった四つの意味でしか使われないことは、私には奇妙に思われる。その四つとは、アメリカの鉄道用車両の一種、気球の吊りかご、ロープウェーの客室、そしてヴェネツィアの辻馬車である」。もちろん、これは英語に関して言えることであって、言語が違えば「ゴンドラ」という言葉の意味も変わる。といっても、ラグーナで使われる小舟以外のものをさす場合のことである。しかしモリスは、他にも二つの意味があるのを無視している――なぜそれらの意味をそれほど軽んじているのか、それとも単に忘れただけなのか、よくわからないが――。つまり、商店の陳列棚の一種で

「ゴンドラ」と呼ばれるものと、ゴンドラの形を想起させる風変わりなデザインの丸い背もたれがついた「ゴンドラ椅子」のことである。

注［*は原注であることを示す。その他は訳注］

(1) *サン・マルコ広場には二つの小広場が付属している。その一つは大聖堂左手の「獅子の小広場」で、もう一つがまさしく「小広場《ピアッツェッタ》」の名で呼ばれる大聖堂右手のものである。後者は旧政庁舎であるドゥカーレ館に隣接し、サン・マルコの船着場に面している。

(2) ヴェネツィアの通りには、形状によってさまざまな種類の呼び方がある。一般的な通りはカッレ、袋小路はカンピエッロ、建物の下をくぐる短いトンネル状の通りはソットポルテゴ、運河に面した河岸はフォンダメンタと呼ばれる。ほかに、枝分かれした小道であるラモ、運河を埋め立てたリオ・テッラ、十六世紀頃から舗装されていたサリッザーダなどがある。

(3) *船室。ゴンドラの中央に設置された屋根つきの客室――船舶の専門用語で言えば船橋甲板室――で、悪天候や周囲の無遠慮な視線から乗客を守るためのものだった。語源はおそらく「羊歯《フェルチエ》」であろう。というのは、初期には、この植物の枝を用いた覆いだったからである。

(4) ヴェネツィア共和国の国会のようなもので、成年男性貴族全員によって構成されていた。

(5) *カとは、カーザ(家)のことである。ヴェネツィアで館《パラッツォ》と呼ばれる建物はドゥカーレ館《パラッツォ・ドゥカーレ》しかなく、広場《ピアッツァ》と呼ばれる広場はサン・マルコ広場《ピアッツァ・サン・マルコ》しかなかったし、今でもそうである(訳注／ヴェネツィアのその他の広場はカンポと呼ばれる)。

(6) 潟。ヴェネツィアは潟湖のなかに築かれた水上都市である。

(7) 最近では、教会で結婚式を挙げる代わりに、婚姻届を出す役所で結婚式を行なうカップルが増えている。

2　はじまりから十六世紀まで

ゴンドラには、父もなく、母もなく、祖先もない。しかし家族はある。ラグーナ用の平底舟はみなそうだし、小型ゴンドラ《ゴンドリーノ》やプッパリーノと呼ばれる舟は近い親戚だ。しかし、いつ、どのようにしてゴンドラが生まれたかは、謎である。なぜ生まれたかということなら、もう少しはっきりしている。市内の運河やラグーナを巡って運ぶには、小舟が役に立つということだ。名前の由来となると、ほとんどわからない。語源に関する説はあまりにも多すぎて（しかも突飛すぎて）、その一つひとつを挙げていっても退屈なだけだろう。トレッカーニ百科事典にも「語源不詳」と書いてある。それが正しいのだ。ゴンドリエーレたちは、ゴンドラのことを仲間うちでは「舟《バルカ》」と呼び、名前の由来など気にかけない。たしかなのは、ヴェネツィア人が小型船舶にかけてはかなり努力していたということだ。それは、ビザンツ人が彼らを「櫂を持つ航海者」と呼んでいたことからもわかる。ゴート族の王テオドリクスの秘書だったカッシオドルスは、五三八年にヴェネツィア人に書簡を送り、イストリアからラヴェンナまでワインとオリーブ油を運ぶよう説得したが、その書簡の中で、ヴェネツィア人の家の外壁には、他の場所なら家畜をつないでいるのと同じように小舟をつないであることを明言している。

ゴンドラがいつ生まれたかはわからないが、その名前が史料に初めて現れた年は正確にわかる。一〇九四年、ヴィターレ・ファリエールがドージェであったころに書かれた羊皮紙文書に、ロレオの住民に対してこの種の小舟をヴェネツィアに提供する義務を免除する、との記述がある(「汝らはいかなるゴンドラも我らにつくらずともよい」)。しかし、形態に関する最初の記録は、一四八六年を待たねばならない。この年にベルンハルト・フォン・ブライデンバッハが著した『聖地巡礼』により、サン・マルコの船着場に並ぶゴンドラの様子をはじめとするヴェネツィアの風景が広く知られるようになったのである。ドイツの司教座聖堂参事会員であった彼は、巡礼者の一団を率いて一四八三年にマインツを出発した。彼は、自分が書き記そうとする旅の印象を絵に描かせるため、画家エルハルト・レンヴィッヒを同行させた。それは、何世紀も後のジャーナリストとカメラマンが大がかりなルポルタージュを行なうやり方に似ている。彼らは五月の初めにヴェネツィアに到着したが、この都市からあまりにも深い感銘を受けてしまい、旅立ったのは、それから二十五日も過ぎた六月はじめのことであった。

一〇九四年の記録にもとづけば、当時のゴンドラがいくつかの点において、現在われわれが慣れ親しんでいるゴンドラとはかなり異なることに気づく。そのいっぽうで、ゴンドラという名前は、ラグーナの静かな水面を切って進む小舟だけをさしていたわけではなかった。ロレオはロヴィーゴ近郊の町で、ポー川河口のデルタ地帯にある。湿地帯ではあるが、今日では、ゴンドラやそこから派生した類いの舟と結びつけるには程遠い。ゴンドラという語がふたたび記録に現れるのは、最初の記録から一世紀後の一二〇〇年、『アルティーノの年代記』においてである。この年代記からは、グラードの総大司教がトルチェッロの北のラグーナで猟や漁をする権利を享受していたこと、また、地域の住民が総大司教に舟《バルカ》と「ゴンドラ」を提供する義務を負っていたことが読み取れる。ゴンドラは、一二〇五年にキオッジャの人々が中央権力に対し――雌鶏、ワイン、干し草、宿の提供などとともに――貢納しなければならなかったもののなかに含まれていた。一二二九年と一二五五年には、現在われわれがカッターと呼んでいるような、大型船を補助する小舟を表すものとしてゴンドラの名が挙がっている。十三世紀になると、この語はピサへ、そこからジェノヴァへ伝わり、さらにマルセイユにももたらされ、ナポリやシチリアでも見出されるようになる。一二九一年に医師ジェラルドは、喧嘩で怪我をしたマルゲーラの農夫を往診するためにゴンドラを使った。一三六三年、数人のヴェネツィア人が一艘の「ゴンドラ」でクレタ島をあとにしたが、地中海の只中を横断することができたのだとすれば、明らかに現在のゴンドラとはおよそ似つかぬものだったと思われる。

いずれにせよ、ヴェネツィア人の頭のなかで舟《バルカ》とゴンドラが区別されるようになるには、一〇九四年から少なくとも五世紀が過ぎなければならなかった。一一八〇年のある年代記には、レオナルド・モーロなる者の母親がミサへ出かけるのに、「他の方法がないから」、舟《バルカ》を用いたことが書かれている。このような舟は「スカウラ」と呼ばれていたが、概して高貴な家柄に属する人を運ぶための交通手段であったため、ゴンドラと同じもの、あるいは少なくともゴンドラの祖先とみなすことができる。だが、この場合にも同一の名前が違う種類の舟をさすのに用いられていたようである。たとえば、十四世紀半ばにベンヴェヌート・ダ・イモラは、スカウラを「小型の舟で、細長く、海戦に適している」と定義している。

一二四四年にユダヤ人ラビのイザヤ・ダ・トラーニは、ユダヤ人の安息日である土曜日にゴンドラに乗って、ヴェネツィアの運河に現れた。このイザヤという人物が何者であったのか、正確にはわからないが、おそらくは、ジュデッカ島から本島を訪れたのであろう。ジュデッカ島には当時、二つのシナゴーグがあった（ジュデッカという名前の由来は「ジュデイ（ユダヤ人）の島」ではないかという説もある。ヴェネツィア史上最初のゲットー[1]ができるのは、それから三世紀後の一五一六年のことである）。十七世紀にはすでにヴェネツィアのユダヤ人たちはゲットーの中に閉じ込められていたが、このころ、イザヤ・ダ・トラーニの先例が物議を醸した。シモーネ・ルッツァットというラビが土曜日にゴンドラに乗って出かけ、イザヤ・ダ・トラーニの場合には合法的な行為だったと訴えたのである。しかし、当時の政府当局は聞き入れず、彼の見解をあまりにも進歩的かつ不謹慎なものとみなして、このようなふるまいは非合法であると宣言した。

時代を逆戻りしよう。マリン・サヌードは一四九三年に著した年代記の中でことあるごとに舟の話題に触れているが、ゴンドラという名前を用いたのは一度だけである。彼によれば、当時ゴンドラの数は一万五〇〇〇艘で、各家庭に一艘以上あり、「黒人のサラセン人、もしくは漕ぎ方を知っているその他の召使い」によって漕がれていた。いずれにせよ、彼が言わんとすることにほとんど疑いはない。「ヴェネツィアを巡るには二つの方法があり、現にどちらも行なわれている。すなわち、地上を徒歩で行くか、舟に乗るかである。それは特別な小舟で、瀝青《れきせい》が塗られ、美しい形をしている」とは、この年代記作者の言である。その数年後の一四九七年、フランス王シャルル八世の特使であったフィリップ・ド・コミーヌは、ビロードの美しい掛け布で飾られた「小舟」について語っている。サヌードによれば、冬には「緑か赤紫のビロード、夏には明るい色の繻子が用いられたという。フランチェスコ・サンソヴィーノは一五八一年に、ゴンドラが一万艘あり、裕福な家は三艘から五艘を所有しているが、商人や医者や弁護士などは二艘から三艘で満足しなければならないと述べた。ふたたびサヌードによれば、ゴンドラは「通常は一本の櫂で漕ぐ」が、二人の船頭がいるゴンドラは、貴族か、概して著名な人物のものであった。「耳を傾けるすべての人に役立つことこのうえない」という、一種のガイドブックのようなものが一五九九年に出されたが、そこには、ゴンドラは推定で「一万五〇〇〇を数え、一部は貴族の自家用、一部は営業用で都市の利便に用いられる」と書かれている。

やんごとなき賓客を迎えるために五〇〇〇から六〇〇〇艘ものゴンドラが一堂に会するさまは、さぞかし壮大なスペクタクルだったことだろう。たとえば、一五七四年、カトリーヌ・ド・メディシスの息子アンリ・ド・ヴァロワの来訪の際がそうであった。この年の五月三十日にアンリ三世としてフランス王に即位した彼は、七月十七日にヴェネツィアにやってきた。いや、正確に言えば、ムラーノ島にやってきた。そこでは、彼の友人であるフェッラーラ公が、翌日彼のために予定されている盛大な入市式の準備完了を待っているところだった。正式なヴェネツィア入りの前とはいえ、彼が波に揺られてヴェネツィアの街を訪れる歓びを奪いたくなかったフェッラーラ公は、夜半に彼を自分のゴンドラに乗せ、お忍びでヴェネツィアへ連れて行った。この「内密の」訪問は未明の二時まで続いたが、ヴェネツィアの人々は、儀式の前に行なわれた無作法なふるまいを喜ばなかった（このときの王の訪問で公然の秘密とされた――実際は、ヴェネツィア中に知れ渡り、噂の種となった――ことのひとつに、文学的教養の高さで最も評判の高かった高級娼婦《コルティジャーナ》ヴェロニカ・フランコのサロンに現れたことが挙げられる。彼女は、王の帰り際に二編のソネットを贈ったという）。

これらのことから言えるのは、十六世紀末までは、年代記の記述において小舟について言及される場合に、それがゴンドラをさしているのか、それともラグーナで用いられる別の種類の舟をさしているのか、限定するのは不可能だということである。判断は直感に頼るしかないが、もし問題となっているのが人を運ぶ小舟であるなら、さらにそれが貴族を運ぶ小舟であるなら、実際、ゴンドラのことだと推定するに十分な根拠となる（ともあれ、二世紀後にカルロ・ゴルドーニは戯曲『立派な娘』の中で、ゴンドリエーレとゴンドラをさすのに「舟漕ぎ《バルカイオーロ》」と「舟《バルカ》」という語を用いた）。

いずれにせよ、ゴンドラが存在していたことは明らかだ。十五世紀末に描かれたヴィットーレ・カルパッチョやジェンティーレ・ベッリーニの絵画にはゴンドラが見出される。ゴンドラの祖先は、われわれの時代のゴンドラを単純化したようなものである。前者は後者に比べてやや短く（現在の一〇―一一メートルに対して九メートル）、幅も狭く（現在の一・四二メートルに対して一・二〇―一・三〇メートル）、カーブがゆるいうえ、船首よりも船尾のほうが高い。さらに、装飾が少なめで、より簡素で、なにより、左右非対称ではない。『造船術』（一五五〇年）の中で、テオドーロ・デ・ニコリ親方は、絵画から導き出される上記のサイズとは異なるサイズを示している。すなわち、長さ九・二四メートル、幅一・六五メートルである。だとすれば、十六世紀のゴンドラは現在のものよりも約二〇センチメートルも幅広ということになる。だが、十六世紀後半に重要な変化が起こる。船首および船尾の先端が水平から垂直に、つまり現在と同じようになったのである。このような変化は美的観点からみれば注目に値するが、実用や機能という点では、ほとんど取るに足らないものであった。

カルパッチョやベッリーニの作品からは、フォルコラ[2]が平らで、櫂を置くために型どおりに作られた単純な板にすぎないことがわかる。フォルコラは、のちの時代に推進装置へと進化し、驚異の的となるのであるが、当時はその片鱗もうかがえない。とはいえ、十六世紀にはすでにわずかな進歩が見られる。くびれが二か所になり、舟にブレーキをかけるために水の抵抗を受けるように櫂を動かす（ヴェネツィア方言で「シアール」という動作）ときの支えとなる台（ヴェネツィア方言で「レーチャ」）も現れた。

カザノヴァの時代には幾多の恋人たちをかくまうことになるフェルツェも、当時は、舟の両舷にアーチ状に渡した支柱に布をかけただけで、悪天候を多少避けるのに役立つにすぎなかった。また、フェッロ[3]もなく、単純な金属製のエッジが、船首と船尾の高くなった部分を岸にぶつかる際の衝撃から守っているだけだった。当時は、今日のように横からゴンドラに乗るのではなく、絵画からわかるように船首から乗っていたので、頻繁に岸にぶつかっていたのである。フェッロの進化も、ゴンドラがラグーナで使われる他の舟と分離していくときの際立った特徴となった。十五世紀にはただの金属片だったものが、十六世紀にはわれわれが知っているような逆S字型となり、水から現れたイルカにも似た形を持つようになった。実際、一四六二年のある記録では、舳先の部分が「イルカ」の名で示されている。これを固定するのに頭のとがった鋲が用いられていたが、鋲の頭は次第に長くなり、金属板のようになって、舟を組み立てる際に打ち込むものではなく、フェッロの一部として鍛造されるものになった。このような金属板の数は、十六世紀には五から七であった（その後一一まで増え、ふたたび減少して現在の六に落ち着いた）。舳先の金属板はヴェネツィア方言で「ブロカ」（鋲の意味）と言うが、この名称自体が起源を示している。

今日と同じだと確実に言えることがひとつだけある。ゴンドラは黒いということだ。一点の疑念の余地もなく、黒なのである。理由は単純きわまりない。舟の目詰め（言いかえれば防水加工）をするのにピッチを用いるからである。ピッチは黒い。いやいや、信じ込みやすい観光客に対してなされる他の説明はどれも（最も流布しているのは、ヴェネツィアを何度も襲ったペストのうちのひとつがおさまったとき、喪のしるしにゴンドラが黒く塗られたという説である）、まったくの作り話なのである。そもそも、当時のヴェネツィアにおける喪の色は濃緑、暗い水色、赤みを帯びた茶色に近い「パヴォナッツォ」などであって、いっぽう黒はエレガンスを表す色だった。たとえば、貴族は他の住民たちと自らを区別するために黒の長衣を着ていた。ピッチは、舟の化粧用にもなった。一四三七年に出されたある法令は、「黒い」ゴンドラを売ることを禁じていた。それは、ピッチで黒く塗って欠陥を隠すことがないようにするためであった。

十六世紀のヴェネツィアには色彩があふれていた。大運河に面した貴族の邸宅はどれもフレスコ画で飾られ、「描かれた都《ウルブス・ピクタ》」と呼ぶにふさわしい様相を呈していた。堂々としたドイツ人商館――中央ヨーロッパからやってきた商人たちをひっくるめて「ドイツ人」と呼んでいたが、そのような商人たちの倉庫兼商店であった——の建物にいたっては、ジョルジョーネとティツィアーノによるフレスコ画が描かれていたほどである。ゴンドラの節度ある装いは、燦然《さんぜん》と輝く色彩のなかで、むしろ引き立つものであった。だが、ゴンドリエーレのお仕着せは地味ではなかった。名門の家に仕える船頭は、派手な衣服、当時の流行で二色に染め分けたタイツ、大きな帽子などで着飾っていた。今日のゴンドリエーレはみなヴェネツィア人であるが、当時はそうではなかった。ヴィットーレ・カルパッチョは、「黒いサラセン人」の船頭に関するサヌードの記述を裏付けている。彼の一四九四年の作品(4)には、黒い肌をしたゴンドリエーレがはっきりと描かれているからである。ゴンドリエーレが当時のヴェネツィアで家庭の召使いの一員であり、とくに裕福な家の間で「ムーア人」、すなわちアフリカ黒人の召使いを持つ流行があったことを考えれば、これはごく当たり前のことである。このような習慣から、カフェラッテ色の肌をした赤ん坊が生まれることもあったが、そういう場合には修道院が問題をしかるべく解決してくれた。ゴンドリエーレの出身地をまとめた十五世紀のリストによれば、ヴェネツィア出身の者は半数以下であった。ほかは、トレヴィーゾ、ラヴェンナ、パドヴァ、ベルガモ、ブレシャ、ヴィチェンツァなどの出身であり、とくにガルダ湖畔のサロから来た者が多かった。しかし、最も多かったのは、セベニコ（シベニク）、ザーラ（ザダル）、セーニャ（セニ）、トラウ（トロギル）、スパラト（スプリット）など、ダルマツィア地方からやってきた者たちであった。ところが、それから一世紀後になると、外来者の名前はほとんど消えて、ヴェネツィア生まれのゴンドリエーレが圧倒的多数を占めるようになる。これは、外来者がヴェネツィア社会に同化していったことのあらわれであろう。

ゴンドリエーレは、見た目にエレガントでなければならなかった。しかし、それと同じくらい、ロマーニャの人であるトンマーゾ・ガルツォーニが『世界職業総覧』（一五八五年）で定義したような見方もされていた。そこには、「きわめて下劣で卑しい輩で、ぽん引きをするし、ありとあらゆる空虚な誓いやら、反吐が出そうな汚い悪態やらをいつも口にする。奴らなど、聖アントニオの火（ヘルペスのこと）に焼かれてしまえ。ペストに取り憑かれてしまえ。さらし台に抱かれてしまえ。死刑執行人に苛まれてしまえ。奴らには誠もなく、作法もなっていない。その大部分はならず者だからだ」と書かれているのである。ゴンドリエーレの女衒行為は、かなり活発な場合もあったようだ。一五九二年に石造りのリアルト橋が完成すると、大運河を歩いて渡れるようになったので、橋のたもとのトラゲットがあまり使われなくなった。しかし、その近くにはランパーニ家が所有する数件の家があった。要するに、「商売女《カランパーネ》通り[5]」と呼ばれる界隈にあった遊郭のことで、一三五八年以降、政府が娼婦たちをここへ強制的に住まわせて商売を行なわせていた。石橋の完成後、リアルトのトラゲットは「女衒《ルフィアーニ》」のトラゲット、あるいは「穴《ブーソ》」のトラゲットと呼ばれるようになったが、ここで働くゴンドリエーレの主要な活動がどのようなものであったかを理解させる呼び名である。カルロ・ゴルドーニの戯曲『善良な妻』で、ゴンドリエーレのナーネにどのトラゲットが営業中か尋ねると、「穴《ブーソ》のところ」という答えがすぐに返ってくるところをみると、この名称はかなり長く使われ続けたらしい。意に反してゴンドリエーレに「商売女《カランパーネ》の運河」へ連れて行かれ、そこでほとんど強制的に「休憩」させられたために逆上している旅人の姿は、しばしば目撃されている（そして、客が休憩したならば、ゴンドリエーレは示し合わせていた美女から数パーセントの分け前を手にするのである）。とはいえ、上記のガルツォーニ自身、ゴンドリエーレには心の広いところもあることを認めていて、ゴンドラのなかでは「笑ったり、楽しんだり、遊んだり、好きなことができる」と書いている。

　これらの行為こそまさに、「フレスコ」の楽しみだった。フレスコは、一大スペクタクルだったにちがいないが、今ではもう失われてしまった習慣である。それは、復活祭の翌日から九月末まで、すべての日曜と祝日の午後から真夜中にかけて、大運河、ジュデッカ運河、ムラーノやカンナレージョの運河、サンタルヴィーゼ教区にあるセンサ運河などを何千艘ものゴンドラが行ったり来たりするというものだった。ゴンドラにはヴェネツィアの人口の半分が、つまり、夫探し中の若い娘たち、自分を見せびらかしたい若者たち、社会的地位を誇示しようとする紳士淑女など、都市のおもな人々のすべてが乗っていた。美しく裕福な何百人もの貴婦人は、船頭と乗客一人がやっと乗れるほどの小舟に乗った貴族の若者たちに取り囲まれていた。若者たちは、このような軽やかな小舟で、より威厳のある貴婦人の舟の周りを敏捷に動き回ったのである。ゴンドラはこれ以上ないほどに美しく飾られ、強い日差しを避けるために、高価な布やブドウの蔓や木の小枝が置かれていた。東洋風に天蓋で覆われた座席を持つゴンドラもあれば、寓意像の彫刻がついたもの、旗を掲げたもの、帯状の布を水になびかせて進むものなどもあったし、さらには、エキゾティックな鳥を入れた籠、アンフォラ、花、灯火、芳しい煙の立ちのぼる吊り香炉、香水を噴き出す装置など、さまざまな趣向をこらしたゴンドラもあった。

　ゴンドラの上で人々は、食べたり飲んだり、楽器を奏でたり歌ったりした。乙女たちはリュートに合わせて甘美な歌声を聞かせ、若者たちは同じヴェネツィアの住民である美しい女性たちの気をひくために愛の歌を歌うのだった。フレスコ用のゴンドラには、かなり大型のものもあったにちがいない。絵にも描かれているように、クラヴィチェンバロとヴィオラ・ダ・ガンバを載せられるほどの広さがあり、八人用の食卓を載せる場合もあった。このような特殊な舟は時代とともに進化し、「フレスコ舟」と呼ばれるまでになる。それはゴンドラの一種であるが、フェッロはなく、小型化され（九・五メートル）、敏捷で、クッションの代わりに籐の皮で編んだ椅子を置いて、夏の酷暑時にも快適なようにしてあり、帆を掲げる機能さえついていた。フレスコの間、ゴンドリエーレは腕のよさを証明しなければならなかった。ゴンドラとゴンドラはミリ単位の間隔ですれ違い、たがいにぶつかることなく並びあって、というよりも船団を組んで進み、ゴンドラからゴンドラへ、ボールが弾むように歌が広がっていくのだった。ときには、相手をよけようとする船頭たちの叫び声が歌と楽器の音色をかき消すこともあったが、有能なゴンドリエーレなら、フレスコのさなかにも他の舟に触れることは決してなかったし、それが雇い主の一家にとって自慢の種になったのである。ゴンドリエーレ同士が挑発し合って勝負をすることもあった。そのようなときには、サンタ・クローチェ教会（現存せず、一本の柱だけが残っている）や、現在でもレガータ・ストリカ(6)の折り返し点となる杭の立っている場所がゴールになった。挑戦者は「ソッラッツィエーレ（楽しむ人）」と呼ばれたが、現代の言葉で言えば、スポーツとしてのボート漕者といったところだろう。数世紀後の一八八二年に貴族ピエロ・ヴェニエルが呼び集めた「ブチントーロ(7)のソッラッツィエーレ」たちの集団を母体として「ブチントーロ漕者協会」が生まれ、今日もなお存在している。フレスコはヴェネツィアの社会生活の中心であり、何世紀も続けられたが、十九世紀から二十世紀にはすたれて、フレスコ用の舟も姿を消してしまった。

大運河で繰りひろげられるフレスコは、コルティジャーナたちがお披露目をして客を引き寄せる機会にもなった。コルティジャーナの多くは教養があり、歌や詩作や著述に秀でた女性だった。貴族の女性たちは、このようなライヴァルを快くは思わなかった。そのため、コルティジャーナたちはのちに、カンナレージョ区のサンタルヴィーゼ教区にあるセンサ運河でしかフレスコを行なえなくなった。この特別な運河では、ゴンドラは交通手段以外の用途を持っていた。一五七八年のある記録には、フェルツェの前後をふさいで中が見えないようにして、ゴンドラを水に揺られる寝室《アルコーヴ》にしたことが明記されている。同じ年、コルティジャーナが男装をしてゴンドラに乗ることを禁じる法令が出されている。ヴェロニカ・フランコの生涯を描いた映画『娼婦ベロニカ』（一九九八年）[8]の冒頭シーンは、コルティジャーナのフレスコを再現したもの——ありえないことだが——である。寝室《アルコーヴ》から宿への移行は速やかだった。実際、一五八〇年にヴェネツィアを訪れたフランスの哲学者ミシェル・ド・モンテーニュは、ゴンドラに惚れ込んでしまい、ヴェネツィアにいた六日間のほとんどを舟の上で過ごしたほどであった。

ゴンドラが楽しみのために用いられたのと対照的に、実用的かつ日常的な目的で用いられたのがトラゲットのゴンドラである。これは、大運河の片側から反対側へ渡ったり、ヴェネツィアから周辺の島々や本土に渡ったりするためのものである。十六世紀初頭には、ゴンドラの停留所が三七あり、八〇〇の「リベルタ」（免許）が出され、合計約一五〇〇人の船頭がおり、その下に見習いや代理の者たちがいた。ただし、「自家用」（ある家に仕える）ゴンドリエーレと不法営業者を除く数である。船頭の行動に関する明確な規則はすでにあった。たとえば、彼らは客を求めて流しをしてはならず、客を待たなければならなかった。ゴンドリエーレという呼び名がトラゲットを漕ぐ者にも適用されるようになったのも、この時代のことである。彼らはもはや、ただの船頭とは呼ばれなくなった。

（1）ユダヤ人強制居住区。ヴェネツィアで生まれた語であるが、本来は「鋳造所」の意味で、鋳造所の跡地につくられたことに由来する。ヴェネツィアでは激しいユダヤ人差別はみられず、信教の自由や一定の経済活動が認められていた。

（2）*櫂を支える部品で、船の種類によって一か所ないし二か所のくびれがあるが、ゴンドラの場合は一か所である（訳注／カルパッチョやベッリーニの作品には、くびれが二か所のフォルコラを持つゴンドラも描かれている）。

（3）*フェッロはゴンドラの船首を飾る金属製のものである。前に六枚、後ろに一枚の薄板（「歯《デンテ》」または「鋲《ブロカ》」と呼ばれる）がついている。頂部は「パーラ」と呼ばれる。艇体につながる湾曲部は「カロッソ」という。歯の間には「フォジャ」がついている場合もある。これは、補足的な金属製の装飾である。一一五頁の図を参照。

（4）《聖十字架の奇跡》のこと。ヴェネツィア、アカデミア美術館蔵。

（5）「カランパーネ」は、ヴェネツィア方言で「身持ちを崩した年増女」を意味するが、語源は「カ・ランパーニ」、すなわち、「ランパーニの家」である。

（6）歴史的なゴンドラレースの祭りで、毎年九月の第一日曜日に開催される。

（7）ヴェネツィア共和国で儀式に用いられた御座舟。

（8）原題は *A Destiny of Her Own*（彼女自身の運命）。マーシャル・ハースコヴィッツ監督作品。

3　十七世紀

過度なまでの豪奢。十七世紀は十六世紀の絢爛を引き継いだ。十六世紀は、ティツィアーノ、ティントレット、ヴェロネーゼらの時代であった。また、出版業が発展し、ヴェネツィアで一年に出版される書籍の数は、他のヨーロッパ諸都市で出版される書籍数の合計に匹敵した。ゴンドラもこのような傾向と歩みを同じくし、家々はたがいに張り合い、ゴンドラをいっそう個性的で豪華なものに飾り立てた。円柱、彫像、動物、その他あらゆる類いの彫刻などによって、ゴンドラは水に浮かぶ動物園のような、あるいはファウヌスやニンフが戯れる庭園のようなものになった。十七世紀にゴンドラの進化は決定的な局面を迎え、この時代にゴンドラはわれわれが見慣れている姿になった。決定的な変化はすでに一五六二年に始まっていた。この年、奢侈取締官（ヴェネツィア共和国の行政官職で、過度の贅沢を規制する任務を負った）は「簡素でないフェッロ」と、絹張り、金メッキ、彩色、彫刻を施したフェルツェを禁じ、とりわけ色が黒であることを義務づけた。結婚式に向かう若い花嫁だけは例外で、お仕着せを来たゴンドリエーレを二人つけることもできた。花嫁はフェルツェから出て船尾に立ったり横木《トラスト》に腰掛けたりして、岸辺に立ち並ぶ見物人たちの称賛を浴びることが許されていた(1)。人々は運河の岸から拍手喝采を送ったり、ピエトロ・アレティーノも証言しているように、ゴンドリエーレが赤い絹のタイツを身につけていないと、いっせいに叫んだり口笛を鳴らしたりした。

一五八四年にはゴンドラ本体に彫刻や金箔を施すことが禁じられ、ゴンドリエーレはウールかその他の安価な布地でできた服を着なければならなくなった。違反者は、投獄されたり、ガレー船に鎖でつながれることも覚悟しなければならなかった。一六〇六年には簡素な繻子を使用することも禁止され、一六〇九年には大鉈《なた》が振り下ろされて、絹のフェルツェが弾劾され（再度の禁止令であり、一五六二年の命令がもはや守られていなかったことを明らかに示している）、やはり絹でできた飾り結びや飾り紐、象牙や黒檀やその他の高価な木材を用いた装飾、彫刻などもご法度となった。それでも、婚礼の場合のお仕着せは認められたが、新郎と新婦のそれぞれの舟に二人ずつの漕ぎ手しかつけてはならなかった。一六二三年以降、ゴンドリエーレは金糸や銀糸で刺繍された服を着られなくなり、一六三三年からは、フェルツェに用いてよいのはラシャ地だけとなった。ラシャというのは、重くて粗雑な黒の毛織物で、ラシュカ王国（セルビア）から輸入されていたためにこう呼ばれた。この黒い布は、二十世紀にフェルツェが消えるまで、その決定的な特徴であり続けた[2]。フェルツェにはもうひとつ用いてよい布地があった。それは、スキアヴォニア（ダルマツィア）からもたらされるスキアヴィーナという布だった。バルカン半島がヴェネツィアのゴンドラに与えた影響は相当なものだったのである。一六五三年に譲歩がなされ、皮製のクッションが認められたが、ゴンドリエーレのお仕着せのボタンは一列と決められた。奢侈取締官は次の世紀にも禁止令の矢を放ち続ける。たとえば、一七〇九年には「みだりにお仕着せを用いる流行」が叩かれ、一七四三年には、クッション、フェッロ、真鍮製の装飾を過度に豪華にすることが禁じられた。

このような措置が時代を通じて繰り返されたことは、規則が尊重されなかったことのあらわれである。実際、裕福な貴族たちは、自分のゴンドラがみすぼらしく見えるよりも、多額の罰金を払うほうを好んだ。しかし、一六七八年に貴族であるモーロ家の人物がしたことは、やりすぎだった。彼は底が銅でできたゴンドラを作らせ、こともあろうに、キリスト昇天祭《アッシェンシオーネ》（ヴェネツィア方言ではセンサ）の日にそれを見せびらかしたのである。この日は、ドージェがブチントーロに乗って海との結婚式を執り行なう、ヴェネツィア共和国で最も晴れやかな祭りの日であった。モーロは頭を垂れ、公衆の面前で彼の美しくも並外れた舟を焼却しなければならなかった。

道徳家たちの激しい非難は、禁制をものともせずに大運河でのフレスコに参加し続けるコルティジャーナたちにも向けられた。一六二六年六月九日の法令では、「いかなる娼婦もフレスコの折に、櫂が二本であれ一本であれ、ゴンドラに乗って主要な運河を通ってはならぬ」と定められた。しかし、「慎ましやかな女性たち」は、受けた攻撃と同じだけの反撃に出る。彼女たちのフレスコは水に浮かぶ「風俗街」と化し、ヴェネツィア最大の呼び物のひとつとなるのである。若者たちは岸辺から有名なコルティジャーナの名を呼んだ。美女の肉体的魅力を堪能できるエロティックなフレスコを見に行かない旅人はいなかった。あらわにされた乳房は、張りがあれば「コロネッリ殿の天球儀」（コロネッリはヴェネツィア共和国の公式天文学者で、貴重な地球儀を作った）と呼ばれ、垂れていれば「修道院のパン袋」と呼ばれた。ヴェネツィアでは、道徳的な命令は空文化すると決まっていたので、法律上はコルティジャーナたちを屈服させはしたが、実際は、堅気の婦人のゴンドラと区別するため舳先に赤い光を灯すように仕向けただけだったのである。(3)

しかし、奢侈取締官の規制の適用を受けず、好きなようにゴンドラをしつらえることができる者もいた。外国の大使たちである。フランスの外交官でアヴォー伯であったジャック・ド・メスム三世は、一六七二年二月にルイ十四世に、「ここではゴンドラは大使館の一部です」と書き送った。また、一六八〇年二月には神聖ローマ帝国（つまりハプスブルク家）の大使が、通常の鉄の枠ではなく繊細な彫像で支えられたフェルツェを持つゴンドラに乗って現れた。それからわずか二年後、フランス王の代理としてやってきたアムロ・ド・グルネは、ドイツ語圏のライヴァルに引けをとることはできず、四〇人の従者を引き連れ、五艘のゴンドラで派手な行列を行なった。一艘目と二艘目のゴンドラは金色で、家紋を支える金色のプットー像で飾られたうえに、浅浮彫りの彫刻が施されていた。また、一艘目の飾りとフェルツェは赤のビロード、二艘目のフェルツェは金の縁取りのついた青のビロードだった。あとの三艘は、黒と金の彫刻や像で飾られ、ダマスク織の美しい掛け布がかかっていた。

十七世紀のゴンドラは船首と船尾の両方にフェッロがつき、どちらも同じシンメトリカルなデザインだった。その形には、次の世紀のフェッロの原型がすでに見て取れる。つまり、今日のものと実質的に同じ――やや大きめではあるが――である。年代記には、ドージェのレオナルド・ドナが一六一二年、死の数日前に、二つの巨大なフェッロのついた新しいゴンドラの試乗をラグーナで行なったことが書かれている。サン・トロヴァーゾ教会にあるゴンドラ職人の職業組合《アルテ》（一六〇七年設立）の祭壇は、一六二八年に作られたものであるが、その側面の大理石には、そっくりな二つのフェッロを持つゴンドラが彫られている。また、一六一〇年の絵画には、一一本の歯のついたフェッロが描かれており、その一番下の突起につかまって水中を漂う人の姿さえ見える。興味深いのは、一六三一年の死亡記録（正確には、『衛生局の死者名簿』第八六二葉）にフェッロが一つしかないゴンドラの線描が見出されることである。そのフェッロには五本の歯があるが、歯と歯の間に飾り鋲はない。したがって、歯の数は時代とともに変化したことがわかる。歯の数にシンボル的な価値（六本の金属板は六分区《セスティエーレ》[4]を表し、船尾の板はジュデッカ運河を意味しているというもの）が付与されるのは、明らかにずっとのち、フェッロの構造が集大成される時代――二十世紀前半――になってからのことである。

ジャコモ・フランコの一五九一年の版画。船首と船尾のフェッロがシンメトリーで、フェルツェが弓なりになった木枠に布を張っただけのものであることがわかる。

だが、十七世紀の最後の二〇年間に大変化が起こった。船尾にはもはやフェッロがなくなり、その代わりに渦巻き装飾がついたのである。これは、大変手のこんだ飾りである場合もあったが、いずれにしてもフェッロほど重くもなく、存在感もうすくなった。こうして、船首と船尾に違いが生まれ、船首のフェッロは少しずつ最終的な形に近づき、一番上の部分がドージェの帽子を連想させるような突起を持つようになっていった。その後の変化は大きさの面だけであり、形の変化はなくなった。前後のフェッロの対称性が失われて長さが変わった以外に艇体の大きな変化はなかったが、船尾を覆う板は平らではなくなり、山型に傾斜したものとなった。この改変が、船尾からではなく舷側から乗るようになった結果なのか、それとも原因なのか、その点は不明である。十七世紀のフェルツェはまだ開放的なものだったが、前世紀に比べて、より大きく、しっかりとしたものになった。また、両側に棒がついているが、おそらく手すりの役目を果たしていたのであろう。

ゴンドラ製造の全段階を詳細に記録したジルベルト・ベンゾは、十七世紀末のいくつかの文書に描かれたゴンドラに竜骨のわずかな左右非対称性がすでに見てとれると断言する。この主張は、十八世紀末にゴンドラが一人漕ぎになったために左右非対称になったという説に反する。他の著述家たちは彼に賛成しないが、フォルコラ職人のサヴェリオ・パストールは彼を正しいとみなしている。実際、十七世紀には船尾のフォルコラには凹みがひとつしかないが、下部の凹みの消滅は、舟の構造上それが不要になったことを示している。左右対称の舟には凹みがひとつしかないフォルコラでは具合が悪いと考えるならば、ゴンドラが非対称になり始めていたとみなしうるだろう。

櫂を持つ者は、どちらかといえば反抗的で、法を遵守しない傾向があった。だが、なんらかの方法で彼らを規律化しようという試みは常に行なわれていた。十七世紀の初め、ゴンドラに聖マルコの獅子と番号がつけられた。使用者を識別できるようにし、詐欺、言い争い、暴力などの危険に対して、少なくともなにがしかの保証となるようにするためである。番号は、あまりにも「大胆で暴力的」になった船頭たちの「悪意と狡猾さ」を抑止するため、次世紀にも続けられた。何十年かたつうちに、法的認定を受けていない無許可のゴンドリエーレの数が増えていったようだ。もぐりのゴンドリエーレを防ぐための脅しには、さらし台、吊り落としの刑、市外追放、最高一八か月の禁固刑などが用意されていた。一六一四年に都市監督官(5)は、「いかなる者も政府の委任状なくトラゲットや市内においてゴンドラを漕いではならぬ」と布告した。また、その他の義務も定められた。たとえば、「一番目の」ゴンドリエーレ――すなわち、乗客を乗せる順番簿の最初に記載されている者――が河岸の清掃を行なうべきこと、一艘につき六人を超える人数を乗せてはならないこと、マットを敷くべきこと、灯りをともすべきこと、などであった。

(1) *ここから、自分を見せびらかすことを意味する「横木《トラスト》に乗って進む」という表現が生まれた。
(2) *スキアヴォーニの岸に続く小路《カツレ》のひとつは今日でも「ラシャ小路」と呼ばれている。ここにはかつて、アドリア海の向こうからもたらされる布の倉庫があった。
(3) イタリア語で「赤い光」はポルノの意味も持つ。
(4) 六分区《セスティエーレ》はヴェネツィア本島を六つの地区に分けたもので、大運河の東側にカステッロ区、サン・マルコ区、カンナレージョ区が、西側にサンタ・クローチェ区、サン・ポーロ区、ドルソドゥーロ区がある。それぞれの六分区《セスティエーレ》は、さらにいくつもの教区に細分化される。
(5) 道・運河・橋など、市内の公共物の監督を担当した行政官。

4　十八世紀

「私たちは小舟に乗り、居心地のよいサロンにいるような気分になる。そして、ヴェネツィアの街を取り囲む広々としたラグーナに漕ぎ出る。ぬかりのないゴンドリエーレが後ろのカーテンを閉じ、櫂を舵のように動かすと、ゴンドラは潮の流れに乗って滑らかに進む。長々と、陽気に愉快におしゃべりしていると、次第に夜も更け、私たちはどこにいるのかもわからない。時計を見ようとするが、暗すぎて見えないので、艫《とも》のカーテンを掲げ、ゴンドリエーレにいま何時かと尋ねる。〈わかりませんよ、旦那さま〉と彼は答え、〈でも、恋人たちの時間だと思いますよ〉と言う。〈行こう、行こう〉と私は言う。〈このご婦人の家へ〉。ゴンドリエーレは休めていた櫂をふたたび動かし、ゴンドラの舳先を街に向ける。そして道すがら、『解放されたるエルサレム』の第一六歌二六節(1)をわれわれに歌って聞かせるのだ」。この牧歌的な情景は、言うまでもなく、カルロ・ゴルドーニの『回想録』の一節である。このような場面が十八世紀のヴェネツィアで何度繰り返されたことだろうか。このころには、フェルツェは厚手の黒いラシャ地でできた密室になっており、黒い絹の紐飾りが大小それぞれ二四個と一二個ついていた。水に浮かぶ、申し分のない寝室《アルコーヴ》である。前は小さな扉で仕切られ、両側には二つの小窓がつき、後ろは船頭と話ができるように開いており、バティコーポという木の扉がついていた。この扉はフェルツェの内部にはめこまれ、外に向かって開くようになっていた。船尾でゴンドラを操る者は、それを閉じるべき頃合いをよく心得ていて、フェルツェのなかにいる者たちを外の世界から切り離し、波に揺られるままにしておくのだった。

十八世紀、ゴンドラは交通手段以上のものだった。それは、ヨーロッパ中から人々を惹きつけた自由奔放なヴェネツィアを実体験するための装置だった。秘密を漏らさないゴンドラは世を忍ぶ恋人たちを家屋敷に運び、包容力のあるゴンドラはつかの間の恋をラグーナの静かな水面に輝く月の光のもとにさらけ出すことを許し、取持ち屋のゴンドラは内気な貴婦人のヴェールと恥じらいを取り去った。ついには、「ゴンドラをする《ゴンドラーレ》」という動詞まで存在するようになる。『ヴェネツィア方言辞典』でジュゼッペ・ボエーリオはその意味を「誘惑する、そそのかす、媚びへつらう、甘言や虚言によって誰かを意のままにする」と報告している。ゴンドラはお高くとまったりしない。愛人というよりは女衒、甘い助言者というよりは欺瞞的な共犯者なのである。それよりももっと皮肉な響きを持つのは、「スクェーロに入れる」という表現である。これは、舟ではなく、少し年のいった女性を「ドック入りさせる」という意味で使われる。つまり、ジュゼッペ・タッシーニが『ヴェネツィア物知り百科』で書いているように、「身づくろいしたり、飾ったりすること。実際よりも美しく、あるいは若く見せるために白粉を塗り、頬紅をさす婦人について言う」のである。

カルロ・ゴッツィは『無益な記憶』の中で、愛人に会うための「通行可」の合図、つまり、「いつもの白いハンカチ」が黒い舟に掲げられるのを待っていたことを記している。一七三九年に「ゴンドラは甘美な悦楽の園だ」と書いたのは、ブルゴーニュ地方議会の議長だったシャルル・ド・ブロスである。彼によれば、「二人が望めば、ゴンドラに隠れて小さな罪を犯すことは不可能ではない。女はお付きの者を伴わずにゴンドラに乗ることができる。御婦人のゴンドリエーレが夫に買収されたという話は聞いたことがないし、もしそんなことがあれば、彼は次の日仲間たちによって溺れさせられるだろう。昨今の御婦人方のこのような習慣は、修道女たちの稼ぎをずいぶん減じさせた」（これは、女子修道院で行なわれていた主要な活動を証言するものである）。大評議会の会合が終わるときにコルティジャーナが馴染み客の貴族をゴンドラで迎えに行くのは珍しいことではなく、貴族がそのような愛の巣に乗り込むのを見ても、誰も驚かなかった。

　ゴンドリエーレはキューピッドの伝令にもなった。あるいは単なる伝令になった。死の床にあったアルモロ・チェーザレ・ティエポロは、リアルトの市場に並ぶ魚の数をゴンドラ漕ぎに毎日報告させた。この話を伝えるのは、またしてもカルロ・ゴッツィであるが、死にかけの貴族がリアルトの魚市場の最新情報を聞くことにどのような慰めを見出していたかを説明してはいない。ジャコモ・カザノヴァなら、間違いなく、秘密を守ってくれる水上の閨《ねや》を活用するすべを知っていたにちがいないのだが、『回想録』のなかで彼がゴンドラに言及するのは、引越しの際に家財道具を運ぶという、実に慎ましい使い方についてだけである。だが、ここから、必要な場合にはゴンドラが人だけではなく物資の運搬にも用いられたことがわかる。ゴンドリエーレは、いつでも労働の代償を受け取ったわけではなかった。ここは東洋風の都市ヴェネツィアである。ゴルドーニは『良き妻』の中で、「鬘《かつら》をつけた高名な御仁が支払いをせずにこそこそと逃げ去る」のを見かけると述べている。ふたたびカザノヴァの話になるが、彼はゴンドラに乗って遭難しかけたことがあった。彼はムラーノ島の女子修道院で何度もアヴァンチュールを楽しんでいたが、あるとき、その帰りにサン・ミケーレ島からフォンダメンタ・ヌオヴェ[2]へ向かう短い間に天候が荒れ始めた。波が高くなって舟のなかに水が入り、もう少しでジェズイーティ運河の入口というところで、船尾にいたゴンドリエーレが突風にあおられてラグーナに転落した。彼は素早く舟に戻ったが、ゴンドラは猛烈な風に激しく流された。櫂も流されてしまったが、幸い予備の櫂があった。ここにいたってカザノヴァはフェルツェを海に投げ捨てろと叫んだ。フェルッツェが帆のように風を受けて舟の操縦を妨げていたからである（室内にあったいくつかの銀器はちゃんととっておいた）。この処置が功をなし、やっとのことではあったが、なんとか都市内部の運河にたどり着いて風をよけることができ、助かったのであった。

十八世紀のゴンドラは現在のものにきわめて近いが、おもな違いが二点ある。舟が左右対称で底が平らなこと——船首は水に浸かり、船尾は辛うじて水面から離れている——と、フェッロが巨大で人の背丈ほどもあり、明らかにとても重いものだったことである。接水面が小さければ操縦性は高まるが、そのぶん速度は遅くなる。カザノヴァの時代のゴンドラは、直線でかなりの距離を進むことも必要とされる乗り物で（いくつかの絵には、ヴェネツィア貴族の別荘がいくつも岸辺に建ち並ぶブレンタ川を行くゴンドラが描かれている）、船頭が二人つくこともしばしばだった。つまり、速度の出せる舟であることが求められたのである。いっぽう、十八世紀後半から発展を遂げて今日にいたったゴンドラは、ヴェネツィアの運河を遊覧する観光客を乗せるためのものである。距離は短いが、折れ曲がったコースを進まなければならず、一人のゴンドリエーレの力で家や河岸の角を曲がる必要がある。この場合、操縦性の高い舟であることが求められる。船首と船尾を水面から立ち上げて艇体の喫水部分を小さくした理由はここにある。フェッロの縮小化も艇体が曲線的になったことと関係がある。舟は橋の下をくぐらなければならないため、持ち上がった船首に十八世紀の高いフェッロをつけたのでは具合が悪い。だから、船首が高くなったぶん、フェッロが低くなった（結果的に小さくなった）のである。十八世紀半ばには、フォルコラもわれわれが見慣れたような様相を帯びるようになった。板からではなくブロック状の木を彫ってつくられるようになり、より多くの操作を櫂で行なえるようになった。サンカも生まれた。サンカとは、狭い運河で漕ぐことを可能にする湾曲のことである。しかし、ミラノのスフォルツァ城に保存されているミニチュアが示しているように、フォルコラの位置は現在と比べてかなり前方にあった。

冬にはフェルツェが雨風から客を守った。また、寒さを和らげるため、ゴンドリエーレは真っ赤に燃える炭を満たした行火《あんか》を客の足元に置いた。内壁はクルミの木を彫ったもので、絹布を張り、鏡や明かりを取りつけ、後ろにはバティコーポと呼ばれる開口部があった。バティコーポというのは、風が後ろから入ってきて客のうなじ（ヴェネツィア方言でコーパ）に当たる《バッテ》ところからつけられた名前である。シエーロと呼ばれる内部の天井には、壁と同様に黒い絹のビロードが張られていた。最後に、やはり黒いモロッコ革のクッションを二つ置けば、内装は完了である。「格の高い旦那方の場合でも、下々の者たちのフェルツェといかなる点でも変わらないものしか許されなかった」とシャルル・ド・ブロスは観察している。夏場には、フェルツェは取り外された。

フランスの大使たちは、ヴェネツィア共和国の政庁であるドゥカーレ館へ信任状を提出しに行くのに並外れたゴンドラを用いるという前世紀からの伝統的なやりかたを続けていた。たとえば、一七三二年のシャルル＝フランソワ・ド・フルレの場合はこうである。はじめの二艘は金糸を織り込んだビロードで飾られ、三艘目は金箔を施した彫刻と赤い花で縁取られた銀の布で飾られ、大使自身は五〇人の従者を従えていた。このような行列が画家カナレットにインスピレーションを与えて、サン・マルコの船着場に到着する大使を描いた絵や、大使が小広場《ピアッツェッタ》に上陸するところを描いた絵が生まれたことは、十分にありうるだろう。とはいえ、フランス王の代理人の財力とて無限ではなく、高位聖職者であり伯爵であったフランソワ＝ジョアシム・ド・ピエール・ド・ベルニスは、一七五二年、前任者が八万金フィオリーノをかけた行列をしたことを思い出しながらも、たった一艘のゴンドラでドゥカーレ館に向かった（カザノヴァが彼の友人となり、のちにこのことを『回想録』に記した）。

フランチェスコ・グァルディの絵画の細部。十八世紀のゴンドラは、フェッロが非常に大きく、船首が平らで、船尾がわずかに水から上がっていた。

十八世紀はグランド・ツアーが始まった世紀である。それは、芸術的な美と古代の遺跡を見出すためのイタリア旅行で、れっきとしたイギリス貴族の若者なら誰でも経験しなければならなかった。このような旅行者（まもなく、フランス人とドイツ人も加わる）のためにいくつもの本が出版されたが、それは近代的な観光ガイドブックの先駆けにほかならなかった。一七一二年、ザッタという出版社は、ラジニオ・ベネナート（このような著者名はペンネームであることを匂わせる）という署名の入った『異邦人の偉大なる指南書』なる書物を出版した。そこには、次のように書かれている。「この都市では、馬や馬車が使えない代わりに、優美なことこのうえないゴンドラが誰にでも使えて、いつでも街じゅうの渡し場で簡単に拾うことができる。さらに夏場には、貴族の間では涼をとるためにゴンドラを用いる習慣があり、ちょうどローマやその他の有名な大都市で市内を回るのに似ている」

だが、最もよく知られた案内書は、一七八四年にアルブリッツィという出版社から出された『啓蒙的な異邦人』である。そこには、ヴェネツィアで最も重要な年中行事、すなわち、ドージェがブチントーロに乗って行なう海との結婚式についての叙述がある。「かの壮麗な船は砲兵の発砲とともにサン・マルコの小広場を出発した。ヴェネツィア在港中のガレー船、相当な数の小型ガレー船、豪華な装備をした平底舟のペアータがブチントーロを迎え、数え切れないほどのゴンドラが行程の間じゅう、前後左右を取り巻いていた」。ここでも主役はゴンドラで、全体の調子をリードし、水の都ヴェネツィアの風景を満たすのは、ゴンドラの役目なのである。この本より二〇年ほど前の一七六〇年、ヴェネツィアには一四七二艘（現在の三倍）のゴンドラがあった。

『啓蒙的な異邦人』が出版されて二年後の一七八六年にイタリア旅行を始めたヴォルフガング・ゲーテは、この本を入手したかもしれない。ブレンナー峠を通ってヴェローナに南下した彼が次に目指したのはヴェネツィアだった。彼は九月二十八日、パドヴァからブルキエッロに乗ってヴェネツィアにやってきた。ブルキエッロは、ブレンタ川を行き来してパドヴァとヴェネツィアを八時間で結ぶ船である（カザノヴァやゴルドーニが残した記述から判断すれば、かなり美しい船だったにちがいなく、次のような様子であった。長方形の大きな広間の両端に二つの小部屋がある。広間には欄干があり、ガラスをはめた窓と天窓がついている。また、鏡や彫刻で飾られ、戸棚や、ゴルドーニによれば〝とても座り心地のよい〟ベンチや椅子などが置かれている。もし修道士か学生かコルティジャーナが乗っていなければ沈没するかもしれないと言われていた）。このドイツ人作家が本物のゴンドラに初めて接したのは、まさにブルキエッロに乗っていたときだった。「最初のゴンドラがブルキエッロに横づけに接近すると、私が初めて手にした玩具が記憶によみがえった。おそらく、それまで二〇年以上もの間、思い出すことのなかった玩具である。父がヴェネツィアから持ち帰った優美なゴンドラの模型で、父はそれをとても大切にしていた。そして、私がそれで遊ぶのを許すときには、たいそうな譲歩をするようなつもりでいたものだった」。ゲーテは、その後もゴンドラについて書いている。たとえば、ある八行詩では、「甘く揺れる揺りかごのごとき／フェルツェは幅広き棺の上に」と述べたあと、「大運河《カナル・グランデ》に浮かべし揺りかごと棺の間でぼんやりと漂ふ」と結んでいる。

それから数十年さかのぼった一七三九年、フランス人ド・ブロスは、約六万人のヴェネツィア人が櫂で生計を立てていると伝えている。もちろん、そのすべてがゴンドリエーレというわけではないが、ラグーナの舟で最も高貴であるゴンドラを漕ぐ者の割合は高かったにちがいない。ド・ブロスは次のように述べる。「快適さの点でゴンドラと比べうる乗り物は世界に存在しない。その形は私に鮫を思い起こさせる。奥には二人掛けの座席がある。両側にも、小さいながらも王座のようなソファーがあり、その上に二人ずつ座ることができるが、もっぱら、奥に座っている者が脚を伸ばすためだけに使われる。そこでは、自分の部屋にいるかのように、読書や書き物をしたり、会話をしたり、恋人を愛撫したり、食べたり飲んだり、といったことを、ヴェネツィアに向かう間にすることができる」。ゴンドラは水に浮かぶ書斎として、手紙を書いたり、仕事をさっさと片づけたりする場所にもなった。当時の人々は、何時間でも続けて好きなだけゴンドラで過ごした。ゴルドーニによれば、ゴンドラではベッドのように快適に眠ることができた。おそらくそこから、「舟は家」というヴェネツィアの格言が生まれたのだろう。ゴンドリエーレもまた、ゴンドラを家のように使った。「お抱えの」ゴンドリエーレは主人の家に住んだが、賃走のゴンドリエーレは舟のなかで食事をしたし、客待ちの間にうたた寝をしたり、必要とあらば用も足した。次の世紀にホプキンソン・スミスが『ゴンドラの日々』に登場させたゴンドリエーレもそうである。着替えの服を恋人に持って来させた彼は、外国人観光客であるスミスの目の前で、服を脱ぎ、両腕をざっと洗い、また服を着たのである。一七四四年には、サンタ・マリア・デッラ・カリタ修道院（現在のアカデミア美術館）の鐘楼が突然運河に崩れ落ちたため、大運河をせき止めて水を抜く作業が行なわれた。そのとき、何艘ものゴンドラが無造作に大運河の岸辺に上げられていたというおもしろいエピソードも残っている。

　モンペリエ出身のフランス人アンジュ・グダールは、なかば作家、なかばスパイであったが、カザノヴァの友となり、一七六五年に彼と共同で『シナの間諜』を出版した。その中で彼は、ヴェネツィアでは誰もが「自分用の馬車を戸口に泊めてある。それは一種の墓であり、人は毎日五時間ないし六時間、実に規則正しく、そこに自分を埋葬する」と書いた。しかし彼はそのあとで、「ゴンドラは、死者のための小部屋であるどころか、反対に、人類の運命によい作用をもたらす、と請け負う人もいる」とも言っている。たしかに、相当数の赤ん坊が水の上で宿されたのは、十分ありうることだろう。

　上記のことは、当時、私的な会話のなかではフェルツェの内部が走行中の馬車の内部と同様に「墓場」と呼ばれていたことを考慮すれば、より理解しやすいだろう。だがそれは、単なる言い回しにすぎない。実際のところ、十八世紀のヴェネツィアは自由恋愛の都市であり、襟ぐりが胸の上ではなく下にあるドレスを貴族女性が身につけていたほどだった。乳首には紅が塗られ、このタイプのドレスは、ヨーロッパでは「ヴェネツィア風の襟ぐり」として知れ渡っていた。だが、本家のヴェネツィアでは、胸をあらわにする胴着《ボディス》は、フランス語の「ペタンレール」[3]が訛った「ペテレール」の名で呼ばれた（胸はたしかに吹きさらしだったが、その代わり、顔は「ゼンダル」で覆われていた。これは、透けたヴェールで、頭の上から顔を隠して美醜の区別をつけにくくした）。

　十八世紀には公衆衛生に対する関心が高くなり、その結果、ゴンドラに乗る者にも関心が寄せられた。この世紀は、ある悲劇とともに幕を開けた。一七〇二年、ジュデッカ島からサン・マルコへ渡る途中だった財務官（ヴェネツィア共和国の高位官職の一つ）のアゴスティーノ・ナーニが水に落ちて溺死した。これをきっかけに、同様の危険を怖れた多くの貴族がジュデッカに住むのをやめてヴェネツィアに移り、貴族の屋敷が建ち並んで「ヴェネツィアの庭」と呼ばれたジュデッカの特徴は失われた。ジュデッカは次第に庶民の居住区に変わり（その特徴は現在も続いている）、十九世紀に「労働者の島」となる前提となった。一七六八年には、溺れて窒息した者への口移し式人工呼吸の実施指導を衛生監督局が行なった。そのわずか二年後、ヴェネツィア中で噂になったエピソードが起きた。八〇歳を過ぎた女性が溺死しかけ、医者が口移しで人工呼吸を行なった。それが彼にはよっぽど不快なことだったにちがいない。なぜなら、彼自身の意識を取り戻させるのに、キプロス産のワインを気付け薬にしなければならなかったからである。

いとも静謐なるヴェネツィアは、八十を過ぎた老婆の口ゆえに失神した医者のことも真面目に考える都市だった。それから数か月たった一七七〇年十二月五日、「溺者を蘇生させるための」ふいご式呼吸器を備えることがすべてのトラゲットに義務づけられた。水中への転落は、今日ではかなり稀であるが、当時はよくあったようだ。その理由はおそらく、舟の数がきわめて多かったため、正真正銘の交通事故が発生したからだろう。この問題の解決法は、舟の操縦性とゴンドリエーレの能力にかかっていた。「渋滞以上に日常茶飯事なものはない。とりわけ、狭い運河や橋の下ではよく起こる。だが実際、長くは続かない。彼らは、とても長いこの乗り物を、まるで針の先でもあるかのように、ひと漕ぎで方向転換させてしまうからだ」とド・ブロスも言っている。

（1）『解放されたるエルサレム』は十六世紀の詩人トルクァート・タッソの長編叙事詩。第一六歌二六節は次の通り。

求愛のときにも終わりがおとずれ
彼に暇を乞い、接吻ののちに立ち去る。
日がな一日、魔術の書物を読み返し
思いを巡らせるのが彼女の習い。
彼はとどまり
どこへ行くことも許されぬまま、
獣の棲む木立のあいだを
　孤独な恋人はひとり彷徨う。

（2）　フォンダメンタ・ヌオヴェはヴェネツィア本島の北にある河岸。その沖合いにサン・ミケーレ島があり、さらにその北にムラーノ島がある。
（3）　pet-en-l'aire（「吹きさらしの胸」の意）。

5　十九世紀

　終焉。十九世紀の夜明けは、いとも静謐なる共和国の没落と重なっている。ヴェネツィア共和国は、一七九七年五月十二日に滅亡した。その歴史は、古代ローマの歴史よりも長い。ヴェネツィアの始まりは、滅亡の一二〇〇年前、ローマ帝国の遺産を略奪して回る蛮族が迫ったときのことだった。今度は、迫りくるナポレオン軍を前に、ヴェネツィア貴族の集会である大評議会は、自主的解散とドージェの廃位を可決した。ナポレオンは、一万五〇〇〇点の美術品を奪い、国立造船所《アルセナーレ》を破壊し、そこにあった船体と大砲の類いを持ち去り、気まぐれで一〇ほどの聖堂を取り壊し、三八五のスクォーラ（信仰と慈善のための団体）を閉鎖し、想像できないほどの芸術的財産を散逸させた。後年の語り種によれば、ある貴族が櫂をなくしたゴンドリエーレに文句を言ったところ、ゴンドリエーレは「私がうっかり櫂をなくしたからって、驚くほどのことじゃありませんよ。旦那さまは、うっかり国をおなくしになったんですからね」と答えたという。だが、ゴンドリエーレのなかには昔を懐かしむ者もいた。彼らにとって慰めとなったのは、「獅子はページをめくった」という言い回しだった。つまり、伝統的には「わが福音書記者マルコよ、汝に平和を」と書かれたページが開かれていたのが、「人間と市民の権利と義務」というページにとって代わられたというのである。[1]この一七九七年、ヴェネツィアには一三万七〇〇〇の住民がいた。そのうち七万人が女性で、三万人が「裕福な者、聖職者、子どもと船頭」（これらをひとまとめにしているのは奇妙なこなろう。

とだ）だった。ここから判断すると、共和国滅亡時に櫂で生計を立てていた者は数千人いたということに

　共和国の滅亡によって、支配階級としての貴族の役割も消滅した。多くの家系が没落し、断絶する家もあった。威信ある役割を維持できたのは、ごくわずかな家系のみだった（一七九七年の貴族人口は一〇九〇だったが、十六世紀半ば――ヴェネツィアの最盛期――には二五〇〇、共和国滅亡のわずか二〇年前の一七七五年には一三〇〇だった。年に一〇人の割合で貴族が減少した計算になる）。お抱えのゴンドリエーレも、その数十年前までは三〇〇〇人だったのが、三〇〇人以下に減ってしまった。ヴェネツィアは、もはや首都ではなくなった。外国の支配（まずオーストリア、次いでフランス、そしてふたたび一八六六年までオーストリア）を受けて落ちぶれたヴェネツィアは、もはや光り輝く魅惑の地ではなく、ロマン主義の旅人が目指す憂愁の都となった。カザノヴァからトマス・マンへ、放埒からかなわぬ恋の焦燥へ、時代は移った。それとともにゴンドラの概念も変わった。寝室《アルコーヴ》から棺へと。

　十八世紀、ゴンドラは恋人たちの心地よい愛の巣とみなされていた。十九世紀、ゴンドラには、陰鬱な、哀切な、物悲しいなど、死と結びつく形容詞が次々とつけられた。バイロン卿は『ベッポ』の中でゴンドラを霊柩馬車にたとえ、水の上を滑りゆく黒い「カヌーに載せた棺」と語った。「黒布をかけた棺のよう」と言ったのはジョルジュ・サンドである。「有名なゴンドラは黒く、葬送用の馬車のような雰囲気を漂わせている。現に、私が最初に見たゴンドラは死人を運んでいた」とは、ルネ・ド・シャトーブリアンが『メルキュール・ド・フランス』誌の一八〇六年八月号に書いた一節である。一八一八年には、バイロンとともにヴェネツィアにやってきたシェリーが「蛹《さなぎ》のために棺をつくった蛾にのみゴンドラをたとえることができる」と書いた。チャールズ・ディケンズは一八四四年、「黒い小舟があり、その上には同様に悲

しげな色の箱あるいは船室が載っていた」と『イタリアの印象』に書き留めた。リヒャルト・ワーグナーは、一八五八年に初めてヴェネツィアを訪れたときにゴンドラから受けた衝撃を「疫病がはびこるなかで行なわれる葬列に加わっているような感覚に襲われた」と回想している。また、フランツ・リストは「哀しきゴンドラ」という題のピアノ曲を作曲した。マーク・トウェインがヴェネツィアにやってきたのは、一八六七年七月二十日、オーストリア支配から解放されて最初のレデントーレの祭り[2]の夜のことだった。彼はゴンドラに好印象を抱くどころか、「インク色の古ぼけた手漕ぎ舟で、真ん中に陰気な霊柩車をぶちこんである」と書き、さらにヴェネツィアについて、「跛には天国にちがいない。ここでは脚を使う必要が全くないからだ」[3]と付け加えている。だが、フリードリヒ・ニーチェは反対の考えを示している。ゴンドラは彼のなかに「活き活きとした幸福感」をわき立たせた。いっぽう、オスカー・ワイルドは「ゴンドラのなかの買春はグロテスクだ」と憤慨に満ちた見解を漏らし、ゴンドラでひと巡りしたあと、棺に入って下水道を旅したような気分になったと語っている。平安と静けさ――と言っても、永遠の平安と静けさという意味ではない――の感覚は、イッポリト・テーヌに次のような言葉を書かせた。「ゴンドラはほとんど感じられないほどの動きで進む。人はそこに身を横たえ、身も心もすべて委ねるのだ」(『イタリア旅行』、一八六六年)。アンドレ・シュアレスによれば、「桟橋につながれたゴンドラは揺りかごのように揺れ、ゆっくりと静かな呼吸のリズムでたがいにぶつかり合う」(『傭兵隊長の旅――ヴェニスへ』、一八九二年)。そして、一八九九年から一九二四年まで毎年のようにヴェネツィアに滞在した詩人アンリ・ド・レニエは、「ゴンドラは私たちを乗せて揺れる/フェルツェの下でゆらゆらと/フェッロは海の空気にまどろむ沈黙を破る」と『ヴェニス』に書いた。旅人なら誰でもつぶさに読むべき国際観光のバイブル、『トマス・クック・ハンドブック』には、ゴンドラの利用法についての助言がある。一八七五年版は、ヴェネツィアでは誰も歩くことなど夢にも思わないことを説明し、「ゴンドラはとても経済的で快適である」と言い切っている。旅行ガイド『ベデカー』の一八七七年版は、ヴェネツィアに着いたら「最初の好奇心を満たし、ヴェネツィアがどれほど独得であるかを頭に入れるために」ゴンドラで二時間ほど街を巡ることを勧めている（一八九五年版では、二人漕ぎの申し出をはねつけ――二倍の料金を取られるので――、きっぱり「バスタ・ウーノ（一人で十分）」とイタリア語で言うべきだと忠告している）。

文学のなかでは、ゴンドラはもはや売春舟ではなく、闇の暗さに艇体の黒が溶け込む深夜、ラグーナの中央に位置するオルファーノ運河まで罪人を運び、溺死刑にするための手段となった。ヴェネツィアの「黒い神話」が生まれ、とりわけフランス人の手によって尾ひれがつけられた。おそらく彼らは、千年も続いた共和国を滅ぼし、略奪した自分たちの行為を正当化したかったのだろう。黒い神話はわれわれの時代にも生きており、十人会[4]と国家審問官[5]に暗い影をまとわせ続け、「溜息橋」[6]をつくり出し（このような名前は本来まったく存在しない）、「真実の口」[7]に投函される密告を匿名の告発にすりかえている（無記名の告発状は、国家への反逆罪に関する場合を除いて、棄却された）。フランツ・グリルパルツァーは、このような風潮に染まりきり、一八一九年に著した旅行記のなかで、「溜息橋」の下をゴンドラに乗って通り過ぎるとき、頭上にそびえる牢獄の館でやつれ死んでいった人々のことを考えて震えと熱に襲われたと記している。それから一世紀後の一九二八年、フィレンツェの出版社ネルビーニは、エルネスト・メッツァボッタの小説『溜息橋からヴェネツィアの牢獄へ』を出版した。この本のブックカバーには、ゴンドラの上で二人の用心棒が一人の男をナイフで刺し、それを一人の女が運河に面した館の戸口から見ているところが描かれている。

ゴンドラの役割も少しずつ変わっていった。貴族の家の所有物である「自家用」の舟は次第に減り、本土の船着場から――のちには、鉄道の駅から――観光客を宿屋まで運ぶ「賃走」あるいは「パラーダ用」(パラーダとは、大運河を通ることを意味する)のものに取って代わられていった。一八四六年まで、ヴェネツィアに行く方法は舟しかなかった。当時ロンバルディアとヴェネトを支配していたオーストリアが、千年にわたってヴェネツィアが保ってきた孤立に終止符を打つことを決定した。駅をどこに建設するか、議論は白熱した。あるときには、サン・ジョルジョ島に駅をつくり、サン・マルコの目の前に列車が着くようにするという意見が大勢を占めたかに見えた。しかしその後、もっと簡単にすべきだという意見が広まり、サン・ジョルジョではなく、本土に最も近い地点に駅を置くほうが、ラグーナを横切る橋が決定的に短くてすむ――それでも、二二二のアーチに支えられた二・四キロメートルの橋は、世界一の長さを誇った――ということで決着がついた。駅と、それに隣接する鉄道関係のオフィスの建物の用地を確保するために、貴族の一邸館、一修道院、聖ルチアの遺体をおさめていた教会を含む二教会が犠牲になった。オーストリアは自らの痕跡を残すことを望んだ。駅および隣接するオフィス用の建物の建築様式は、それらを建てさせたのが誰であるかをはっきりと示している。建物の色さえ、疑いの余地を残さない。すなわち、いわゆる「国家の黄色」または「シェーンブルン・イエロー」と呼ばれる特徴的な色であり、オーストリア帝国の国立建造物は、皇帝の住む宮殿にならって、この色でなければならないのだった。これらの黄色い建物のなかで、役人たちは義務的に書き物机の前に座っていなければならなかった。彼らは、フランツ・ヨーゼフ一世のことを平日には「皇帝」、休日には「閣下」と正確に呼び分けることができなければならなかった。列車の登場はゴンドラに大きな影響を及ぼした。ゴンドラは次第に「外《デ・フオーラ》の」渡し、つまり、とくにフジーナの河口を乗降場として本土とヴェネツィアを行き来する旅客用の交通手段としての役割を終え、市内の運河での活動に特化していった。鉄道駅前のトラゲットは最も重要になり、ゴンドリエーレは誰もがここで働くことを望んだ。いちばん稼ぎのよい場所だったからである。ここでは、八四人のゴンドリエーレが働くようになった。このようなトラゲットの優位は、モーターボートが大運河を走り始めるようになって、ようやく失われた。

　鉄道という革命は、観光に別の革命をもたらした。パッケージ・ツアーの誕生である。このような旅行を考案したのは、シュレジェン地方のブレスラウ（現在はポーランド領ブロツワフ）出身のドイツ人、ルートウィヒ・シュタンゲンだった。彼が最初に手がけたのはエジプトのピラミッド見物だったが、それからまもなくヴェネツィアにも手を伸ばした。ドルフ・シュテルンベルガーは『十九世紀展望』の中で次のように書いている。「ヴェネツィア人たちは、一八六四年にシュタンゲンが月夜の大運河にゴンドラを浮かべて催したセレナーデのことを記憶にとどめている。楽師と歌手を乗せ、色とりどりの風船で飾られたゴンドラは、ホテル・バウアー・グリュンヴァルトを出発した。プロイセン人たちがどのような楽しみ方をするか見ようと、何千人ものヴェネツィア人が、男も女も、運河の狭い岸辺やリアルト橋に押し寄せた。かくも旅を愛するプロイセン人たちは、ラグーナの女王を訪問し、イタリア人の合唱隊が歌う舟歌が遠く近く聞こえてくるのを楽しんだ。こうしてシュタンゲンは、ドイツ人だけでなくヴェネツィア人にも、真のヴェネツィアが何であるかを教えたのだ」。このドイツ人は、ゴンドラの上でのセレナーデを、ヴェネツィア人をも楽しませるショーに仕立てたのであった。一八八〇年には、ゴンドラの数は九〇〇艘足らずで、そのうち二〇が公用、二二〇が私有、六〇〇が営業用だった。

　十九世紀のゴンドラと現在のゴンドラは、美的観点から言えば、とてもよく似ており、素人目にはほとんど同じに見えるだろう。しかし、技術上の相違には著しいものがある。ゴンドラの形は、十九世紀の間に変化を遂げて、現在の形に到達した。船尾部分は、舟の操縦性を高めるため、またフェルツェによってさえぎられるゴンドリエーレの視界を広げるため（十九世紀のフェルツェは、あまり背を曲げなくても室内で動くことができるように天井が高くなっていた）、徐々に湾曲していった。長さは同じでも、十九世紀には現在のよりも喫水（つまり、水に浸かっている部分）が大きく、操縦性が劣っていた。また、舟を回転させたり、進行方向を調整したりするために必要な力も、フォルコラが船尾に近づくにつれて小さくなった。船尾が高くなっていくのは、何世紀も前から続く傾向だったが、十九世紀には、それが著しくなった。いっぽう、船首が高くなるのは、まったく十九世紀的な変化だった。おそらく、ゾルド渓谷やカドーレ出身の人々がヴェネツィアのゴンドラ製造に加わって業者間の競争が激しくなったことがその原因だろう。要するに、新参者は革新を行ない、古参の者は保守的なのである。しかし、時の流れとともに優勢に立つのは、新参者のほうである。それまで、ゴンドラを注文するのは裕福な貴族や市民であり、彼らはお抱えの船頭にゴンドラを漕がせていた。それが今では、ゴンドリエーレ自身がゴンドラを注文するようになった。ゴンドラの所有者でもあるゴンドリエーレは、自分の要求に最大限に応じてくれる舟を求める。たとえば、彼らは扱いやすい舟を求めるが、船首が高く上がったゴンドラは船首が水に浸ったゴンドラよりも操縦性が高い。つまり、ゾルド渓谷やカドーレのような山村出身の人々は市場の要求によく応えたので、彼らの製品のほうがよく売れたのである。こうして、カザル一族、バッティスティン一族、トラモンティン一族——ジャンフランコ・ムネロットは著書『ゴンドラ』の中で「天才的かつ型破り」と呼んでいる——はゴンドラを、全長一一メートル、重量六〇〇キロもありながら、一人の船頭が一本の櫂で簡単に操縦できる世界で唯一の舟にした。装飾にも山の影響が見られる。ゴンドラのスタイルを決定的なものにしたのは、彫刻師ヴァレンティーノ・バザレル（またはベザレル）である。一八二九年にゾルド地方のアストラガルに生まれた彼は、長い間地元で働きながら、ヴェネツィアの美術アカデミーに通い、大陸でもとくに重要ないくつもの宮廷の御用達となって、ヨーロッパ中で名声を博した。そして、アントニオ・カザルの娘と結婚し、そのスクェーロの活動にさらなる刺激を与えたのである。

ゴンドラのサイズが決定的になったのも、十九世紀のことである。サンタ・マリア・デイ・セルヴィ教区にあったカザルの造船所で働いていたドメニコ・トラモンティンは、一八八四年、自分のスクェーロを開き、セメントの三和土《たたき》の上に細長い木の台(「カンティエーレ」と呼ばれる)を置き、以後それがすべてのゴンドラの基準サイズとなった。この台は、まさにその実物が現存し、ドメニコの曾孫であるロベルト・トラモンティンによって今日でもゴンドラ製造の基準に用いられている。しかし、形は進化を続けた。一八八二年の素描には、わずかながら左右非対称のゴンドラが初めて登場する。このときの左右差はわずかで、約三センチメートルであったが、そこから今日までに二四センチメートルに達した。強調しておかねばならないのは、このような重要きわまりない変化が起こるいっぽうで、ゴンドラのサイズは十八世紀から今日まで変わらず、長さ一一・一〇メートル、幅一・三八―一・四二メートル、船体の内高五〇―五五センチメートルのままだということである。

新しい血の導入は重要な役割を果たした。熟練した職人たちの大部分が軍艦建設のために、トリエステやハプスブルク帝国との国境線の向こう側へ出て行ってしまったからである。一八〇七年二月五日、支配者フランスはゴンドラ職人の職業組合を廃止した。それに代わってヴェネツィアをふたたび支配したオーストリアは、ゴンドラ製造を何とか復活させようとした。ヴェネツィアは一八六六年十月に統一イタリア王国に併合された。その二年後、ある研究所が行なった試算によれば、ヴェネツィアでは年平均で一一〇艘のゴンドラが製造されていた。民営のスクェーロで製造されるゴンドラは、アルセナーレ(8)で製造されるものに比べて良質であった。一八六七年末には、ヴェネツィア市内に九〇〇艘のゴンドラがあった。「自《カ》家用《サダ》(9)」ゴンドラの耐用年数は平均八年、トラゲット用ゴンドラの場合は一五―一六年だった。ゾルド渓谷やカドーレ地方からやってきた人々（カドーレ地方ペラローロ出身のカザル一族は、セルヴィ教区のスクエーロを一八三三年に借りていた）は、先に述べたように、ゴンドラに修正を加えたが、また、作業所そのものにも変革をもたらした。住居や倉庫を建てる彼らのやり方は山岳地帯に特徴的なものである。今日でも、スクエーロ、とくにサン・トロヴァーゾ教区のものは、ラグーナの岸辺に移されたアルプス地方の居住形態という外観を保ち続けている。

ヴェネツィアへの移住を促したのは、鉄鉱脈の枯渇と洪水である。こういった要因のために、フォルノ・ディ・ゾルド（ここでは、十七世紀に、ヴェネツィア共和国海軍に所属する兵士の武装用の剣「スキアヴォーネ」が生産されていた）の住民たちは、故郷のドロミティ峡谷を捨て、「ボーナ・マーレ（善なる母）」の作業現場に職を求めざるを得なかったのである。十八世紀半ばから世紀末にかけて、剣職人たちの流出が起こった。彼らは、ドイツのパッサウやゾーリンゲン、フリウリ地方のマニアゴ、そしてヴェネツィアのアルセナーレに移った。十九世紀後半には、釘鋲職人も故郷を離れた。ゾルド渓谷は過疎化し（しかし、この地の人々の企業家精神は変わらず、一世紀後、彼らはアイスクリーム屋の伝統をつくることになる）、ヴェネツィアの造船現場では社会的構成に変化が起こった。

船首のフェッロは、十八世紀末から縮小し続け、特徴が変わっていった。十九世紀末のフェッロは、カザノヴァの時代のものと現在のものの中間である。つまり、今よりも優雅で大きかった。歯は、今では常に六本であるが、当時はそうではなく、多くは五本、場合によっては四本で、歯と歯の間には、装飾目的の鋲が打たれていた。

もうひとつ、小さいながらも特筆に値する変革も起きた。カノン（管）と呼ばれる金属の支えが取りつけられたのである。ここには、昼間は統治当局（一八六六年まではオーストリア、その後はイタリア）の旗が、夜はフェラル（灯火）が差し込まれる。それ以前、ヴェネツィア共和国一千年の歴史のなかでは、ゴンドラに旗印をつける必要を感じる者など誰もいなかったし、所属を強調する必要もなかったのであるが。

新しい型を創作したり、すでにあったものをさらに特化させたりすることも行なわれた。たとえば、マッソケと呼ばれる舟は、ずんぐりした大型のゴンドラで、船首と船尾に「マッソカ風（マッソカはヴェネツィア方言で「棍棒」を意味する）」のポールがついており、輸送にはたいへん便利だった。十九世紀末には、ゴンドラが救急ボートとしても用いられるようになった。サン・ジョヴァンニ・エ・パオロ（この言い方は確かに間違いなのだが、ヴェネツィア人は誰も、正しく「サンティ・ジョヴァンニ・エ・パオロ」とは呼ばず[10]、あたかも一人の聖人であるかのように「サン・ザニポーロ」と呼ぶのが関の山である）の教区にあった病院の古い写真にも写っているし、一八八一年を舞台にした『カナル・グランデ』という映画の一シーンでも、「メンディカンティの運河」に係留されたこの種の小舟を見ることができる。形はこれと同様だが、異なる用途で用いられたものに、囚人護送用のゴンドラがあった。それらは、ドゥカーレ館の横にある「牢獄の運河」に係留された。また、「手洗い用ゴンドラ」なるものを描いた絵は、一八四五年のものである。これは、舟底が開くようになっており、その下に籠のようなものが沈められていて、舟の中で用を足すことができるという代物であった。このような型のゴンドラがいったい実際に作られたのか、それともアイデアにすぎなかったのかは、不明である。

いとも静謐なる共和国の最後の暗い数年間と、フランス人とオーストリア人が交互にヴェネツィアを支配した政治的混乱の時代のあと、一八二五年七月二十八日に「ジュデッカ運河」において、「フロート[11]」

の完成が祝われた。その大きな木製の筏《いかだ》は、すでに廃れていた共和国時代の「フレスコ」の近代版ともいうべきもので、ぶどうの蔓とイルミネーションで飾られ、オーケストラ席もあった。大公フランツ・カールと妻のゾフィー（のちの皇帝フランツ・ヨーゼフの両親）のヴェネツィア訪問の際に大公夫妻を乗せるためのものだったが、この思いつきが好評を博したので、フロートは保存されることになった。一八五二年八月、市長ジョヴァンニ・コッレール（興味深いことに、十九世紀のヴェネツィア市長のほぼ全員が、廃位となった貴族階級の出身であった）は、この「台」を大運河に浮かべさせ、「気品あるオーケストラの周囲や後ろに無数の小舟やゴンドラが群がった」。フロートに対する熱狂は高まって、とうとう一八五七年七月三十一日には、次のようなことが起こった。ゴンドラに囲まれ付き従われた「気品あるオーケストラ」は、晩の九時にサン・マルコの小広場を出発し、二時にリアルトに着いたが、ゴンドラがその場を離れようとしなかったので、夜明けまで演奏が続けられたというのである。フロートを浮かべる伝統と水上の音楽を好む習慣は長く続き、一九五〇年代にもまだ見られた。一九五八年に公開されたディーノ・リージ監督、アルベルト・ソルディ主演の映画『ヴェネツィア、月と君』は、それを不朽のものにしている。近代版大運河はふたたび、自分を見せびらかすための場所、「そこにいるべき」場所となったのである。近代版の「フレスコ」でも、ひしめき合うゴンドラは、自分を知らしめたりおしゃべりしたりすることに余念のない人々の役に立った。一八四四年、フランス人ジュール・ルコントは、「雅《みやび》な人々」が夕暮れ時に大運河に浮かべたゴンドラに乗っているさまを見て、パリのシャンゼリゼ通りや、マドリードのプラド通りや、ロンドンのハイド・パークを行き交う馬車にたとえられると述べた。

十九世紀は、著名な観光客が訪れる時代だった。そのなかには、何年もヴェネツィアにとどまり、さらには、リヒャルト・ワーグナーのように、ここで死を迎える者さえいた。バイロン卿に始まって、チャイコフスキー、ラスキン、ヘンリー・ジェイムズ、ロバート・ブラウニング、ジョルジュ・サンド、そして二十世紀のコルヴァ男爵にいたるまで、誰もがゴンドラに乗った。そして、ある者はゴンドラについて書き、またある者はゴンドラからインスピレーションを得たのである。

あるイギリス人がヴェネツィアに腰を落ち着けたのは、ヴェネツィア共和国の滅亡からまだ数年しかたたない一八一六年十一月の十日から十一日にかけての夜のことだった。彼はひどく脚が悪く、そのため、カッレやフォンダメンタを歩くよりもゴンドラで移動することを好んだ。彼の名はジョージ・ゴードン、すなわちバイロン卿である。住まいにしたのはモチェニーゴ館で、そこで彼は、何人ものドージェの肖像画やムラーノ製のシャンデリアに囲まれて暮らしていた。また、犬、猿、オオタカ、オウム、ミヤマガラス、果ては一匹の雌狼をも飼っていて、屋敷のなかを自由にうろつき回らせていた。ヴェネツィアは彼の興味を掻き立てた。「ゴンドラのメランコリックな陽気さと運河の静けさが私は好きだ」と言う彼に、失策を過度に恐れるオーストリアの警察当局は、監視の目を光らせていた。

バイロン卿の友人には、イザベッラ・テオトキ・アルブリッツィがいた。この貴族女性は、詩人ウーゴ・フォスコロのかつての愛人で、彼女の乳房は、今でも屋敷の庭を囲む塀を飾る大理石の女性像のモデルとなって永遠の命を与えられていると言い伝えられた。また彼は、マリーナ・クェリーニ・ベンゾンのところにも出入りしていた。彼女こそ、ヴェネツィア共和国滅亡の際、サン・マルコ広場に立てられた「自由の木」の下で半裸でカルマニョーラ[12]を踊ったという「小さなゴンドラの金髪娘」であった。バイロン卿は教養ある貴族女性たちとの会話を楽しんだが、いっしょに住んでいたのは快活な庶民の女たちだった。最初に同居したのは、マリアンナ・セガティという二二歳の女だった。彼女の夫は服地商で、「鹿印《アル・チェルヴォ》」の看板を掲げて商売していたが、怒った民衆はそれをもじって「イギリスの角印《アル・コルノ・イングレーゼ》」[13]と呼んでいた。しかし、ほどなく、彼女のライヴァルとなる絶世の美女マルゲリータ・コーニへの愛の手引きをバイロンにしたことを、あるゴンドリエーレがマリアンナに白状した。「かわいい女パン屋《ラ・フォルリーナ》」とあだ名されたマルゲリータは、バイロンがその前年の夏、ブレンタ川の岸辺を馬で散策していたときに知り合ったパン屋の妻だった。激しい喧嘩が爆発したが、それでも、バイロンはこの二人だけで満足はしなかった。彼の友人であった詩人のシェリーは、自分のゴンドリエーレたちが路上で女を見つけてはバイロンのもとに届けていたと書いている（バイロン自身も、「二四時間のうちに一人から三人の女性を紹介されて、たがいに満足を得ることなく過ごす日は一日もなかった」と述べている）。ある日、彼はマルゲリータをお祓い箱にし、ゴンドリエーレたちに命じて彼女をミラ[14]へ連れて行かせようとした。彼らはマルゲリータを無理矢理ゴンドラに乗せたが、すぐに彼女は水に飛び込んだ。だが彼女は、自分が泳げないことを忘れていたのである。船頭たちは彼女をやっとのことで引き上げると、モチェニーゴ館に連れ戻した。数日後、ふたたび彼女は連れ去られた。

バイロンが雇っていたゴンドリエーレは、ジョヴァンニ・バッティスタ・ファルチエルという名で、ティッタと呼ばれていた（文学作品の中ではベッポに置き換えられた）。彼はめっぽう記憶力のよい男だった。大柄で、黒いひげをぼうぼうに生やし、最初の雇い主の命令でトルコ風の服に絹の帯を巻き、ピストルを持っていた。のちにシェリーは、彼が「二人か三人は刺し殺したことがあったに違いない」と語った。彼は主人をラグーナのあちらこちらへ連れて行った。あるときは、バイロンがアルメニア人と（すんでのことで）戦う羽目になるところだったサン・ラッザーロ島へ、またあるときは、海岸を馬でまっしぐらに駆けることのできるリド島へ。ティッタが遅くても、バイロンは落ち着いていた。そのようなとき、彼は悠々と泳ぎ始めるのだったが、夜の狭い運河で迷わないため、片手で松明を持ち、もう一方の腕だけで水をかいた。あるときなど、ティッタがゴンドラを出すやいなやバイロンは水に飛び込み、藻の間を滑るように泳いでいった。彼は、その夜の相手であったアンジョリーナとかいう一九歳の伯爵令嬢との約束の時間に遅れたくなかったので、自ら泳いで行ったのである。

泳ぎに関するバイロンのこのような性癖が高じて、一八一八年七月十八日、彼はもとナポレオン軍兵士アンジェロ・メンガルドと英雄的な対決をすることになった。メンガルドは、ヴィチェンツァ地方テッツェの生まれで、ロシアから撤退してくるときにベレジナ川を泳いで渡ったり、敵地を奪うためにドナウ河を泳いだりしたことがあるという噂だった(15)。対決は、リド島からサンタ・キアラまで、すなわち、サン・マルコ前の水域と大運河のほぼすべて、約三マイルの距離で行なわれた。イギリス領事リチャード・ホッパーとその秘書アレクサンダー・スコットも加わった。税関の先《プンタ・デッラ・ドガーナ》(16)の地点ですでに、バイロンは競争相手たちを四〇〇メートルも引き離していた。彼らのあとについていたゴンドラは、まず領事を、続いて他の二人を収容した。バイロンは四時間二〇分後にサンタ・キアラに到着した。その後、彼の栄誉を称えてバイロン杯が設けられた。これは、彼らが泳いだのと同じコースで行なわれる競泳のレースで、一九二八年まで続いた。バイロンのヴェネツィア滞在は二年に及び、一八一七年の九月から十月にかけて、『ベッポ』を執筆した。そして、オスマン帝国に対するギリシア人の反乱を支援するためにギリシアに渡った彼は、メソロンギの地で忠実なティッタに看取られながら息を引き取った。享年三六歳であった。一八四四年になっても、ベッポことティッタはまだ生きていて、大運河沿いのガンバーラ館の一階に家具付きの部屋を借りており、客が訪れるたびに、フェッロにかつての主人のモットーが刻まれたゴンドラを見せていた。そのモットーとは、「バイロンを信じよ」というものだった。これらはオーストリア占領時代の出来事で、当時、愛国者たちは外国の支配者を追い払おうと画策していた。ピエモンテ出身のシルヴィオ・ペッリコは一八二〇年十月十三日に逮捕され、はじめにブリュン（現在のチェコ共和国ブルノ）にあるシュピールベルク要塞に入れられた後、ヴェネツィアに抑留されて裁判にかけられた。監獄から法廷への移送は護送用のゴンドラで行なわれた。愛国者ペッリコは「消え去った楽しかりし年月」を思い出し、「もっとよい時代だったあのころ、陽気なゴンドラがこの同じラグーナに私を運んだものだった」と懐かしんだ。

一八三四年一月二日、ヴェネツィアの新聞『ガゼッタ・プリヴィレジャータ』紙は、アルフレド・ド・ミュッセがホテル・エウローパに降り立ったと報じた。いっぽう、オーロラ・デュパン・デュドヴァン、というよりもジョルジュ・サンドの名で知られる女性は、レアーレ旅館、すなわち現在のホテル・ダニエリに宿をとった。すでに述べたように、ゴンドラはサンドに悪い印象を与えた。「黒く、狭く、背が低く、どこもかしこも閉じられていて、棺のように見えた」と彼女は言う。ミュッセはゴンドラに乗って橋の下をくぐるときに息苦しさを感じたが、その筆の調子は全く異なっている。「月夜にゴンドラに乗ったことがないならば、愛のすべてを経験し尽くしたとは言えない」。ゴンドラは陰鬱ともロマンティックとも受けとめられた。ミュッセとサンドのカップルは、フェニーチェ劇場に近いミネッリ小広場に住むようになった。二人は昼食をアーティチョークですまさなければならないほど金に困っていたのに、いまや「愛のゆりかご」となったゴンドラ（ミュッセの抒情詩『ヴェニス』でそう表現されている）を手放そうとはしなかった。彼らが雇っていたゴンドリエーレはカトゥッロという名で、貧しく、年老いて、足が不自由だった。まったくわずかな報酬で満足できたのは、彼ぐらいなものだっただろう。サンドはあるとき、この哀れなゴンドリエーレがあやうくガレー船送りになるのを防ぐために、必死で手を尽くさねばならなかった。彼は、ゴンドラに放尿していたオーストリアの将校に「ドイツの豚野郎」と叫んだのである。反射的に将校は激しく言い返した。「俺は教皇猊下にお仕えする将校なんだぞ。だから、俺がそうしようと思えば、お前のゴンドラに小便する権利を完璧に持っているのだ」。船頭がゴンドラにはご婦人が乗っているのだと言い返すと、将校は、まったく酔っていたわけでもないのに平気な顔でフェルツェの戸を開いた。なかには、それまで彼らの争いに無関係でいたサンドが「上品で慎ましやかに」座っていた。将校は、ゴンドリエーレを次の日にでも牢屋へぶち込んでやると脅し、サーベルで刺されなかったのを幸せだと思えと言った。サンドは強い調子でこう書いている。「哀れなカトゥッロは、もし私が彼をかばって、彼は酔っているんです、それにオーストリアの方が私のゴンドラにわざわざおしっこをしてくださるなんて光栄ですわ、と言ってやらなかったら、本当に投獄されていただろう」

もはや奢侈取締官の厳しい監視の目はなくなっていたので、ゴンドラの所有者は好きなことができた。たとえば、マリア・マリブランの場合がそうである。彼女は、一八三四年から一八三五年にかけて、フェニーチェ劇場でノルマやロジーナ、デズデモーナ、シンデレラなどの役を演じた歌手である。彼女が毎晩劇場に行くのに使っていたゴンドラは、明るい灰色で、赤い絹でできた玉やボタンに金箔をほどこした飾りがついており、内部は赤に水色の縞模様の布で覆われていた。彼女を運ぶゴンドリエーレたちは、同業者の笑い者になった。というのは、この歌姫が自分でデザインした衣装を身につけなければならなかったからである。それは、赤い上着に黄色い麦藁帽、黒いビロードのリボン、水色のズボンというものであった。このような趣味の悪い服装をしなければならなかった哀れな二人に、他のゴンドリエーレたちは岸辺から野次をとばした。だが歌姫は、自分の美的センスにけちをつける者に反論した。「私は、内も外も真っ黒の、あんな陰気なゴンドラのなかに閉じ込められていたら、とても生きた心地がしないでしょう」

「これぞこの都市の天国だ」と言ったのは、一八四一年にヴェネツィアにやってきたジョン・ラスキンである。本土からサン・マルコまで四時間の旅をした彼は、ゴンドラがまだラグーナを進んでいるときにこう言った。「メストレの運河を行くゴンドラの黒い小さなかたまりは、金と赤紫に染まった雲をいただく曙よりも美しい」。彼はその後もゴンドラに情熱を抱き続け、毎日少なくとも一時間半はゴンドラを漕いだ。のちには、ターナーの絵に言及しながらこう書いた。「神秘の水晶の限りなく深いあの青、その上に波打つ二重の軌跡を描きながら敏捷に静かにゴンドラは進む。突き出した艫《とも》は大洋に棲む黒い鳥の頭《とさか》のよう。真紅のカーテンがきらめく水面《みなも》に映り、たわむ櫂に掻き散らされた水は、金の粉となってきらめく」。ラスキンは、船首担当のベッポ（バイロンのゴンドリエーレと同名）と船尾担当のカルロの二人のゴンドリエーレを雇っていた。ベッポは家の召使いでもあった。ラスキンは「彼らはいつも家に帰りたがり、大運河の杭の同じ場所に一日中つながれているのは馬鹿げたことだと考えていた」と、小さな愚痴をこぼしている。ある日のこと、水しぶきを吹き飛ばしてくれる風がゴンドリエーレまで吹き飛ばし、水に落としてしまった。ラスキンの妻エフィーは母親に宛てた手紙にこう書いている。「私たちは彼に服を着せてやらなければなりませんでした。そこで、濃紺の布でできた服にチョッキを着せ、赤いトルコ帽をかぶらせました」。それから彼女は、夫の放浪癖のおかげでゴンドリエーレをしつけるのに時間がかかるし、服が駄目になると嘆いている。しかし彼女もまた、ゴンドラに魅せられていた。「ゴンドラは、世界でいちばんぜいたくな交通手段なのです」

すでに述べたように、ヴェネツィア人は貧しくなり、二人分の給料を払うだけの余裕がなくなった。そのため、ゴンドラの漕ぎ手は一人になった。それでもまだ、漕ぎ手の服装は一人のパリ人を驚かせるに足るようなものだった。一八四四年にヴェネツィアのガイドブックを書いたジュール・ルコントは、その中で、自家用ゴンドリエーレのお仕着せを賞賛し、冬は貴族である主人の家紋と同じ色、夏は白で腰に赤い帯を巻く、と述べた。彼はゴンドラも気に入って、「独特で好ましい外観」をしており、夏には縞模様の日よけで覆われると書いている。

もっと熱を上げて、完全に自分のためだけのゴンドラを持ちたがる者もいた。たとえば、イギリスの詩人ロバート・ブランニングは、一八四六年にエリザベス・バレットと結婚したのを機に一艘のゴンドラを買った。妻が一八六一年に亡くなると、彼は雇っていた船頭のジョヴァンニ・ヒッツにゴンドラを譲り、ヒッツはそれを営業用にした。ロバート・ブラウニングも一八八九年に亡くなったので、息子はそのゴンドラをアメリカ人の風景画家トマス・モランに売った。モランはそれになんと青と茶色のラテン帆をつけ、大西洋を渡る船の救命ボート用のクレーンに吊るしてアメリカに持ち帰った。そして、イーストハンプトンにあるフック・ポンドという小さな湖にこのゴンドラを浮かべた。イーストハンプトンは現在のニューヨーク州にあり、一六九三年に最初のイギリス人定住地となったところで、ロングアイランドの南端にある小さな村だった。ゴンドラは画家の友人たちが湖上を遊覧するのに使われた。モントーク・インディアン（ロングアイランドの原住民）の男が竿を使ってゴンドラを進ませたが、その竿には七四枚の外国のコインがはめ込まれていた。しかし、この楽しみもすぐに飽きられてしまったにちがいない。というのも、まもなくゴンドラは陸に引き上げられ、タールを塗った紙でぐるぐる巻きにされて、イーストハンプトンの図書館に保管されたからである。そして、図書館から今度は女性村落改善協会に預けられたが、善意ある協会のご婦人たちは誰も、このゴンドラにふさわしい置き場所を見つけることができなかった。それで結局、図書館に戻されてそこにとどまった。しかし、一九五〇年五月二十三日の『ニューヨークタイムズ』紙は、このゴンドラがヴァージニアまで鉄道で五二〇キロの旅に出発したことを伝えている。これこそ、今日でもニューポートの海事博物館で見ることのできるゴンドラである。現在のものに比べてかなり平たく、櫂も短いようだが、カーブが少ない分、漕ぎ手は水面に近かった。だが、フォルコラは今日とほとんど変わらない。本体の中心が後ろよりであることは、今よりも遅くゆっくりと進んでいたことをうかがわせる（十九世紀には、フォルコラも船体と同じく黒に塗られていたが、その後、自然な木の色が残されるようになり、現在にいたっている）。

十九世紀のゴンドラが他にも二艘、現存している。ひとつは、サヴォイア家の王妃マルゲリータが所有していたもので、ローマの民間伝統工芸博物館に保存されている。もうひとつは、コモ県ピアネッロ・デル・ラリオにあるコモ湖船舶博物館のゴンドラである。後者は一八六〇年頃に建造され、カザル造船所のサインが入っている。これは、コモ湖畔で最も美しい別荘のひとつ、バルビアネッロ荘の主人アルコナーティ＝ヴィスコンティ家のものであった。また一九六五年には、納屋の天井の梁に吊るされている別のゴンドラが見つかった（そのおかげで薪になることを免れていたのだった）。だが、ある古物商が、舳先を煙突の覆いに、フェルツェを酒棚に改造しようと考えて、このゴンドラを手に入れた。こうして、コモ湖のゴンドラのなかでも最も美しい一艘がほとんど破壊されてしまったのである。それはカルロッタ荘の白いゴンドラで、緑と金のイルカの飾りがついていた。そのうち現在も残っているのは、櫂と舵とフェッロと、フェルツェの一部だけである。

コモ湖では、ヴェネツィアから移り住んだフェルディナンド・タローニ造船所の職人たちに刺激されて、ゴンドラをまねた舟を地元で建造する活動が数十年続いた。この職人たちは、一七九〇年にヴェネツィアからコモ湖にやってきて、カラーテの町に属するポンテという集落にスクェーロを構えたが、すぐにコモ湖で最も有名な造船所となり、一九三五年まで続いた。コモ湖の船大工のなかには、ヴェネツィアに修行に行く者もいた。タローニは幅広いものの見方をする造船所経営者で、マーケティングをなおざりにしなかった。すなわち、ポスターを刷って、ヴェネツィアのアルセナーレで公有船の模型の管理者であるアンジェロ・アルバネーゼの指導のもとに造船技術を学んだので[17]、どんなタイプの舟でもつくれると謳ったのである。だが、タローニは最初にコモ湖畔に定着したヴェネツィア人ゴンドラ職人ではなかった。アルセナーレの労働者を多数連れてヴェネツィアから一六二五年にやってきたグラモリンという人物についての記録があるからである。また、コモ湖地方からヴェネツィアへは、ヴァッローネ川上流の町プレマーナで製造されたゴンドラ用のフェッロがずっと輸出されていた。プレマーナは鉄の鉱脈と鍛冶屋の町で、現在でも一二〇の企業があり、イタリアで製造される鋏の三分の二とナイフの二分の一がここでつくられている（しかし、ゴンドラ用のフェッロはもう作られていない）。コモ湖の水面は風によってさざ波が立ち、水深が深いためにその波が増幅されるので、櫂二本では容易に漕げないことも多い。ここから、コモ湖でつくられる舟は、幅広で頑丈で、四本の櫂と舵を持つようになった。

そうこうするうちに一八四八年がやってきた。騒乱の年、ヨーロッパが革命に揺れた年、一八四八という数を記念碑的なものにした年である。ヴェネツィアでは、三月二十二日がすべての発端となった。この日、市民が反乱を起こしてオーストリア人を追放したのである。ゴンドリエーレたちは、一躍主人公となった。彼らは「愛国者のための無料のトラゲット」を始めた。当時まだ大運河には、唯一リアルト橋が架かっているだけだった（アカデミア橋は一八五四年、鉄道駅前の橋は一八五八年のものであり、第四の橋が二〇〇八年にカタルーニャ人建築家サンティアゴ・カラトラバによって架けられた）。ヴェネツィアの人々が愛情をこめて「カナラッツォ」と呼んだ大運河を渡るには、初期作戦として都市を二分するためリアルト橋を占拠したオーストリア軍の部隊を避けなければならなかった。ゴンドリエーレたちは、「水のこっちとあっち」――ヴェネツィア人は大運河を渡るときにこう言う――を疲れもものともせずに行き来することによって、この作戦を失敗させた。ヴェネツィアが包囲されている間じゅう、ゴンドラは、生活必需品や武器弾薬を運び入れたり、けが人を避難させたりするのに、なくてはならない道具として後方支援を担ったのである。

一八四八年十月二十七日、対岸の町マルゲーラにゴンドラで運ばれた戦士たちは、ここで突撃戦に加わって勝利をおさめた（ヴェネツィア人は包囲されながらも本土の一部を占領したが、兵力が少なかったために維持できず、放棄しなければならなかった）。一八四九年一月十六日には、ゴンドリエーレたちが集会を開き、ヴェネツィア共和国議会の議員――無報酬の――[18]に選ばれた仲間を経済的に支援することを決定した。一八四九年四月二日、大統領ダニエレ・マニン――ユダヤ系の弁護士で、父親の姓はフォンセカといった――は、「ヴェネツィアはあらゆる犠牲を払ってでもオーストリアに抵抗する」という布告に署名した。その結果、七月二十九日に砲撃が始まった。このようなときにもウィットを忘れないヴェネツィア人が「ウィーンのオレンジ」と呼んだ大砲の砲弾は、八月二十二日までの二四日間で、二万三〇〇〇発もヴェネツィアに落とされた。これが彼らの払った犠牲であった。政府は、オーストリア軍へ打ち返すために運河から砲弾を回収した者に褒美を出すことにした。またしてもゴンドラが、そしてラグーナで用いられる舟のすべてが動員された。だが、どうすることもできなくなった。突然コレラが流行したからである（一日で四〇〇人が感染した日さえあった）。ヴェネツィア人は投降せざるを得なかった。アルナルド・フジナートが有名な詩を書いたのは、ヴェネツィア開城の数日前のことだった。この詩人は、ヴィチエンツァ地方スキオ出身で、サン・ラッザーロ・デリ・アルメーニ島の守備隊に所属していた。リドに近いこの島は、オーストリア軍が陣取っている本土とは反対の方角にあった。何の情報も知らされず防壁のそばに座っていた彼の目に、一艘の小舟が近づいてくるのが見えた。「ヴェネツィアのゴンドラだ。おーい、ゴンドラ、何の知らせだ?」ゴンドラから答えが返ってきた。「病気は流行るし、パンはないし、橋には白旗がはためいている」。降伏である。彼にその知らせを届けたのは、一人のゴンドリエーレだった。一八四九年八月二十四日午後二時、ダニエレ・マニンは彼にとって最後となる命令書に署名をする。「臨時政府はその機能を停止する」「ヴェネツィアよ、最後のときが訪れ、名高き殉教者よ、汝は失われた」と、詩人はなおも書き綴る。翌二十五日、オーストリア軍が戻り、氷のような沈黙で迎えられる。彼らは、飢えとコレラで憔悴したヴェネツィアに寛大さを示し、マニンには追放刑しか科さなかった。八月二十七日、マニンは一艘のゴンドラでサン・モイゼ教区に停泊しているフランス船プルトン号に向かい、コルフに赴く。一人のゴンドリエーレが岸辺から叫ぶ。「最後にもう一度、マニン万歳！」。元大統領は、「黙れよ、馬鹿だなあ」と答えた。

ヴェネツィアには少しずつ平静さが戻り、有名人たちもふたたび訪れるようになった。一八五八年にはリヒャルト・ワーグナーがやってきた。毎日午後二時、「ほっぺた《ガナッセータ》」と呼ばれていたゴンドリエーレのルイージ・トレヴィザンが彼をサン・マルコの小広場へ運んだ。このドイツ人の音楽家は、ゴンドリエーレの歌声に魅了されてしまい、そこから『トリスタンとイゾルデ』第二幕最終場面の着想を得たほどであった。彼は自伝にこう書いている。「ある眠れない夜、初めて、ゴンドリエーレのあの有名な歌が聞こえてきた。夜の静けさの中で、一キロ半ほど離れたところから、一人がリアルトに近づきつつあると呼びかけているようだった。その声は、素朴な嘆きのように響いた。もっと遠くの別の方角から、同じ調子の声で返事が返ってきた。これが、私の滞在中に一番ヴェネツィアらしさを感じた印象である。その印象は、『トリスタン』の第二幕を書き上げるまでずっと私の中にあり続けた。そしておそらく、第三幕冒頭の牧人の角笛の長く物憂い演奏についての暗示も私に与えただろう」。ワーグナーは一八八二年にふたたびヴェネツィアを訪れ、同年二月十三日にヴェンドラミン＝カレルジ館――現在はカジノとなっている――で亡くなった。彼とともにいたのはフランツ・リストだった。

オーストリア支配の末期に、エイブラハム・リンカーンの伝記作者がアメリカ領事としてヴェネツィアにやってきた。彼の名はウィリアム・ディーン・ハウエルズといった。オハイオ出身の印刷業者で、影響力を持つ二人の友人が彼の著作を大統領に教えたことがきっかけで、領事に任命されたのだった。一八六一年にラグーナに到着した彼は、さっそくゴンドリエーレを雇い、漕ぎ方を習った。しかし、櫂の握り方を覚えたからといって、別の方法でヴェネツィアの水を進むことをやめたりはしなかった。つまり、毎晩のように水に飛び込んで、バイロンの伝統よろしく、半時間ほど泳いだのである。彼の作品『ヴェネツィアの生活』には、たとえば、イギリス人観光客は昼間にゴンドラに乗るが、ヴェネツィア人のゴンドラは夕暮れ時に現れ、「このときにヴェネツィアの華やかさの名残をみとめることができる」といった記述がある。一八七五年には、印象派のエドゥアール・マネがヴェネツィアにやってきた。そして、ヨーロッパで最も重要な画商の一人であるアンブロワーズ・ヴォラールとともにゴンドラで市内を巡った。「ゴンドラを漕ぐのは、ばら色のシャツにオレンジ色のスカーフを巻いた美青年で、その褐色の髪はインディアンのアベンセラージョのようだった」

ホーラス・ブラウンは、一八七九年に二五歳でヴェネツィアに来て、四五年間ここにとどまった。このスコットランド人歴史学者は、教養の高いヴェネツィア人たちとは決して親交を結ばなかった。彼が最も歓迎した仲間は、ゴンドリエーレであった。ヴェネツィアに着いてまもなく、愛くるしいアントニオ・サリンのとりこになってしまったホーラスは、彼を雇ったばかりでなく、自分の新しい住居に家族ごと彼を住まわせた（『ラグーナの生活』という本は彼に捧げられた）。アントニオは、お返しにさまざまな友人をホーラスに紹介した。彼は居酒屋でゴンドリエーレたちとカードゲームのトレッセッテに興じることをことのほか好んだ。彼にとってゴンドラは、「いずれにせよ、余暇のための舟であってビジネスのためのものではなく、金持ちの馬車であり、その動きには急ぐところがまるでなく、すべては穏やかにゆっくりと行なわれる」ようなものであった。著名人がヴェネツィアを訪れる伝統は、次の世紀にも続いていった。

ヴェネツィアは、十九世紀にこの都市を支配した数々の王や皇帝たちの冠に輝く最も高貴な真珠であった。彼らはみな、多かれ少なかれ、ヴェネツィアを支配することを喜び、この都市を訪れたがった。そうでなかったのはナポレオンぐらいである。一八〇七年の十一月末から十二月初めにヴェネツィアに現れたコルシカ人ナポレオンは、この都市と自分が支配するようになったものとを忌み嫌った(一七九七年にここを支配する前、「わが輩はヴェネツィアにとってアッティラ[19]となるであろう」と言った)。彼は一二人漕ぎの大きな舟に乗って到着した。この日のために特別に飾られたその舟には、膨大な数のゴンドラやあらゆる類いの舟が付き従っていた。大運河を進む間も、ナポレオンは周囲の美しさには全く無関心で、ときには軽蔑の意を示しさえした。

一八二五年八月七日には、何百もの舟がオーストリア皇帝フランツ一世と皇妃のお供をして大運河を進んだ。このとき、夫妻の来訪を祝してゴンドラのレースが行なわれた。

オーストリア人はゴンドラをことのほか愛していたようで、オーストリア゠ハンガリー帝国海軍にもゴンドラ部隊ができたほどであった。一八〇五年の『戦争用船舶簿』には、各自四リッブラ[20]の小銃で武装した九名の乗組員が乗る「大型ゴンドラ」一二艘が見出される。この舟がどのような外観をしていたかはわからない。また、オーストリアの『船舶積載量登録簿』には、一八三〇年から一八三二年にかけて三艘のゴンドラが使われていたことが記録されているが、一八三二年には売却された(一八四八年の反乱まで、オーストリア゠ヴェネト海軍の公用語はイタリア語だった)。ベルンハルト・フォン・ヴュレルルシュトルフ＝ウルバイル提督は、一八五七年から一八五九年にかけて世界一周を成し遂げたフリゲート艦ノヴァラ号に自分のゴンドラを載せていた。

「公園の近くで待望の瞬間を待っていたゴンドラの数は相当なものだった」と、一八五一年三月二十八日金曜日の『ガゼッタ・ウフィチャーレ・ディ・ヴェネツィア』紙は伝えている。「待望の瞬間」とは、若き皇帝フランツ・ヨーゼフ一世の来訪のことである。皇帝は、わずか三年前に自分に対して反乱を起こした人民と和解しようとしていた。来訪は短い間だったが、紙面からは歓喜の様子がうかがえる。二十九日土曜日には次のように書かれた。「昨日七時頃、皇帝陛下はゴンドラでアポロ劇場に向かわれ、御臨席の栄を賜れた。岸辺の石段から豪華な敷物が敷かれ、ロビーに続く玄関の壁はダマスク織の布で覆われた」。そして、「われわれの言葉を訛りなく見事な流暢さでお話しになられながら、ゴンドラでアルセナーレに向かわれた」。三月三十一日月曜日には、マルテ広場での閲兵式についての記事の中で、皇帝が「ゴンドラからお降りになり、馬に乗られた」と書かれている。皇帝のお供をした何艘ものゴンドラは「誉れ高い優美さで」飾り立てられ、「漕ぎ手の衣装は見事だった」。ラスキンの妻エフィーも、同じ光景を記録している。「何千ものゴンドラが」皇帝を駅まで見送り、「皇帝は大運河の端から端まで進んだが、その両岸は敷物と綴れ織で満艦飾が施され、まるで古物商がずらっと軒を並べる通りのようだった。そして、ゴンドラがひしめき合い、水しぶきと罵声が飛び交っていた」

フランツ・ヨーゼフは、一八五六年にもやってきた。このときは、魅力的な皇妃エリーザベトを同伴して一週間の滞在であった。ロミー・シュナイダーがシシの役を演じた映画『ある皇后の運命の歳月』では、皇帝の二度の来訪が混同されている。というのは、シシとフランツがヴェネツィアに着いたのは十二月一日であったのに、映画では、最初の訪問のときのような陽光輝く春のヴェネツィアが描かれているからである。実際には、二人が訪れたときには雪が降っていた。『ガゼッタ・ウフィチャーレ・ディ・ヴェネツィア』紙は、悪天候のためにレガータが一週間延期されたことを伝えている。フランツ・ヨーゼフは、一八四八―四九年に発行された愛国貨幣の兌換に伴う負債を帳消しにし、七〇名の反乱分子に恩赦を与え、サン・マルコ大聖堂の修復のために年二万フィオリーノを贈り、兵舎、病院、さらには、三五〇名の精神病患者が収容されているサン・セルヴォロ島の精神病院などを訪問した。シシは、サンタ・テレサ修道院の孤児院を訪れ、二二四名の少女たちが帝国国歌を歌うのを聞いて感動した。皇帝夫妻は、フェニーチェ劇場でオペラも観劇した。十二月七日日曜日は晴れで「空気は暖かく、波は静か」であったと新聞は伝えている。そこで、シシとフランツはゴンドラでバルビ館に向かい、その前に用意されたフロートに乗り移った（文献学的に言うならば、「彼らは豪奢なゴンドラに乗り、貴族バルビ家の屋敷に赴いた」）。夫妻をビッソーナやペアータなどの舟が取り囲み、コンフェッティやオレンジを民衆に向かって投げた。こうして二人は、前週の日曜に行なわれなかったボートレースを観戦した。そして翌晩、エリーザベト艦隊でプーラに向かった。

一〇年後には、君主が変わった。ヴェネツィアがイタリア王国に編入されて数週間後の一八六六年十一月六日、ヴィットリオ・エマヌエーレ二世がやってきた。十一月八日（七日は「本社の職員全員が国王の来訪を祝うことができるよう」休刊となった）の『ガゼッタ・ディ・ヴェネツィア』紙は（それまでの間に「ウフィチャーレ」の語がとれていた）、「テムズ川のように濃い霧が立ち込め」る様子や、「ヴィットーレ・カルパッチョの絵にあるような衣装をまとった一八名の漕ぎ手が漕ぐ王の御舟」について伝えている。当時、有名な外国人がヴェネツィアに住んでいた。美術収集家のオースティン・ヘンリー・レイヤードである（ある老人から新聞紙に包まれた絵を買い、それがジェンティーレ・ベッリーニの手によるメフメト二世の肖像画であることを発見したのは彼である。今日、この絵はロンドン・ナショナル・ギャラリーの至宝となっている)。イギリス外務省の秘書官ジョン・ラッセル卿とともに国王来訪を見に行ったレイヤードは、次のように述べている。「王の入市は、実にすばらしい行列で祝された。小舟やゴンドラは、絹の布や、豪華な詰め物や、天蓋や彫刻で飾られ、十五・十六世紀の衣装に身を包んだ漕ぎ手によって漕がれていた。それらのすべてが大運河に会する様は、比類ないほど並外れた豪華な眺めであった」

九日金曜日の『ガゼッタ・ディ・ヴェネツィア』紙には、「王宮[21]の下で深夜まで続く喝采」のことが書かれている。十日土曜日、「宮廷用ゴンドラが国王をアルセナーレに運ぶ」。十一日日曜日、「国王陛下、雨天のため女性のレガータを中止」。十二日月曜日、「すばらしい晴天」。この日、フォスカリ館の前でレガータが行なわれ、「数え切れないほどのゴンドラ」が国王を称えた。十四日水曜日、「今朝、国王は宮廷用のゴンドラにお乗りになり、前には市所有のビッソーナ、後ろには六人漕ぎのゴンドラがいくつも従って、早い時間であるにもかかわらず、盛大な歓声のなか、鉄道駅に向かわれた」

一世紀の間に四人の異なる君主というのは、少ない数ではない。二十世紀にもヴェネツィアは、君主であれ、選挙で選ばれた者であれ、国家元首をもてなし続ける。時の流れとともに少しずつ、モーターボートがゴンドラに取って代わっていったが、それでも、舟に乗って都市を巡る儀式を誰もやめようとはしない。ただ一人、ゴンドラに足を乗せることをあくまでも拒否した元首がいた。ベニート・ムッソリーニである。

（1） ここでいう「獅子」とは、ヴェネツィアの守護聖人マルコを象徴する有翼の獅子のことである。ヴェネツィア共和国の紋章は、「わが福音書記者マルコよ、汝に平和を（Pax tibi Marce evangelista meus）」と書かれているページが開かれた本を聖マルコの獅子が片方の前足で押さえている図像である。「人間と市民の権利と義務（の宣言）」は、フランス革命の「人権宣言」の正式名称。

（2）レデントーレは救世主の意味。十六世紀末にペストの流行がおさまったことを神に感謝して建立されたレデントーレ教会で毎年行なわれる。

（3）「跛」は現代的には用いるべきではない語であるが、当時の感覚やトウェインの文調を尊重するため、ここではあえて用いることにした。

（4）ヴェネツィア共和国の政治機構のなかでも特に強力な権限をもった部局で、治安維持と国家機密を扱った。

（5）宗教上の思想取り締まりを担当した部局。

（6）政庁であるドゥカーレ館と運河を隔てた別館の牢獄をつなぐ橋。牢獄へ連行される囚人がここを渡るときに溜息を漏らすという理由で「溜息橋」との俗称がつけられた。

（7）ドゥカーレ館に設けられた密告用のポスト。

（8）＊アルセナーレは、ヴェネツィア共和国が滅亡したのちも国家の造船所として存続した。現在、その大部分はイタリア海軍に所属している。

（9）＊「カサダ」は「カサタ（家の）」のことで、貴族の家が所有する舟や雇っていたゴンドリエーレに対して使われていたが、のちには、私的なサービスをするゴンドリエーレ全般にこの語が用いられるようになった。

（10）「サンティ・ジョヴァンニ・エ・パオロ」は、「聖ヨハネと聖パウロ」の意味である。「サン」は「聖」の単数形、「サンティ」は複数形。

（11）原語は galleggiante で、「浮かぶこと、浮かぶもの」の意味である。訳語として当てた英語の「フロート」も、パレードの山車を指して用いられるが、本来「浮かべるもの」の意味であり、水上パレードに起源があることをうかがわせる。

（12）フランス革命期に流行した歌と踊り。

（13）「角」には「寝とられる」の意味がある。

（14）ブレンタ川沿いの町。すなわち、夫のいる場所であろう。

(15)＊アンジェロ・メンガルドは、一八四八年のダニエレ・マニンの革命の際、市民警備隊の指揮官となった。
(16)大運河入口の南側に位置する尖った土地で、共和国時代には海の税関が置かれていた。
(17)＊ヴェネツィアでは、どのガレー船も一点物で、それぞれに模型が作られていたが、何世紀にもわたる模型の集積は不遇にもナポレオンによって破壊されてしまった。
(18)ここで言うヴェネツィア共和国とは、革命によって樹立（再建）された国家である。なお、議員が無報酬であるのは、ナポレオンによって滅ぼされる以前のヴェネツィア共和国の伝統であった。
(19)フン族の王。五世紀にヨーロッパを襲い、本土住民がラグーナに移住する最初のきっかけとなった。
(20)重量単位。一リッブラは約三〇〇グラム。
(21)共和国時代のドゥカーレ館が王政下でこのように呼ばれた。

6　二十世紀

二十世紀には、合板でできた舟が登場した。保守派と革新派の間では激しい戦いが繰り広げられたが、今のところ勝者も敗者もない。歴史上最も代表的な舟であるゴンドラは、一見すると不変のように見えるが、実際は、常に進化を続けていた。フォルムはすでに定まっていたが、世紀初頭に船首が少しだけ高くなった。そうしなければ、モーター付きのボートが引き起こす波に突っ込んでしまう危険が生まれたからである。こうして、二つの世界大戦の間に、現在の形が決定されたのだが、材質に関しては、その後も大きな変化が起きた。外見上の修正はもはやほとんど起こらず、起きた変化はわずかに見て取れるていどだった。そのような変化のひとつに、コーポ（「瓦」の意）がある。これは、鉄道駅前の大理石の石段に当たって舟底と舷側の継ぎ目が傷むのを防ぐためにドメニコ・トラモンティンがつけたカラマツ材の補強板で、当初は左舷だけについていた。それは、ゴンドリエーレがどちらかといえば左舷を岸につけるほうが多いからである。左舷は、漕ぎ手の立つ側であり、つまり櫂とは反対側になる。艇体は右に傾いているので、左舷を接岸することによって転覆の危険を避けるのである。

ゴンドラ界の最良の伝統を巡って、二つの流派の考え方が形成された。各々の代表者たちは、たがいを忌み嫌い、言葉を交わそうともしない。保守派、というよりも文献学者たちと言ったほうがよさそうな人々は、トラモンティン一族に代表される。ネディス・トラモンティンの手からは二〇〇五年二月（八三歳で亡くなった）まで、その後はロベルトの手によって、ゴンドラが生み出されてきたが、そのうちのどれ一つをとっても、近代化に譲歩したものはない。彼らのゴンドラの寸法はいまだに、歩幅を基準としたヴェネト・ピエデ単位でつくられていると言えば、それで充分だろう（一ヴェネト・ピエデは三四・七七センチ）。確かに、それは一メートル法を使うスクェーロのゴンドラよりも正確ではないが、二、三、四、六といった数で簡単に割ることができるため、ゴンドラづくりにおいてはメートルよりも精密である。一九五〇年代にはまだ、マニン協同組合のスクェーロだけがメートル法を使い、他はみなヴェネト・ピエデを用いていた）。トラモンティンのゴンドラは、鋲の一本一本にいたるまですべて、「偉大な親方《エル・グランド》」と呼ばれた曽祖父のドメニコが打ち立てた伝統に則っている。ネディス・トラモンティンが手がけた最後のゴンドラは、二〇〇五年十月のはじめに進水した。もっとも、彼は基礎部分と船首をつくっただけで、あとを受けて完成させたのは、息子のロベルトである。このとき彼は、現場で働いて三五年にして初めて、それまで父親が決して彼にはやらせなかったいくつかの部分の建造に挑戦した。偶然にも、この舟を所有するゴンドリエーレはマリオ・トラモンティンという名であるが、船大工のトラモンティン家とはまったく血がつながっていない。

対抗する陣営には、「創造者《クレア》」と呼ばれるジャンフランコ・ヴィアネッロがいる。彼は歴史レガータで一一回も優勝したつわもので、ジュデッカ島にある彼のスクェーロでは、合板を使ったゴンドラをつくっている。「それぞれの時代にそれぞれの舟がある」と彼は言い、ヴェネツィアの運河をモーター付きの舟が通るたびに起こる耐え難いほどの波の動きに対し、合板のほうが木材よりも耐える力が大きいことを強調する。だが彼は、ライヴァルに礼を尽くして、こうも言っている。「トラモンティンがつくる見事なゴンドラは、私のゴンドラよりも美しい。そこには、私がまだなしえない何かがあり、私のゴンドラが持つ欠点がないのだ」

最初に合板を使ったのは、「ニーノ」と呼ばれたジョヴァンニ・ジュポーニである（ジュデッカ島のポンテ・ピッコロ運河にあった彼のスクェーロは一九八七年に閉鎖され、彼自身は二〇〇二年に亡くなった）。一九六一年四月六日の『ガゼッティーノ』紙には、次のような記事が載っている。「ゴンドラの建造に革命がもたらされた。合板の舟底の登場である。ゴンドラには人間と反対のことが起こり、進歩によって寿命が短くなった。モーターボートが出現する前は三〇年もっていたのに、いまや一〇年しかもたない」。議論が沸騰し、純粋主義者たちは、伝統と相容れない新素材の名を耳にすることさえ嫌がった。しかし、数日後の四月十二日、ダニエレ・マニン・ゴンドリエーレ協同組合の会長であるアルマンド・ガヴァニンがジュポーニを弁護して、合板製のゴンドラは最良の結果をもたらすように思えると言った。しかし、適切な接着剤がなく、この新素材のコストが高かったため、六〇年代初めになると、この実験的試みは放棄された。そして、後年、生産工程が改良されて合板が安価になると、ふたたび採用されたのである。ジュポーニは他にも変化を取り入れた。予備工程の多くを省いて工期を短縮したり、高度な専門技術を持たない職人にも建造をさせたりしたのである。合板の問題は思わぬ方向に流れていった。当時の最大政党キリスト教民主党の機関紙である『イル・ポポロ』紙が口をはさんできたのである。一九六一年七月三日の同紙には「ヴェネツィアのゴンドラの姿に革命」と題する記事が掲載され、ジョヴァンニ・ジュポーニの革新が詳しく報告された。ダニエレ・マニン協同組合は合板製のゴンドラを二艘採用していたので、『イル・ポポロ』紙は、「すでに二年前から合板製のゴンドラは水上にあるが、りっぱに活動しており、専門家でなければ、旧来の名高い木材でできたゴンドラと見分けることはできないだろう」と書いた。

一九六七年に弱冠一九歳でレガータに初優勝した「クレア」ことヴィアネッロは、一九八一年からゴンドラの建造に従事し、ニーノ・ジュポーニを手本としている。彼は言う。「トラモンティンは経験主義者だ。彼の知識はすべて、彼の頭のなかにある。いっぽうジュポーニは、設計図を用いるので正確だ。二つの違った流儀なのだ。トラモンティンのゴンドラは美しい。だが、漕ぎにくく、漕ぎかたをよく知らなければ乗りこなせない。かつてジュポーニが、そして今私がしているのは、昔ほどうまく漕げない漕ぎ手のためのゴンドラをつくることなのだ」。かつてのようなゴンドリエーレもいないし、かつてのような木材ももうない。「木材を熟成のために乾燥させることはしなくなったし、一一メートルの長さのあるオーク材ももうない。行動を起こし、違うことを始める勇気が必要なのだ」とクレアは主張する。

痛烈な批判はことあるごとに浴びせられ、現在も続いている。ヴェネツィア市のゴンドラ営業規則は、合板の使用は「認めるが、推奨しない」とし、使用してよいのは喫水部《オペラ・ヴィーヴァ》のみと定めている。しかし、喫水部《オペラ・ヴィーヴァ》は暗黙裡に舷側の部分まで拡大解釈されている――水上に出ている部分は、現実には乾舷《オペラ・モルタ》なのだが、ヴェネツィアでは、どんなことでも可能なのだ――。

二〇〇七年一月十二日の『ガゼッティーノ』紙は、ゴンドリエーレたちは合板に好意的だが（「ゴンドラは博物館ではない」とは、トラゲット組合の会長ロベルト・ルッピの言である）、伝統を重んじる職人たちは、正統でない新素材の使用が古い知識を失わせてしまうことを危惧していると伝えている。

だが、少し時をさかのぼろう。一九三〇年代は、ゴンドラ製造所が二か所しかなくなるという深刻な危機的状況であった。すなわち、オンニッサンティ運河沿いに軒を並べる（とは言っても、両者間の対抗意識のため高い壁で区切られていた）トラモンティンとカザルの造船所があるのみで、他のところは、艇庫業やモーターボート製造など、もっと利益の多い業務に転向してしまったのである。五〇年代の初めにゴンドラをつくっているのは、ダニエレ・マニン協同組合の造船所とトラモンティンの造船所のあるサン・トロヴァーゾ教区だけになっていた。

一九五三年の『ホモ・ファベル』誌には、危機に対処する目的でゴンドラ保存のための法人が設立されたことを伝える記事があり、こう書かれている。「今日、真の巨匠たちを除けば、職人はいなくなってしまった。若者たちは、もっと簡単な、あるいは苦労の少ない職業に魅せられてしまい、徒弟のなり手がいない。たこだらけの手は、流行ではないのだ」。また、一九七三年七月二十日の日刊紙『ラ・ノッテ』には、「ゴンドラよ、さらば！」と題する記事が載っている。そこには、数年前まではサン・トロヴァーゾ教区のスクェーロで三五人の作業員が働いていたのに、もはや、親方と二人の下働きを含めて五人しか残っていないことが書かれている。また、かつては七、八人の見習いがいて、そのなかから年に二人はゴンドラ職人が育ったものだったが、今では見習いは一人、それも親方の息子しかいないということだった。

このような状況は、偉大な革新者ジョヴァンニ・ジュポーニが新星のごとく現れるまで続いた。そして、時の流れとともに、とりわけ、「遠漕ぎ《ヴォガロンガ》」――勝敗を競わない手漕ぎ舟のデモンストレーションで、七〇年代半ばに始まって以来、何千、何万という舟が参加してきた――のおかげでヴェネツィア漕法がふたたび大きく注目されるようになってから、事態は好転した。世紀が改まる頃には、ゴンドラを製造する造船所は五か所になっていた。ジュデッカ島にあったジュポーニは消えたが、トラモンティンと先述のクレアは残っているし（クレアのスクェーロは、はじめサン・ピエトロ・ディ・カステッロ教区にあったが、のちにジュデッカ島に移された）、オンニッサンティにはボナルディのスクェーロ（もとはカザルのスクェーロ）があり、一九八五年にはコスタンティーニ＝デイ・ロッシのスクェーロがジュデッカ島にできた（加えて、アメリカ人トム・プライスもゴンドラをつくっている）。そしてなんといっても、サン・トロヴァーゾ教区のマニン協同組合のスクェーロがある。最も絵になるスクェーロで、アルプスの山小屋のようなひさしを持つ格納庫があり、常に絵葉書の題材となっている。しかし、数年前には、意に反して、ある論争に巻き込まれてしまった。同スクェーロには、浜辺のように水に向かって傾斜した作業場があり、何世紀も前から土を叩き固めて砂利敷きにしていたのだが、環境保護規定により、これをセメントで固めることを余儀なくされたのである。叩き固めた土が汚染物質を水中に通してしまうのは確かだが、少なくとも藻は生えなかった。ところがいまや、近代的でエコロジカルなセメント製の岸辺は、ぬるぬるして作業に適さない緑色の表面をしている。土でろ過される塗料や油の残滓よりも、藻を除去するための物質のほうが環境を汚染するということを考えるべきだろう。

二十世紀は、消滅の時代でもあった。夏場の日よけも、鋼鉄製のフェッロ[1]も消えた。ゾルドやメニアーゴの鍛冶場でつくられていた「子羊の鉄」はさびない特性を持っていたが、もっと経済的なアルミニウムに取って代わられ、もはや見かけることはない。そしてなにより、フェルツェが消えてしまった。すでに述べたように、フェルツェは観光の犠牲になったのだ。ゴンドラが交通手段だった限りにおいて、船室は悪天候や無遠慮な視線から身を守るのに役に立ったが、ゴンドラが市内巡りのための観光用ボートに変わってしまうと、フェルツェは邪魔者になってしまったのである。ゴンドラでのヴェネツィア巡りをしたがらない者はいない。一九五一年にヴェネツィアを訪れた尊大なジャン=ポール・サルトルのように、ゴンドラを見下す者でさえも、やはりゴンドラには乗るのである。サルトルは『最後の観光客』の中で、ゴンドラは「辻馬車」だと言い、「ゴンドラに乗るのがたいそう恥ずかしかったが、ローマで辻馬車に乗るときの恥ずかしさよりはましだった」と述べている。彼は、「溜息の橋」が大運河にかかっているなどといった混同を犯しつつ、次のように放言している。「ゴンドラの外観は、ピカソが描く楽器のようだ。どこに弦を張ればいいのかわからないが、おそらく、船首から船尾に渡せばいいのだろう」

骨董屋が使われなくなったフェルツェを入手しては、ブリアンツァ地方やロンバルディア地方のにわか成金のサロン用装飾にするということが何年も続いたが、その流行もやがて廃れ、フェルツェはひっそりと姿を消した。しかし、貴族の館の通廊に残されたものもあった。ジロラモ・マルチェッロは、そうしたフェルツェを利用してゴンドラを飾り、一九八五年にヴェネツィアを訪問したチャールズ皇太子とダイアナ妃が乗る王室用ヨットのブリタニア号に向かった。このヴェネツィア貴族の末裔がヨットに乗船する際、キルトを着たスコットランド人の将校が彼を迎え入れながら言った。「貴殿は伝統に忠実でいらっしゃる」。すると、マルチェッロ伯爵は答えた。「貴殿もそのようですな」

二十世紀初期にも、前世紀の延長のように、外国人の訪問者や居住者が続いた。新世紀になってすぐの一九〇一年にやってきたのは、ヘルマン・ヘッセである。ヴェネツィアをもっと理解したいと思った彼は、トルチェッロの漁師とともに八日八晩を舟に乗って過ごした。「私はひとりゴンドラに乗り、リアルトに近づきつつあった。大運河は物静かで、暗く、サルーテ教会のクーポラの上に月が輝いていた」。この光景は彼を魅了し続けた。ヴェネツィアの舟は彼の心を虜にし、ゴンドラを主人公にした二篇の詩を生み出させた。すなわち、「ゴンドラのごとき静けさ」と「ヴェネツィアのゴンドラの会話」である。

「コルヴォ男爵」と称したフレデリック・ロルフは、ヴェネツィアを訪れた旅人のなかでおそらく最も風変わりな人物だろう。一九〇八年に六週間の滞在のつもりでやってきた彼は、結局、死ぬまでの五年間、ヴェネツィアに住み続けた。赤毛でいかつい体をし、首に大きな十字架を下げた彼は、どこにいても人目を引いた。また、何かを書くときには巨大なウォーターマン万年筆しか使わないことでも有名だった。ほとんどいつも一文無しで、そのうちプッパリーノ(2)をねぐらにするようになった彼は、総大司教に副ゴンドリエーレとして雇ってほしいと頼み込み、断られると今度はイギリス領事に同じことを頼んで断られ、そこいらじゅうで借金をつくり、彼が通ったあとには尽きることのない喧嘩が残される、といった調子だった。さらに、悔い改めることのない同性愛者だった彼は、眺めるだけの美しさでは飽き足らない裕福なイギリス人観光客に若いゴンドリエーレを世話することで小銭を稼いでいた。それどころか、この活動を本職にしようとして、友人である金持ちの商人チャールズ・M・フォックスに手ごろな若者を紹介して月々の収入を得ようとしたが、これもうまくいかなかった。彼とヴェネツィアの若者たち（「他所ではどこにもないほどすばらしい肉体」の）との性的活動は途切れることなく続き、『ヴェネツィア便り』の中でも絶えず言及されている。たとえば、一九〇九年十一月二十八日のところには、次のように書かれている。「アメデオが言うには、ピエロとヴィルドが愛し合っていて、たがいにあらゆることをし合っているが、他の男には目もくれない。だがアメデオとピエロは一度、ある夏の夜、ピエロの父親のゴンドラに乗ってラグーナでいっしょに夜を明かしたことがあるそうだ。ピエロは女たちにも非常にもてるが、一晩で二回が限度らしい」

　ロルフはまた、世間の尊敬を集めたレイヤード夫人が亡くなったとき、枢機卿のいでたちでゴンドラに乗り、葬儀に参列したが、人気者にはなれなかった。その後彼は、今は亡き女性を侮辱する言葉を叫びながら、葬送用のゴンドラを大運河の端まで追いかけた。だが、本当の憎悪を自分の身に招いたのは、『欲望とあらゆるものの追求』の中で、当時の外国人コミュニティの悪徳、悪癖、異常趣味を情け容赦なく暴いたことである。コルヴォ男爵は著作家だったが、櫂とともに生き、若いゴンドリエーレたちと運河やラグーナを巡ってばかりいた。その一人ヴィルドは、彼の小説に描かれて永遠に生き続けている。ロルフは、あるエピソードのおかげで、ゴンドリエーレたちだけでなくヴェネツィアの一般の人々の間に不朽の名声を得た。それは、次のような出来事である。ある日、パイプを口にくわえてプッパリーノを漕いでいるうちに水に落ちてしまった。舟から離れたところで水から顔を出した彼は、パイプを歯の間にはさんだまま、プッパリーノまで泳いでよじ登り、パイプの火皿から濡れたタバコを出して新しい葉を詰めなおすと、彼を助けようと集まっていた大勢のゴンドリエーレの一人に火をくれと頼んだ。そして、パイプに火をつけると、櫂を手にとり、漕ぎ始めながら「前進」と叫んだのである。この武勇伝は何年もの間、人口に膾炙し、ロルフは英雄視されて、王立ブチントーロ漕手協会の名誉会員にまでなった。これによって彼は二つの利得を得た。屋内で執筆できる場所（当時、ブチントーロ協会の本部は、サン・マルコ広場に間近い王立公園から大運河の入口に臨む一等地に立つ建物にあった）と、協会のペナントを自分の舟に飾れることである。一九〇八年にシチリアのメッシーナで地震が起きたあと、救援物資を集めて回った彼のプッパリーノには、二つの英国旗とブチントーロ協会の旗が掲げられていた。

ロルフの評価には賛否両論があるとしても、それから数年後に発表された別のある小説は、作者とヴェネツィアに対する関心を掻き立てた。「初めて、あるいは長い隔たりののちにゴンドラに乗るとき、つかの間のおののきを、ひそかな息苦しさとためらいを、禁じえない者がいるだろうか。バッラータ（イタリアの古い民謡の形式）が歌われた時代のまま今日にいたる風変わりな舟は、黒く、世界のあらゆるもののなかでも棺だけがその黒さにおいて比較しうる。それは、夜の波音のなかで行なわれた暗黙の罪深い冒険を思い出させる。だがそれよりも、死そのものを、棺を、暗い行列を、無言の最後の旅を、思い起こさせる。この舟の、黒く塗られ不吉に艶光る座席、幽霊のような黒い詰め物をした座席が、このうえなく柔らかで官能的であること、どんな椅子に座っているよりも疲れるということに気づいた者がいるだろうか」。この小説『ヴェニスに死す』をトマス・マンが書いたのは、一九一一年から一九一二年にかけてである（出版は一九一三年）。しかし、そこに描かれた雰囲気は、完全に十九世紀のもの、ゴンドラが死を告げる舟だった時代のものである。

だが、未来派の人々にとって、ゴンドラは棺でもなければ寝室《アルコーヴ》でもなく、脱却すべき過去の数多いシンボルのひとつでしかなかった。フィリッポ・トンマーゾ・マリネッティ、ウンベルト・ボッチョーニ、カルロ・カッラ、ルイージ・ルッソロらは、一九一〇年四月二十七日に『懐古的ヴェネツィアへの反対』を発表し、「ゴンドラを、まぬけどもの揺り椅子を、焼いてしまえ」と書いた。彼らは同年七月八日にヴェネツィアの時計塔に登り、この悪言が印刷されたビラを、リドから戻ってきた群集の上にばらまいた。のちにマリネッティは、フェニーチェ劇場で『反ヴェネツィア論』を即興で詠んだ。「ゴンドリエーレの諸君」と、彼は大声でがなりたてた。「諸君を、水浸しの墓場で調子よく溝を掘る墓掘り人にたとえてはいけないだろうか。たとえ君たちが迎えるのが皇帝だとしても、真の皇帝にふさわしい目的地にたどり着くまでに、絵付けされた陶器のかけらでいっぱいの、この果てしない排水溝を延々と進まねばならないのだ。彼を載せたゴンドラの船頭は、どろどろとした糞便を何キロにもわたって櫂で掻き回し、すばらしいゴミを満載にした舟が通り過ぎるときの公衆便所のような神聖な臭いと、あてどもなく水に浮かぶ紙くずのなかを進まねばならないのだ。そうやって、皇帝は自らの地位に満足するのだ」。だが、ヴェネツィアの人々は彼を歓迎せず、口笛を吹き鳴らして抗議した。一年後、同じく未来派のコッラード・ゴヴォーニは詩集『電気詩』の中で同様のことを述べた。すなわち、腐って悪臭を放つ運河を行く死の使者ゴンドラは、張子のようにもろいと言ったのである。

だが、フーゴ・フォン・ホフマンシュタールが一九一二年に書き始めた『アンドレアス』は、伝統に立ち返っている。彼はこの作品を一九二九年に没するまでに書き上げることができなかったのだが、その未完の部分には、ゴンドラを呼んだはいいが、ゴンドリエーレが舟の支度をしている間に手紙を読み始め、舟に乗るのを忘れてしまう騎士の話が出てくる。また、一九二四年にはフランツ・ヴェルフェルが小説れている。

『ヴェルディ』を出版した。その中でゴンドラは、「金属の鋲のついた、いとも美しき水上の棺」と定義さ

ファシズムは言語表現にも変革をもたらそうとした。一九四二年の『イタリア女性』には、ゴンドラに敬意を表して書かれた、まったくファシスト的な文体の一節がある。「ヴェネツィアでは、同盟国の外交使節団も、ジャーナリストや映画祭関係者も、サン・マルコ広場やジュデッカ島へ信心深く参拝に訪れる新郎新婦の群れも、岸辺に陽気に集まるゴンドラのなかに、豪華な舟があるのを見た。なかには、各々が一本ずつ櫂を持つ四人の漕ぎ手を乗せたものもあった」

それから一〇年がたつうちに、ファシズム体制下のレトリックはもはや忘れ去られ、カザノヴァの時代の表現が復活する。「二人がゴンドラに乗り込むと、そこにはいつものように、軽やかな舟がかける魔法が現れた。突然に舟が揺れて体が横に揺らいだかと思えば、次の瞬間には、暗闇のなかで寄り添ったまま、正しい姿勢に戻る。だが、ゴンドリエーレの櫂の動きでまた舟が揺れ、彼女は横に寝転んだ形になり、舟の動きに身を任せる。大佐は波の音を聞き、身を切るような風と毛布にありがちなざらざらした手触りを感じた。彼の傍らには、冷たくも熱い身体をした美しい娘がいた。優しく撫でる左手の下で乳房がかたくこわばるのを彼は感じていた」。彼とはリチャード・キャントウェル大佐、彼女とはアドリアーナ・イヴァンチックのことで、アーネスト・ヘミングウェイの小説『川を渡って木立の中へ』の題材となった人物たちである。かくして、ゴンドラはふたたび愛の巣となった。それから何年ものち、アドリアーナは自伝的小説『白い塔』の中で、このアメリカ人小説家との関係について語っている。年をとったエンマおばさんは、ゴンドラに乗ってピクニックに行く途中、美しい姪に向かって、ヘミングウェイの本のなかの大胆な描写がヴェネツィアに巻き起こしたスキャンダルについて説明するのだ。「それは、ちょっとした……

小さな軽はずみだったのよ」

ヘミングウェイは、自分専用のゴンドリエーレを雇っていた。その名はアルド・モンタナーロといった。ヘミングウェイは、第一次大戦中の「赤い家」時代にガブリエーレ・ダンヌンツィオがしたのと同じように、このゴンドリエーレを使ってあちこちに出かけた。ダンテ・フェンツォは、はじめホーエンローエ家に仕え、のち大詩人ダンヌンツィオに仕え、彼がヴィットリアーレの別荘に移るときにもいっしょだった。ダンヌンツィオは、古くからゴンドラに愛着を持っていた。一九〇〇年に出版された『火』は、女優エレオノーラ・ドゥーゼとの恋愛――二人は多くの時間をヴェネツィアで過ごした――に捧げたものである。彼は、夜にゴンドラに乗る魅力にあらがえなかった。「まだ眠っている大理石や煉瓦の壁の間から、帯状の空が見える。水の帯はいっそうきらめき、レースの出発の合図のように、舳先のフェッロに当たって輝く」。宿に帰り着くと、「舳先のぎざぎざのフェッロは、動物のようにゆっくりと揺れながら、向きを変える」

他の人々も、「短い世紀」の間にゴンドラについて言葉を残した。女流詩人アーダ・ネグリは、一九三三年四月十三日の『コリエーレ・デッラ・セーラ』紙にこう書いている。「舳先のフェッロ。それは疑問符のように、高く、きらめき、かたく、五線譜にも似た水平の筋をもつ」。ル・コルビュジエは、ゴンドラの船尾から船首まで眺め渡しては、感情を込めて「これはヴァイオリン《セ・タン・ヴィオロン》だ」と言うのが常だった。「泥棒王」とは、二〇〇〇年にコルネリア・フンケが書いた同名の物語の主人公で、骨董品の窃盗を愛する少年である。彼もまた、この黒い小舟の魅力から逃れられなかった。ここでも、ゴンドラは霊柩車という哀しげな姿で現れる。「彼（泥棒王）は年老いた宝石泥棒のもとで働いていた。生きていくために役立つすべてを教えてくれたのは、この老人だった。老人が死ぬと、シピオは大運河でいちばん美しいゴンドラを盗んだ。そして、その中に友を横たえ、流れに預けた。こうすれば、ラグーナに流されていき、やがては広い海に出るだろう」

ゴンドラは二十世紀の間に私的な舟としての性格を完全に失った。一九三〇年十二月には五二〇艘のゴンドラがあったが、そのうち四八四艘は私用ではなかった。また、私用のゴンドラ三六艘のうち一〇艘は公的団体の所有物だったので（グイド・マルタが一九三六年に出した『ゴンドラ』の記述に従えば）、自家用のゴンドラはもはや二六艘しかなかったことになる。五〇年代までは、公共のゴンドラが、特に夏期、長期間にわたって特定の家に賃貸されることはあったので、このような場合には、半私的な形態だったと言えるだろう。

ロメオ・ジエベッツィは、一九四七年と一九四八年の夏に、ギリシア王妃アスパシアの自家用ゴンドリエーレとして雇われた父の手伝いをした。「私たちは朝の八時に出勤して、夜の間、ジュデッカ島の別荘のところにつないで片付けておいた舟を用意する。それから、ハリーズ・バーへ行き、米やテナガエビなど、王妃の料理人が調理する食材を調達する。そこには私たちがくつろぐことのできる部屋がある。昼食時には何か食べるものをもらえるし、時間があれば、家に帰ることもできる。〝今日はもう帰ってよろしい〟という言葉は、たいてい、晩の九時ごろに聞くことができる」とジエベッツィは書いている。自家用ゴンドリエーレの日常はこのようなものだったが、ときには、主人を宴会へ運び、仕事が終わるのが夜半ごろという晩もあった。ゴンドリエーレたちは建物の一階にいて、家の主人が与えてくれる食べ物やワインを自分たちだけで食べたり飲んだりした。ゴンドリエーレたちのいちばんの望みは、食卓で主人に仕えることだった。主人とゴンドリエーレの間には、ある特別な信頼関係があり、ゴンドリエーレは決して召使いではなかった。たとえば、ジエベッツィは、ブランドリーニ館で行なわれた宴会で、ひとりのゴンド

パダナ平野の都市パルマをヴェネツィア化したパロディー的な空想図。

リエーレが金のイヤリングを見つけて自分の女主人に渡すと、彼女が客人たちに向かって誇らしげに「私のゴンドリエーレがイヤリングを見つけてくれたんですの」と告げたことを回想している。

だが、自家用のゴンドリエーレにも一九六八年はやってきた。「メンタリティーが変わって、主人を敬うことがなくなってしまった。六八年のあと、誰もが自分の職を持ち、すべての人が尊重されるようになって、どんな形であれ、他人に仕えるということがなくなってしまったのだ」とジエベッツィは述べている。いずれにせよ、この時期には、モーターボートのために自家用ゴンドラが完全に時代遅れとなり、終焉を迎える。私的な目的で使われたのは贅を凝らしたゴンドラだったが、それにはかなりの投資が必要だったので、すべてのゴンドリエーレが所有できるわけではなかった。五〇年代初期には、自家用の仕事をするゴンドリエーレが三〇人ほどいた（顧客を奪い合うことがないので、トラゲットのゴンドラを漕ぐ同業者たちは満足だった）。ジエベッツィは次のように回想する。「自家用のゴンドラは、他のゴンドラとすぐに見分けがついた。漕ぎ手が独特の制服を着ていたからである。夏は白いズボン、秋は青いズボン——今のように黒ではなかった——に、水兵のようなオーバーブラウスを着て、帯とネッカチーフを巻いていた。帯とネッカチーフの色は、舟の敷物に合わせて変わった。ゴンドラ自体にもさまざまな色の調度がしつらえられた。櫂も同様で、水かきの部分が色のついた縞模様になっていた。毎朝、ゴンドリエーレは舟を掃除して磨き上げた。縁飾りは、今のような鉄製ではなく、真鍮でてきており、毎日磨かれた。くもりや水しぶきの跡があってはならなかった。フェッロは布やすりで磨かれ、油が塗られた。驚くことに、よく使われたのはマーガリンである。これは、他の油よりも艶が持続するからだった」

最後の自家用ゴンドリエーレは、ペギー・グッゲンハイムのもとで働いていた。このエキセントリックなアメリカの大富豪は、美術コレクターで、大運河に面したヴェニエル・デイ・レオーニ館に住んでいた。現在五七歳のマッティア・ロマネッリは、六〇年代半ばには医学を学ぶ若者だったが（「メスよりも櫂のほうがいい」という理由で、卒業はしなかった）、舟を漕ぐことに夢中で、ゴンドリエーレの代役を務めたりしていた。『ガゼッティーノ』紙の広告を見た彼は、ひと夏の間、グッゲンハイムのゴンドリエーレとなった。「毎日午後五時ごろ、私は彼女のもとに赴いた。屋敷の前につないであるゴンドラを用意し、彼女を乗せて二時間ばかり漕いで回る。ただでもやりたいこと——漕ぐこと——をして、それで金がもらえたのだ。全部で三時間ほどしかかからなかったので、学生には理想的な仕事だった。彼女はいつも、四、五匹の犬を連れていて、皮製の吊り紐をつくらせ、それで犬たちを吊り上げて舟に乗せた。ウィスキーの瓶を持っていないことは一度もなかった。男を連れていることもあった。お付きの騎士、つまり、伝統的なチチスベーオ（十八世紀のイタリアで貴婦人の供をした若い男性）といった感じで、物憂げに紙巻のジタンをふかしていた。彼はタバコに火をつけると、ひと口吸い、それから腕を伸ばして、タバコをはさんだ手を舟べりから外に出したものだった。すると私は、彼の手が水に浸かって煙草の火が消えるように、舟を傾けてやった。彼は平気な顔で別の煙草に火をつけ、同じことが繰り返されるのだった」。ペギー・グッゲンハイムは一九七九年十二月二十四日に亡くなり、何世紀も続いた自家用のゴンドリエーレという職業も消滅した。

一九六〇年代には、小さいながらも意味深い、別の変化も起こった。それは、ゴンドリエーレがゴンドラを家に運ばず、トラゲットのカヴァーナ（係留所）に置いておくようになったことである。かつては、ゴンドラは家の近くの運河に運ばれ、「夜仕様」にされたものだった。つまり、危険を避けるために櫂やフォルコラや飾りをはずして、ゴンドリエーレが家に持ち帰っていたのである。思い出の品をあさる観光客が真鍮製の「子馬」(3)をわが物にしようとして舟に深刻な損害を与えただけでなく（そういう不届き者は今もいる）、貧しかった時代には、ストーブで燃やして暖をとるために木のパリオーロ（底敷き）(4)を盗む者がいた。現在では、ゴンドラはトラゲットに置かれ、フォルコラをはずして布がかけられる。ゴンドラを盗もうとする者はめったにいない。漕ぎ方を知らなければ、どこにも行けないからでもある。実際、泥酔したアメリカ人やイギリス人の水夫が、ゴンドラの舫い綱をほどいたはいいが、大運河を漂流して警察に捕まるということが時々起きるのである。

一九六一年五月初めの数日間、ゴンドラは十九世紀以前の華々しさを取り戻した。王族がヴェネツィアに敬意を表して、最も典型的な舟で訪問したのである。このときの訪問者は、その八年前の一九五三年六月二日にウェストミンスター聖堂でグレートブリテン女王の戴冠を受けたエリザベス二世である。女王が訪れるまでの数日間、『ガゼッティーノ』紙上では、「エリザベス女王はゴンドラに乗るだろうか？」という人騒がせな議論が起こった。事の発端は、一九六一年四月三十日に、「王家の危機」という見出しで女王とフィリップ殿下が波に揺られて水に転落する危険を述べた『デイリー・メール』紙の記事が紹介されたことである。誇りを傷つけられたゴンドリエーレたちは、ローマのイギリス大使館に手紙を送り、最も美しいゴンドラに四人の屈強な漕ぎ手をつけて女王に提供することを保証した。五月六日土曜日の八時半にブリタニア号が入港した。三五歳の女王がラグーナに来るのは初めてだった。「女王がゴンドラでパレードをするかどうかは未定」と『ガゼッティーノ』紙は伝え、ローマ駐劄《ちゅうさつ》イギリス大使アシュレイ・クラーク卿⑤自らが、ゴンドラでの儀式をやめないよう女王に懇願したことを付け加えた。『ガゼッティーノ』紙にはさらに、次のように書かれた。「ゴンドラの用意はできている。一九五七年製のたいへん美しいゴンドラで、エリザベスの妹にちなんでマーガレット号と名付けられた。二人の有名なゴンドリエーレ、ジージョ・フザートとトーニ・グロッシが漕ぐことになっている。二人は、マーガレット王女を乗せて大運河のロマンティックな舟遊びのお供をしたことがある。彼らは、十六世紀の版画を手本に仕立てたお仕着せを着ることができるかどうか、気を揉んでいる。ゴンドリエーレの麦藁帽の赤いリボンは（赤いのは、それが聖マルコの色だからである）、聖ジョージの色である青のリボンに取り替えられた」

　だが、状況ははっきりしないまま、二〇時一〇分を迎えた。このときになってようやく、ゴンドリエーレのジージョ・フザート、トーニ・グロッシ、アントニオ・ガリッツォ、ヴィットリオ・ダッラ・ピエタは、ブリタニア号へ向かう使命を受けたのである。五月七日日曜日の『ガゼッティーノ』紙は、ゴンドリエーレたちの服装について少々混乱して、「十七世紀風」であったと伝えている。だがいずれにせよ、彼らのいでたちは、「白いズボンに白の上っ張り、青い縞模様のシャツ、赤い帯、金のメダルがついた真っ赤な籠手《こて》、麦藁帽」というものであった。実のところ、それは何世紀も前の衣装というよりは、結婚式など重要な行事のときにゴンドリエーレが着る服に近かったようだ。ともあれ、こうしてついに、ブリタニアの女君主は世界で最も有名な小舟に足を踏み入れたのである。女王は青いボイル地のドレスに身を包み、フィリップ殿下はタキシードを着ていた。ロイヤル・カップルはアカデミアにあるイギリス領事館で降り、そこでレセプションが開かれた。二二時四五分、急な雷雨にもかかわらず、女王はモーターボートを拒否し、ゴンドラでブリタニア号に戻ることを決めた。行きのゴンドラは単独だったが、帰りには何百もの舟がお供をした。このときに使われたゴンドラは、一九六七年十月に大西洋を渡り、ニューヨークで行なわれたコロンブス記念日のパレードの先頭を務め、七人のゴンドリエーレがヴェネツィアの有名な舟歌を歌った。

　もちろん、ヴェネツィアでゴンドラに乗った著名人はエリザベス女王だけではない。全員を数え上げることは不可能に近いが、最もありそうにない人物を挙げておけばよいだろう。すでに六〇代になっていたバッファロー・ビルは、一九〇六年四月、羽飾りを頭にかぶった四人の北米先住民といっしょに、サン・マルコの岸でゴンドラに乗った姿で写真撮影をしている。四二八〇頭のバイソンを殺したこの男は、パドヴァで興業のためのテントを張った（『ガゼッティーノ』紙の広告では、五〇〇頭の馬、八〇〇人のスタッフ、入場料は二リラから四リラと謳われている。ちなみに、同紙の値段は一部三〇チェンテジモ[6]だった）。ショーはひどくこき下ろされた（インディアンの肌は「ありえない」色で塗られ、馬は辻馬車用の馬のようであり、音楽は「野蛮」であると書かれた）。だが、コディ大佐[7]も団員たちもイタリア語は読めなかったので、記念撮影のためにラグーナに繰り出すことをいとわなかった。一九一〇年四月十五日の『ニューヨーク・タイムズ』紙は、元合衆国大統領セオドア・ルーズベルトがヴェネツィアに到着したことを伝えている。アメリカ領事のゴンドラで運河巡りをした彼は、「ワンダフル、ワンダフル、ワンダフル」と叫んだそうである。

少々特異な訪問者といえば、一九四五年四月、ドイツ軍撤退後のヴェネツィアにやってきたバーナード・フライバーグ将軍とニュージーランド軍兵士たちが挙げられる。メアリ・マッカーシーは、『ヴェネツィア観察』の中で、燃料不足のため、連合軍がある協同組合の同意を得て、ゴンドラ船隊でヴェネツィアを「占領」したと述べている。おもしろい話題ならば、『ライフ』誌の一九五五年十月十七日号の表紙を前に羨望の溜息をつく多くの若い女性たちである。それは、一五歳のイラ・フォン・フルシュテンベルク姫が、三一歳のアルフォンソ・ホーエンローエ＝ランゲンブルクとの結婚式に向かうため、婚礼用のゴンドラのなかに座っている写真である（その後、現在RAI放送局が入っているラビア館で、四五〇人の招待客を迎えての披露宴が行なわれた）。あるいはまた——対照的な事例だが——、一九六七年九月九日の『ガゼッティーノ』紙には、ソヴィエトの女性宇宙飛行士ワレンティーナ・テレシコワの太った姿が載っている。同紙によれば、彼女は「共産党代表として」ゴンドラに迎え入れられたということである。ゴンドラに乗る姿が人々の憧れの的となった二十世紀最後の例は、一九八五年のチャールズ皇太子とダイアナ妃である。このとき、プリンス・オヴ・ウェールズと若く愛くるしい妻は、豪華なお仕着せを着たゴンドリエーレたちに伴われて運河を巡った。しかし、それから約一五年後に美女ジュリア・ロバーツがマリエットとのロマンスのためにヴェネツィアに来たときは、ゴンドラではなくモーターボートに乗った。まさに時代の象徴である。

（1）*炭素を含む金属で、軟鉄よりも耐久性がある。
（2）*サンドロと呼ばれるレース用ボートの一種で、船尾が高くなっている。

(3) *舷側で飾り紐をとめておくための真鍮製の一対の支えで、名称の由来は、空想上の動物である海馬の形をしていることにある。

(4) *パリオーロは、船底に敷く可動式の床板のことである。昔はその上に藁(パリア)を敷いて、航海中の食糧備蓄のために載せていた動物やガレー漕手——ガレー軍艦の場合には、強制労働の囚人——の糞便を集めていたところから、この名がついた。

(5) *一九五三年から一九六二年までローマ駐箚イギリス大使を務めたアシュレイ・クラーク卿は、一九八三年から九〇歳で亡くなる一九九四年まで、慈善団体ヴェニス・イン・ペリル(危険なヴェネツィア)財団の会長だった。

(6) 一チェンテジモは一リラの一〇〇分の一。

(7) ワイルド・ウエスト・ショーを率いてヨーロッパを巡業したバッファロー・ビルの本名は、ウィリアム・フレデリック・コディといった。

7　二十一世紀

今から数十年後の二〇九四年、ゴンドラは生誕千年を迎える。より正確に言えば、実証されてはいないながらも、公認の記録において、この種の舟の存在を最も古くに確認できる引用が行なわれてから一千年になる。千年を祝うことになるゴンドラは、もちろん、今日ヴェネツィアの運河を進むゴンドラと同じでもあり、異なってもいるだろう。同じというのは、基本的な形と外観において、ゴンドラは少なくともこの百年間、本質的に不変だったからである。異なっているというのは、ゴンドラは常に進化を続け、記録すべき変化が起こっているからである。ゴンドラにとって、新しい千年紀最初の出来事は、頂飾り、すなわち、船の後方に位置する小さなソファーの上につける木彫りの装飾に関することだった。このような飾りは、以前なら、儀式用の調度にしか用いられなかった。つまり、新郎新婦を祭壇の前に連れて行くゴンドラにしか見られないものだった。ところが最近では、結婚式だけのものではなくなり、日常的に観光客を運河巡りに連れて行くゴンドラについているのがあたりまえになった。ゴンドラに関してはあらゆることが議論の的になるのだが、この問題を巡る論争も起こっているようだ。多くの人々は俗悪だと言う。だが、ゴンドリエーレたちは、そ知らぬ顔でわが道を行く。そのうちの一人、「パスタッスータ」（パスタシユッタ）(1)と呼ばれているゴンドリエーレは、自分のあだ名のもととなった食品の形をした飾りを舟につけている。ヴェネツィアで最も伝統に忠実なゴンドラ職人のロベルト・トラモンティンは、これに眉をひそめて言う。「ゴンドラは黒くなければならないし、頂飾りは特別豪華なゴンドラにしかつけてはならない」

二十一世紀に新しく登場したもののひとつに、折りたたみ式の船尾柱がある。過去数世紀の間に起きた地盤沈下で都市が低くなったため（あるいは、海面上昇のためという説もある）、ヴェネツィアの橋のアーチの径間は小さくなってしまった。船首のフェッロは、橋の下を通るときに邪魔にならないよう、小さくすることで適応した。その結果、船尾が舟でいちばん高い部分となり、潮位がかなり高いときには、どの橋の下も通れないという事態が起こるようになったのである。その解決策として、船尾柱を切り取って折りたたみ式にし、蝶番《ちょうつがい》で止めて、通常時には固定できるようにした。この革新は非常に小さく、ほとんど目につかないかもしれない（それでも、純粋主義者はけしからんことだと騒いでいる）。だが問題は、ゴンドリエーレのなかに、面倒くさがってか、うっかりしてか、船尾柱を下げたままにして、尻尾のないゴンドラでヴェネツィアを漕ぎ回る者がいるということである。この件についても、伝統主義者たちと革新派との間に論争が巻き起こっている。ゴンドラの美学を信奉する前者は、すでに確立された規範には手を加えてはならないと主張する。いっぽう後者は、都市がおかれている条件の変化や時代に適合した舟を考える。地盤沈下したヴェネツィアでは、潮位の高いときにはもう橋の下を通れないというのか？　フェッロを小さくし、船尾を切るしかないではないか。

ヴェネツィアの舟にどのような未来が待ち受けているか、予言することは難しい。「合板は可、合板は不可」といった激しい論争が今後も続いていくことは確実だろう。だが、考え方に二つの立場があること、また、どちらに与するのもゴンドリエーレたちの自由だということは、決して悪いことではないだろう。数年前からは、樹脂製のゴンドラやグラスファイバー製のゴンドラが時々話題に上るようになった。それらは「見た目は木製のものにそっくり」だが、非常に耐久性があり、製造コストは低いと言われる。だが今までのところ、あえて大々的に新素材を使おうとする者はいない。伝統的な舟——あらゆる類いの輸送用の舟——のなかには、木からグラスファイバーに移行したものもある。だが、現在のところ、グラスファイバー製のゴンドラはない。一度、試みにつくられたが、軽すぎてうまく漕げなかったので、この考え自体が放棄されてしまったのだ。しかしながら、低俗だと蔑まれているプラスチックは、ゴンドラの一部に使われ始めている。それは「子馬」、つまり、ゴンドラの舷側につける飾りの場合で、伝統的には真鍮製であるが、プラスチック製のものが現れている。それらを取り入れているのは、徹底的な節約主義のゴンドリエーレたちである。しかし、この点に関しては、伝統主義者も革新主義者も意見が一致している。すなわち、プラスチックをゴンドラから追放せよ、ということである。

（1）　ソースをかけて食べる類のパスタ。

8　ゴンドリエーレ

「ヴェネツィア！　喧騒、叫び声、しつこいポーターやゴンドリエーレたち。ワンダはゴンドラを選び、ポーターを追い払う」。ラグーナの都市ヴェネツィアに到着したときの光景は、鉄道のサンタ・ルチア駅を出て宿に向かうことになるすべての旅行者のために何百万回となく繰り返し描写されてきた。しかし、ときには旅行者自身がその光景を書き留めた本を世に出すこともある。たとえば冒頭の文章がそうであるが、これは、一八六八年にラグーナに着いたレオポルト・フォン・ザッハー＝マゾッホが著した『毛皮を着たヴィーナス』の一節である。

　ヴェネツィアの訪問者たちがゴンドリエーレに寄せる批判もまた、世紀を超えて繰り返されてきたが、おもしろいことに、それらは今日聞かれるたいていの声とさして違わない。つまり、喧嘩好きで欲張りだが、そのいっぽう誠実で信頼できるというものである。

　世の常として、褒めるよりもけなすほうが容易である。そのため、ゴンドリエーレに関する意見の大半はあまり好意的でないのだが、それはやや理不尽である。したがって、彼らの名誉と栄誉のために、次のことを言っておくべきだろう。一七九七年五月、フランス軍に対して武器を手にヴェネツィアを守ろうとしたのは、ゴンドリエーレと、アルセナーレ労働者およびダルマツィア出身のスキアヴォーネ[1]たちだけだった。臆病な貴族たちは知らないふりをしようとした。スキアヴォーネたちは武器で脅されてガレー船に積み込まれ、故郷へ送り返された（ヴェネツィアは、侵略者ではなく、祖国を守ろうとした者に銃を突きつけたのである）。訓練されたスキアヴォーネの部隊がいなくなってしまうと、残されたゴンドリエーレとアルセナーレ労働者たちは、闘争本能を棄てるしかなかった。

要するに、ゴンドリエーレたちでさえ、仲間の市民をヴェネツィアの防衛に立ちあがらせることはできなかったのである。彼らは、それまで何世紀もの間、謝肉祭シーズンにアクロバットやさまざまな芸で都市の人々を楽しませた花形だった。実に多くの人々が、有名な「ヘラクレスの力技」を競って見物した。これは、非常に高さのある人間ピラミッドで、実際は、船を接岸したり壁によじ登ったりする能力を高めるための訓練に使われていたものである。もうひとつの見世物は、サン・マルコの鐘楼からの飛行だった。これは、地面から鐘楼の鐘つり場とドゥカーレ館の開廊に張ったロープによって、飛ぶように行ったり来たりする軽業である。一六八〇年には、あるゴンドリエーレが本物の馬に乗ってこの芸をやってのけた。血統のよい馬（馬の様子がわかればおもしろいのだが）に乗った彼は、鐘楼の頂上近くまで行き、鐘つり場に馬を下ろすと、今度は宙吊りになり、ドージェに敬意を表すために戻ってきたのである。馬がどうなったかはわからない。翌年、同じゴンドリエーレは、動物を虐待する代わりに舟でショーを行なった。地面から鐘つり場まで空中で舟を漕ぐふりをしながら進み、有頂天になって見物する群集の喝采を浴びたのである。

熟練を必要とするわざに秀でた者は少なかったが、ゴンドラの運賃をごまかすわざに精を出した者は多かった。それは五〇〇年前も今も変わらない。十六世紀の年代記には、店頭に並んでいる小冊子にゴンドラの料金が印刷されているため、本来払うべき料金が誰にでもわかってしまうと嘆く船頭の話が繰り返し見出される。一五七八年には、料金をフェルツェの船尾側によく見えるように掲げることが定められた。

こうして公定料金によって請求額に上限が設けられたが、それでもゴンドリエーレたちは、コルティジャーナと手を結び、彼女たちに金回りのよい客を教え、その売り上げの一部を得ることによって収入を増やした。イギリス人旅行者トーマス・コリアットは、一六一一年に出版した著作の中で、ゴンドリエーレ、とくにリアルトのゴンドリエーレについて、次のように述べている。「彼らは、ヴェネツィアでもいちばんたちが悪くて、やりたい放題のならず者である。外国人が一艘のゴンドラに乗り、すぐに行き先を言わなかったならば、奴らは勝手に舟を出し、あっという間にヴィーナスの神殿に連れて行く。そして、そこを出るまでに、たっぷりむしり取られるのだ」。一六六〇年、都市監督官は、政府承認の「印刷された料金表」を舟のなかにはっきりわかるように貼ることを義務づけた。違反者には罰金が科せられたが、「さらし台、吊り落としの刑、追放刑、投獄、その他の恣意的な刑罰」が与えられる可能性もあった。船頭たちは乗客をだますだけでなく、かなり下品な態度もとったので、ふるまいかたについての規定も必要だった。「わが都市のいかなるトラゲットも、粗野なふるまい、放屁、その他の破廉恥な行為をしてはならぬこと。乗客に対しては、兄弟に対してと同様になすべきこと」。だが、問題は解消しなかった。監督官は、一六六三年五月三十一日にも、サン・マルコ小広場の円柱前のトラゲットの料金を公表した。この場所は、ヴェネツィア共和国政治権力の中心であるドゥカーレ館の目の前という、市内で最も重要なところだった。その序文では、「この都市におけるトラゲット船頭たちの無秩序と不従順」が指摘され、これまでの措置では「彼らの放埒を制御するに不十分であり、彼らが乗客に不法に要求する法外な値段を排除することができない」ことが強調されている。トラゲットに関する十八世紀の規定では、「下劣な態度」、武器の携帯、価格表を隠蔽したり読めないような掲げかたをすることが禁止されていた。

とはいえ、一七一二年に出版された観光ガイドブックの一種である『異邦人の偉大なる指南』は、ゴンドラをチャーターして漕ぎ手に気前よく報酬を与えることを旅行者に勧めている。「節度ある服装をした評判の高い男たちが漕ぐ上品な舟を常に使うことによって、船頭たちから雅量のある人物として信用され続けるだろう」。シャルル・ド・ブロスは、一七三九年の『イタリア紀行』の中で、二人のゴンドリエーレを思慮深く絶対的に信頼のおける者たちとして描き、「一人が前に、一人が後ろに立ち、あなたが望まない限り、あなたを見ることはない」と述べている。それに対し、十八世紀後半に訪れたアルジャン侯爵夫人は、ゴンドリエーレは「イエズス会士のように見掛け倒しで、若い聖職者のように偽善的だ」と言っている。しかし、彼女と同時代の声で、彼らは「人々のなかでも、最もたくましく、最も勇敢だ」というものもある。だがいずれにせよ、彼らの喧嘩好きな性向は必ず言及される。クローチェのトラゲットで起こったゴンドリエーレたちの大喧嘩を描いた銅版画は、十八世紀の出版物に何度か取り入れられた。

カルロ・ゴルドーニは、ゴンドリエーレたちと親しく付き合っていた。船頭たちはこの喜劇作家を崇拝し、彼は彼で、彼らのために口利きをしてやったり、劇場の平土間席に入れて隅で劇を見物できるようにしてやったりした。それまでは、平土間が満席だと、ゴンドリエーレは杭につないだ舟で主人を待たなければならなかった。だがいまや、百人ほどのゴンドリエーレが劇場に入れるようになった。彼らは、上演作品の成功失敗を決める力が自分たちにあることをよく自覚していた。ゴルドーニは、『高潔な娘』の中心人物のひとり、メネゴに「船頭たちに気に入られたなら、よいということだ。役者の運命を決めるのは俺たちなのさ」と言わせている。この男たちの政治的影響力は、十八世紀ヴェネツィアの文化活動においても感じられたのである。メネゴはさらに言う。「この国じゃあ、俺たち船頭は、世界のどの国にもいないような集団をつくりあげているのさ」

ゴルドーニは、一七五一年に書いた手紙の中でも次のように説明している。「私は今度の喜劇の中で、ヴェネツィアのゴンドリエーレたちを注意深く模写した。私は何度も、彼らが口論したり、気晴らしをしたり、その他のことをしているのをじっと聞いて、その様子を自然に作品に写し取ることができるよう心がけた」。「ゴルドーニの喜劇には、彼らの習慣や癖や物腰が描写され、話し方が再現されている。とくにメネゴは、ゴンドリエーレの誇りの真髄を体現しているようだ。「俺たちちゃあ、ご主人様にいちばん近い側近なのさ。俺たちの口からは何も漏れる危険がない。俺たちは他の奴らよりいい給料をもらってるし、自分の面倒は自分で見る。店の親父たちにも信用されてる。なにより、祖国を熱烈に愛する忠義者だから、祖国のために血を流す覚悟だってあるんだぜ」。ゴンドリエーレたちは、「ガレー船の漕ぎ手みたいに後ろ向きに腰掛けて」ではなく、まっすぐに立ち、前を向いて漕ぐのを誇りにしていた。

もちろん、ゴンドリエーレは喧嘩をする。ゴルドーニも、何度となく繰り返された口論の場面を描かないわけにはいかない。優先権を巡る争いがそれなのだが、それにはルールもあって、積荷が重いほうが止まって譲らねばならないのだった。だが、ゴルドーニが描く場面では、どちらも譲ろうとせず、たがいに罵り合っている間に乗客が舟から降りてしまうのである。「お前なんかトラゲット用の舟だ」というのが、よく使われた罵倒の言葉のひとつで、明らかに十八世紀には侮蔑的な意味を持っていたようだ。しかしそれでいて、職業上の結束は強かった。「艫《とも》にいりゃ敵、陸に上がったら友達、運河の兄弟」というわけで、喧嘩の嵐が過ぎたあと、甘いワインを同じピッチャーから酌み交わして兄弟の絆を固める場面が『良き妻』に描かれている。前述の作品に続いて出されたこの作品では、肯定的な面だけでなく、多かれ少なかれ打算的な面も示されている。ある場面では、他の召使いのように盗みを働くことができないとゴンドリエーレたちが不満をこぼしている。

サン・ジョルジョ修道院のベネディクト会士ティタ・メラティは、一七六三年の『測量論』の中でゴンドリエーレたちを軽く揶揄している。「叫びたいだけ叫ぶがいい、そら、舟を止めろ、右へ行け、左へ行け／杭だらけのところに突っ込むぞ」。それに対し、フランス人のピエール＝ジャン・ゴルスレーはゴンドリエーレに感銘を受け、『イタリアとイタリア人の観察』（一七六四年）にかなりの誉め言葉を書いている。「連中は、自分たちが国家で第二の集団であると思っている。第一の集団が館にいる間に反乱でも起きようものなら、当然のように彼らを守る気でいるのだ。連中は、体格がよく、力強く、とても機敏な人種で、ヴェネツィアの陽気さの一部をなしている。一日の大半を、貴族や、高潔な市民や、日々やってくる立派な外国人たちと差し向かいで過ごし、会話には洒落を散りばめる」

一七八二年に記念すべきヴェネツィア訪問を行なったのは、北の伯爵夫妻、すなわち、エカチェリーナ女帝の息子でのちのロシア皇帝パーヴェル一世と妻のマリア・フョードロヴナである。もっとも、お忍びの旅であったのだが、これが記念すべきなのは、同年に『北の伯爵夫妻のヴェニス滞在』と題する本が世に出たからである。フランス語で書かれたがロンドンで出版されたこの本の著者は、ジャコモ・カザノヴァの女友達、ジュスティニアーナ・ウィンである。ただし、オルシーニ＝ローゼンバーグ未亡人だったため、署名はフランス語で「ウルサン伯爵夫人」となっている。イギリス系ヴェネツィア貴族であった彼女は、次のように述べている。「ゴンドリエーレは、庶民階級のうちで主人に最も近づくことのできる人々である。それは、はるか昔から、主人を舟に乗せてある場所からある場所へ運ぶことが彼らの役目として確立しているためであり、他の召使いがいっしょにゴンドラに乗ることはない。ゴンドリエーレだけが、客の来訪を告げたり、伝言を伝えたり、主人の秘密に触れることができる。このように親密な立場にいるため、ゴンドリエーレは独特の礼儀をわきまえている。彼らの忠実さはよく知られており、同様に、反応の敏捷さ、鋭敏な理解力でも有名である」

しかし、それから一二年後、ゴンドリエーレに堪忍袋の緒を切らす者が現れた。国家審問官[2]の文書庫に保存されていた一七九四年四月十七日付のある書簡には、スペイン・ハプスブルク家の大使とトリノの駐在公使に対するゴンドリエーレの「礼儀のなさ」に関する苦情が記録されている。そして、ブーソのトラゲットの管理者は「苦情の出ている」ゴンドリエーレたちに「節度を保たせる」よう促され、場合によっては処罰が下された。船頭のジョヴァンニ・ガッロが監察官[3]に請願書を提出したのは、ヴェネツィア共和国の滅亡まで一年余りというときだった。ヴェネツィア暦一七九五年一月二十九日（ヴェネツィア暦では新年が三月一日に始まっていたため、西暦では一七九六年一月になる）、彼は主人であるジョヴァンニ・マリア・トレヴィザンが一か月分の俸給を支払うべきことを求めた。彼は十一月と十二月に病気のため自宅療養していたが、治れば復職する約束になっていた。ところが、トレヴィザンは二か月分の給与だけ与えて彼を解雇し、別のゴンドリエーレを日雇いで雇ったと言い渡したのである。ガッロは一月の給与を要求したが、何ももらえなかったので、家庭の使用人関係を所轄する行政官に訴えたのである。

ゴンドリエーレが金貸しの役回りをして、主人や顧客に賭博の資金を貸すこともあった。このような行為は、さほど例外的なことではなかったようだ。エマヌエーレ・コネリアーノ、通名で言えばロレンツォ・ダ・ポンテも、それを経験した一人である。彼は、父親の希望によってユダヤ教からキリスト教に改宗して名を変え、モーツァルトのオペラ台本作者として有名になった。ある晩のこと、彼はリドット[4]で博打をして持ち金を全部すってしまった。すっかり落ち込んでゴンドラに乗り込むと、彼を知っていたゴンドリエーレは、すぐに事情を察知し、金が必要かと尋ねた。ダ・ポンテは、そうだよ、五〇ゼッキーノばかり必要だ、と答えた。すると、船頭は何も言わずにパリアのトラゲットにゴンドラをとめ、どこかへ行ってしまった。しばらくして戻ってきた彼は、彼の手に金貨を渡してこう言った。「行って賭けをしてこい。ヴェネツィアの船頭をもっとよく知ることだな」。今度は運命の女神がダ・ポンテに微笑んだ。二五ゼッキーノを賭けて勝ち、次から次へと半時間ばかり賭けを続けた。目いっぱい稼いだ彼は、連れの女と賭博場を出てゴンドラに戻り、ゴンドリエーレにたっぷりおまけをつけて借りを返し、家まで送り届けさせたのだった。

十九世紀になってもゴンドリエーレの評価は賛否両論で、良きにつけ悪しきにつけ、共和国時代と大して変わらなかった。ジョルジュ・サンドに言わせれば「争い合う声は、両者が離れるにつれて届かなくなるが、二人がたがいに聞こえなくなってからも罵りの言葉はずっと続く」となるし、ジョージ・バイロンの『ベッポ』によれば、ゴンドリエーレたちは「顎が壊れるぐらいまで罵り合い」、いつまでも大声で叫んでいる。ジュスティーナ・レニエル＝ミキエルは、この種の男たちをよく知っていた。ヴェネツィアでも名門の貴族の生まれであったこの女性は、一七七九年から一七八八年まで、ドージェ夫人の役割を果たした。というのも、彼女のおじでドージェだったパオロ・ヴェニエルが、スキャンダラスなことにギリシア人の踊り子と結婚してしまったからである。そのため、姪である彼女が、公式な場では妻に代わってドージェに同伴したのである。ジュスティーナは、一八二五年に次のように書いた。「たいていのゴンドリエーレは、快活さに満ち、細かいことによく気がつき、勘が鋭く、腕がよくて、ユーモアのセンスもよい。彼らの軽妙な受け答えや表情は愉快で魅力的だ。とくに正直で律儀で心優しいとの評判が高い。また、口が堅く、忠実で主人思いであることでも有名だ。ほとんどのゴンドリエーレは読み書きができ、並外れた記憶力を持っている」

「ヴェネツィアの船頭たちは一種の階級を形成しており、口が堅くて勤勉なことが特徴である。口が堅いのは、それがヴェネツィア人の特質のひとつだからであり、勤勉なのは、多くの場合、養うべき大家族がいるからであり、また、自分の職業を愛しているからである。ゴンドラを漕ぐことにはある種の高貴さがあり、それが彼らを奮起させるのだ」。これは、ジュール・ルコントが一八四四年に書いた『ヴェニス』の一節である。だが、こう書いたあとで彼は、ゴンドリエーレたちの貪欲さに気をつけるよう同国人に呼びかけ、ヴェネツィア市当局の公定料金があることを明記している。すなわち、一人漕ぎのゴンドラは夜明けから日没までで四オーストリア・リラ、二人漕ぎなら倍額である。彼はまた、ゴンドリエーレたちは「気配りが上手でうっとりするような話し方をする」とも述べている。しかし、賢い旅行者に向けて書かれた十九世紀のあるガイドブックは、「お急ぎコース」、つまり、二人漕ぎによる島巡りの際には、はじめに料金について折り合っておくよう助言している。ゴンドリエーレは料金のことですぐに議論をしたがるので、それを避けるためである。十九世紀半ばには、次のようにゴンドリエーレを描写した者もいた。「到着を告げ、伝言を伝える。他の誰とも違う、独特のふるまいかたをする秘訣を知っていて、ふつうの人々とはすぐに見分けがつく」

鉄道でヴェネツィアに行くことができるようになると(一八四六年以降)、旅行者がポーターの次に出会うヴェネツィア人はゴンドラの仲介人になった。彼らは鉄道駅のなかにいて、真鍮製のプレートを目立つように腕につけ、乗客が列車から降りたつやいなや、「自分の」ゴンドリエーレのところに強引に連れて行き、水上輸送料金の何パーセントかをせしめるのだった。

ルネ・ド・シャトーブリアンは、ゴンドリエーレとゴンドラの関係に強く心を打たれ、『墓の彼方からの回想』(一八五〇年)の中で、その関係を竜騎兵と馬の関係になぞらえた。ゴンドリエーレは「朝六時、船首を岸に向けて杭につないであるゴンドラのもとにやってくると、渡し場でゴンドラをごしごし洗い始める。それはまるで、竜騎兵が杭につないだ自分の馬にブラシをかけて磨き、拭いてやるのと同じようだ。

海の馬はくすぐられて揺れ動き、騎士が手桶に水を汲み、それを傾けて船体に流し込む動きに身をよじる。何度か繰り返し水を撒くと、汚れた水を運河に捨てて、またきれいな水を入れる。次に、櫂とクッションと敷物を拭き、船首のフェッロを磨く。こういった動作の一つひとつに、気の利いた洒落や愛情のこもったしぐさが伴わないことはない。おとなしいゴンドラにも、跳ねっ返りのゴンドラにも、陽気なヴェネツィア方言で語りかける。舟の身づくろいを終えると、自分にとりかかる。髪をとかし、服と青や赤や灰色の帽子の埃を払い、顔と手足を洗うのだ」

リッカルド・セルヴァティコは、一八七六年の作品『祭りの耳飾り』の中で、ある年老いたゴンドリエーレが孫の揺りかごの上にリンゴを紐で吊るす話をしている。こうしてリンゴをつかもうとする動きによって、幼児にゴンドラを漕ぐコツを覚えさせようというのである。当時はゴンドリエーレたちが食べていくのに苦労した時代で、ヴェネツィア出身のヴェリズモ画家アレッサンドロ・ミレージの絵画には、彼らの苦難が描かれている。貧困を題材にしたミレージは、一八九三年の「ゴンドリエーレの昼食」の画中に、ワインの入った水差しを手に食事をする船頭と、物悲しい表情で見つめる妻と娘を描いた。また別の作品では、親を亡くしたゴンドリエーレの子どもたちがスキアヴォーニの岸で物乞いをしている。この時代、トラゲットの桟橋が画家たちの題材となったが、それは桟橋がヴェネツィアを表現するのに最も典型的なものと考えられたからであった。

一八八一年春のある午後のこと、イギリスの詩人ジョン・アディントン・シモンズは友人のホーラス・ブラウンとリドにいて、二人のゴンドリエーレを目にした。お仕着せを着た二人のうちの一人は、類い稀な美貌の持ち主だった。シモンズは恋の稲妻に打たれてしまった。アンジェロ・フザートという名で二四歳のゴンドリエーレは、外国人のアプローチに対して、まったく自然に反応した。それは、少しも変わったことではなかったのだ。「ヴェネツィアのゴンドリエーレは、このような要求には慣れっこなので、恋におちた乗客の浮気心を満足させることにためらいを感じないのだ」と、シモンズ自身が書いている。フザートは詩人の特定の恋人となり、シモンズは彼に会うために来る年も来る年もヴェネツィアに戻ってきた。そして、愛する人にゴンドラを贈り、金を与えただけでなく、彼が婚約者と所帯を持つ手助けをしたうえ、自家用のゴンドリエーレとして雇い、決まった額の給金を払ってやった。シモンズは、フガートの馴染み客や「浮気心にこたえて彼が美貌を売った他の男たち」を見分けられるほどに、このゴンドリエーレの人生に深くかかわった。

ヘンリー・ジェイムズは、一八八二年にヴェネツィアでした経験を『郷愁のイタリア』のなかで肯定的にまとめている。「上手に選べば、ゴンドリエーレは得がたい友人となる。ゴンドリエーレの性質次第で、人に与える印象の大部分が決定される。彼は日常生活の一部であり、君の分身、君の影、君にとって欠くことのできない要素となる」。その一〇年後、『スクリブナーズ・マガジン』誌において、彼はゴンドリエーレたちについて「私は彼らの長所しか知らないし、彼らに対して完全に肯定的な印象しか持っていない」と明言し、観光客を遊覧に連れて行く船頭を大胆にたとえて、「乳母車に載せた小さな積荷をぼんやりと押す子守娘にも似た表情をいつも浮かべている」とさえ述べている。だが、フランス人ジャック＝アンドレ・メリスが雑誌『世界横断』に描写したゴンドリエーレは、「つば広のフェルト帽をかぶり、ぴったりとしたブーツを履いた、大柄で粗野な悪魔」というものである。『ヴェニス』（一九〇四年）は、水彩画家の父と作家の娘――オーストリア人芸術家のモルティメル・メンペスとイギリス生まれのドロシー――による興味深い合作である。ドロシー・メンペスの観察によれば、「ゴンドリエーレは移り気でおしゃべりな人間で、仲間の誰かと声高に口論したり、運河の端から反対の端に向かって下品な冗談を叫んだりすることを好む」。トマス・マンは、『ヴェニスに死す』の中で次のように書いているところを見ると、ゴンドリエーレにあまり好印象を抱かなかったようだ。「不愉快な、ほとんど獣のような様子をした男で、青い水兵服を着て、腰には黄色いスカーフを巻き、頭には、型崩れしてなかばほつれた麦藁帽を斜交《はすか》いにかぶっていた。顔立ちや、反り返った短い鼻の下に生やした金色の縮れた髭からは、彼が紛れもなくイタリア人であることが見て取れた。貧相な体つきで、船頭という職業にはあまり向いていないように見えたが、ひと漕ぎひと漕ぎ、四肢を使って力いっぱい櫂を操っていた」

コルヴォ男爵ことフレデリック・ロルフの自伝的小説『欲望とあらゆるものの追求』は、二十世紀初頭におけるゴンドリエーレの風俗習慣を知るのに興味深い史料である。たとえば、サルーテのトラゲットはゴンドリエーレたちの間では「三位一体《トリニタ》のトラゲット」と呼ばれていた。それは、かつてこの場所に、ヴェネツィア共和国政府からドイツ騎士団に与えられたトリニタ修道院があったからである。それは、ペストの終焉を神に感謝して一六三一年にサルーテ教会が建てられたとき、用地とするために廃止された修道院であった。誰もがそのことを忘れてしまったが、ゴンドリエーレたちは別だった。彼らは古い名を世代から世代へ、世紀を超えて伝え続けたのである。この本のページからはまた、次のようにさまざまなことがわかる。たとえば、ゴンドリエーレたちがガラスの破片を鉋《かんな》のように使って櫂を削り、女性の手に合うように小さくして、女性にも漕ぎ方を教えたこと。仕事中のゴンドリエーレの典型的な食事は、一切れのパンかポレンタ⑤と水差し一杯のワインであり、ワインは好みに応じて水で薄められていたこと。彼らの家にはクルミ材でできた古くいかめしい家具があり、いっぽうゴンドラは、しわくちゃの敷物、油光りのする真鍮（防錆のために油が塗られていた）、埃っぽいクッション、陰気な黒い布などで飾られていたこと。ゴンドリエーレたちは陸ではぎこちない歩き方をするが、舟の上では軽やかで優雅な動きをすること。二十世紀初頭のイタリアの法律では、召使いを除くすべての職種に週一日の休日が義務づけられていたが、ゴンドリエーレは召使いと同等とみなされていたため週七日働いていたこと（雇っている船頭が日曜日にミサへ行くことを阻止しようとする主人さえいた）。「副ゴンドリエーレ」、つまり船尾で漕ぐ者（先述のように、乗り込もうとする人に腕を差し出す特権を持つ船首のゴンドリエーレのほうが重要だった）の多くは一二歳から一八歳であったこと。運河を離れて航路の目印のないラグーナを「横断」しなければならないときには、とても神経質になったこと（水深が浅い場所で舟を降りて押さなければならなくなることを恐れていたため）。ブラーノ島へレース編みを見に行きたいという観光客がいれば、警戒心の薄い外国人を偽のアンティーク絵画を売りつける者のところへ連れて行き、何パーセントかの利益をせしめたこと、等々。コルヴォ男爵がヴェネツィアにいたのと同じ一九一二年に『ヴェネツィアの生活いまむかし』を出版したジーノ・ベルトリーニも、ゴンドリエーレについて記している。「彼らは横柄で卑猥で、料金を吹きかける。食べたり飲んだりして稼ぎのすべてを使ってしまう。放蕩の挙句に金がなくなると、水を飲む。駅であれ宿屋であれ、客が望んだ目的地に着く前に、五、六か所に連れて行くのは当たり前である。あるいは、住所を〈間違え〉て、客が望むのとは別の宿へ連れて行く。蒸気船で客を送ろうなどという宿屋の主人でもいようものなら、みんなで宿の前に集まって通れないようにする」

『ナショナル・ジオグラフィック・マガジン』誌の一九一五年六月号はイタリアの国境に近い都市を特集し（その一か月前にイタリアは戦争に突入していた）、カール・シュティーレルがヴェネツィアを担当した。夜にサンタ・ルチア駅に到着した彼は、目に見えるものは舟の灯りと「蛇のような敏捷さで行ったり来たりする、たくさんのゴンドラの暗い影」ばかりであると述べ、角を曲がる前にゴンドリエーレが発する大きな声を「不気味な」と表現している。そして、サン・マルコに向かいながら、攻め立てられるように感じる。「なんというゴンドラの雑踏！　四方八方から、〈旦那、舟を〉〈舟はいかがですか、旦那〉という叫び声が聞こえてくる。ゴンドリエーレは、片手に櫂を持ち、もう片手をあいさつのために上げて、あなたを歓迎する。青いオーバーブラウス、腰には赤い帯、襟をはだけて広い胸をあらわにし、日焼けした顔が誠実そうにあなたを見つめる」

グイド・マルタも、一九三六年に出版した『ゴンドラ』で当時のゴンドリエーレの様子を同じ調子で描いている。「荒々しく暴力的で攻撃的に見えることもある。だが、中身は温和で、自分に向かって大声で怒鳴る人を前にすると、結構びくびくする」

『パリ・マッチ』誌の一九五〇年七月十五日号は、ゴンドリエーレを次のように定義している。「観光客に対して絶対的権力を持つ王者。客をひと目で判断し、その国籍、年齢、体重から、瞬時に料金を決める。議論しても無駄だ。なぜなら、あなたが話すイタリア語を決して理解しないから。その代わり、〈オー・ソーレ・ミオ〉を歌ったり、ダンテの引用をしてくれる」。この記事では、すでに長い間認められてきた事実も取り上げられている。「ヴェネツィアには大きく異なった二つの顔がある。ゴンドラに乗る者、すなわち外国人にとってのヴェネツィアと、徒歩で進む者にとってのヴェネツィアで、ヴェネツィア人はすべて後者の範疇に入る」。一九六一年四月十二日の『カゼッティーノ』紙にも、ゴンドラとゴンドリエーレが「見た目は粗雑に見える」と書かれている。それを書いたアルベルト・アルバジノによれば、船頭は「選挙のときには自分たちが好む候補者のために一致団結して行動し圧力をかける小集団」をつくる。また、「特殊な階級であり、そこに入る方法は二つしかない。その階級に生まれるか、さもなければ弟子入りして一〇年以上にも及ぶ修行をするかである」

二十世紀には二度の世界大戦が起き、ラグーナの都市と船頭たちも影響を受けずにはいられなかった。

ウィーンにあるオーストリア国立古文書館の文書は、ヴェネツィアのオーストリア＝ハンガリー帝国領事館に雇われていたあるゴンドリエーレの人間ドラマを伝えている。アントニオ・モーロは、大運河に面した十六世紀の貴族屋敷クェリーニ＝デュボワ館にいた。一九一一年四月三十日、彼は領事のユリウス・フォン・シュテプスキ（のちにナチズムに転向し、自分の体験をまとめた『歴史と陰謀』なる題の書物を一九四〇年にウィーンで出版する）に手紙を送り、給与を上げてほしいと頼んだ。その訴えによると、彼は一八八七年以来領事館に雇われて領事館の建物の一階の数部屋で暮らしてきたが、そこに書記局が置かれることになったため立ち退かなければならなくなった。モーロは五五歳、一八五六年フォッサータ・ディ・ピアーヴェ生まれで、妻カテリーナとの間に三人の子供、二三歳のエンマ、一二歳のマリア、九歳のフェルッチョがいた。シュテプスキはウィーンに書き送った手紙の中で、前年の一九一〇年にも、エウジェニオ・カヴァッツィーナという別の船頭が四、五〇リラする二部屋の家賃を払わなければならないという理由で九〇リラの給与値上げを願い出たことを明記している。増額は部分的に認められた。モーロは、ゴンドラを漕いでいただけでなく、信頼されてもいたようだ（一九一二年には、彼の息子が病気で命が危ないという報告がウィーンに届いた）。というのは、一九一五年にイタリアとオーストリア＝ハンガリー帝国の間に衝突が生じた際、領事館の財産を守る役目を任じられたからである。オーストリア＝ハンガリー帝国が解体したあとの一九一九年にもまだ彼はこの任務についており、サンタ・クローチェ教区のマリン運河沿いのある部屋に山積みにされた旧外交官邸の家具を管理していた。三三年間勤めたあとで雇い主が歴史の波に飲まれて消滅するのを見た彼の心中は、どのようなものだっただろうか。彼はオーストリアの臣民として生まれ、九歳にしてハプスブルク家の双頭の鷲が飛び去ってサヴォイア家の十字の紋章に変わるのを見、六三歳にして、もはや地上に存在しない世界の番人をすることになったのである。

第二次世界大戦が北イタリアで最も悲惨な展開を見せたのは、一九四四年のことである。この年、ドイツ軍は二〇〇人のゴンドリエーレを本土に送り、塹壕を掘らせた。多くの船頭はレジスタンス運動に共鳴し、パルチザンに武器を届けるために自分のゴンドラを用いた。彼らは疑われることがなかった。同じ舟が昼間にはドイツ国防軍やナチ親衛隊の将校を乗せたからだ。それどころか、まさにドイツ人将校を乗せているときにも武器の輸送が行なわれたという。そのような状況下でゴンドラを捜索しようなど、誰も夢にも思わなかっただろう。バーナード・フライバーグ将軍指揮下の連合軍ニュージーランド兵が一九四五年四月末にヴェネツィアに入城したとき（将軍は戦前に新婚旅行で泊まったホテル・ダニエリを宿にすることを望んだ）、ゴンドリエーレたちは陽気に浮かれ騒ぎながら兵士を乗せて大運河を行進した（その少し前、兵士たちは町中の通りに水が溢れているのを見て恐れおののいた）。だが、司令官が半額の割引を要請すると、にべもなく断った。アングロ＝アメリカ人の軍人たちも、他の観光客と同様、ゴンドリエーレたちのいいカモにされたようだ。というのも、「余分に払うな《ドント・ペイ・モア》」と明確に書いたビラを刷らせるべきだと司令官たちが考えたからである。『ヴェネツィアの休暇』は、ラグーナの町で数日の休暇を過ごそうとする軍人のために書かれた三二ページの小さなポケットガイドである。なかには歴史と美術に関するお定まりの説明があり、印刷後に貼り付けたとおぼしき「ゴンドラ料金」という紙切れがついていた。その題字の下には、はっきりとこう書かれていた。「余分に払ってはいけない！　落ち着きなさい。料金は次のとおりである」。そこには、ゴンドラやそれ以外のさまざまな舟の料金が示され、最後に、より目立つ文字で改めて次のように書かれていた。「これらの料金だけを払い、一リラたりとも余分に払うべきではない」。解放者であろうとなかろうと、ゴンドリエーレたちには同じだったのである。

銃声が鳴り止んでも、非常事態に終止符が打たれたわけではなかった。実際、いつもポケットに『ウニタ』紙を持ち歩いていたために「トリアッティ」と呼ばれていたジョヴァンニ・オルランディーニというゴンドリエーレは[6]——戦時中は船の機関工として動員されていた——、戦闘が終わると、もと軍人やパルチザンからなる港湾保安隊を創設した。また、戦争とともに悲劇が終わったわけでもなかった。一九五一年にはポー川下流域で大洪水が起こり、デルタ地帯全域がポー川の水に沈んだ。このとき、洪水の被災者たちの救援のために一群のゴンドラがヴェネツィアから駆けつけた。

　われわれに近い時代になっても、ゴンドリエーレは書物に着想を与えている。カリフォルニア出身の教師キャスリーン・アン・ゴンザレスは、ゴンドリエーレたちとともにひと夏を過ごし、たぶんに聖人賛美風の表現を用いて彼らの癖やライフスタイルを叙述した。『ゴンドラのただ乗り』——これが二〇〇三年に自費出版された本のタイトルである（ただし著者のヴェネツィア滞在は一九九七年）——には、多くのゴンドリエーレが若いカリフォルニア娘に申し出た提案が綴られている。つまり、金を払わずにゴンドラ遊覧をさせてあげるが、まったくの無償というわけではない、というものである。ゴンザレス嬢の記述によれば、女性観光客がこのような「ただ乗り」に快く同意することは間々あったようだ。二〇〇二年には、ヴェネツィア人ピエロ・パッツィが考案したゴンドリエーレのカレンダーが生まれた。グラマー美女のカレンダーにヒントを得た彼は、櫂を手にした各世代の美男子の写真をカレンダーに載せて観光客（とくに女性の）の土産用にすることを思いついたのである。この企画は、その後毎年繰り返されている。

　ゴンドリエーレは「破廉恥男」ばかりだったわけではない。何世紀もの間に、文人ゴンドリエーレの伝統が生まれた。彼らの作品は玉石混淆であるが、いずれの場合にも、ペンよりも櫂を手にすることに慣れた者の手によるものであることがわかる。一七五一年に「舟の召使い」ピエトロ・レアーリは、当時よく知られた歌のメロディーに乗せて歌うための詩を書いた。また、ドージェのピエトロ・グリマーニ（在位一七四一―一七五二）のゴンドリエーレだったアントニオ・ビアンキは、韻文の英雄詩や、さらに音楽劇用の戯曲も書き、多作であった。グリマーニもまた詩人であり、彼らは主人と召使いの両方が文人であるという興味深い事例である。ビアンキは筆を握る同業者たちには才能を褒められたが、櫂を握る同業者たちからは馬鹿にされた。彼はグリマーニの死後も執筆活動を続け、一七六七年には『音楽劇カンマ』を出版する。ヴュルテンベルクおよびシュトゥットガルト公カール・オイゲンに捧げた献辞のなかで、「ヴェネトのゴンドリエーレ、アントニオ・ビアンキ」（と自筆している）は、次のように述べる。「わが輩は卑しき僕にして、文学の素質を持って生まれるも、境遇によりゴンドラを漕いで働きつつ、才能を培い、一介の船頭には期待すべくもないほどのものを創作するにいたれり」。擬古典的な文体で書かれたその作品の主人公カンマは、白スキタイ族の王女、シナテ将軍の妻、暴君シノリジェの愛人で、（一大叙事詩風の）物語の舞台は「白スキタイの都マルカンダ」となっている。また、補遺として、刊行・未刊行を合わせたアントニオ・ビアンキの作品一覧も載っている（刊行作品は、聖詩・世俗詩、喜劇・悲劇を含めて一五編、未刊行作品は、小説『ヴェネツィアの哲学者』を含む一一編）。

一七七五年にモモロ・トスカンは、ヨーゼフ二世のために開かれたレガータの際に『ネプチューンの大競技場』を書いた。これは四六節からなる八行詩で、各節の最終行はタッソからの引用である。また、『ゴンドリエーレ　会話風の日記』とは、一八三三年七月六日土曜日に出された題である。その第一番には、ゴンドリエーレへの次のような呼びかけがある。「さて！　哀れをこめてタッソの詩節を歌い、バイロンの詩句を口ずさむ君、彼を乗せて向こう岸に渡すのは、親しき者や馬たちを訪ねるため、嵐の波を眺めて諸元素の戦いを楽しむため、それは彼の魂を絶えず掻き乱すかの女の面影。だが君は遠い国々の話を聞きくことを欲し、外《と》つ国《くに》の人々の慣わしを金髪の娘に語り聞かせることを愛する」

ゴンドリエーレで文芸批評家のアントニオ・マスキオは、一八二五年にムラーノでささやかな食料品店を営む家庭に生まれた。ある日彼は、紙くずの山の中に「短い行」で書かれた本の数ページを見つけた。それは、ダンテ「地獄篇」の第一三・一四歌だった。ゴンドリエーレになって最初の稼ぎで『神曲』を一冊買うと、すっかり暗記してしまい、カロンが自分と同業者であると知った。一八六八年に始めた『神曲』についての講義は、その後も続けられて、全イタリア、とりわけフィレンツェとミラノで行なわれた。また、『神曲に関する考察と注釈』（一八七九年）や『ダンテ巡礼案内』（一八八三年）などの本を出版した。そして「ムラーノのゴンドリエーレ、アントニオ・マスキオ」と署名した。アレッサンドロ・マンゾーニも彼に手紙を送ったし、ニコロ・トンマゼオは彼のことを「ダンテのブチントーロを漕ぐゴンドリエーレにして水先案内人」と呼んだ。

サン・マルクオーラ教区に生まれたジュゼッペ・ペンソは、十九世紀から二十世紀にかけて生き、ダニエレ・マニン[7]の息子に四年間仕えた後、ダニエリの舟溜りで働いた。リッカルド・セルヴァティコの詩をすべて諳んじ、自分でも韻文を書いた。彼が書いた詩は小さなビラに多色刷りで印刷され、レガータの際に配られた。彼はキャバレーの人気者で、一本調子な方言で話す滑稽な「キオッジャ人」のキャラクターをつくり出した。そしてアメリカへ渡り、ゴンドリエーレの代表的存在となった。パスクァーレ・デステも文人ゴンドリエーレのひとりである。彼はレガータで何度も勝者となり、詩も書いた。二十世紀最初の一〇年間に洪水のような手紙を『ガゼッティーノ』紙に書き送って、あれこれの石の保存を訴えたり、ヴェネツィア市のレガータ規則を編纂したり、市当局をも手紙攻めにしたりした。また、赤い帯を巻いたゴンドリエーレのいでたちで手紙を書いている姿や、「ローマの皇帝風に」半裸の姿で肖像画を描かせた。

ローマ皇帝気取りでトーガをまとったデステは、他のゴンドリエーレたちもすべて、適当な有り合わせの服装をしてはならず、身なりに気をつけねばならないと考えていた。服装は時の流れとともに変化するのだ。カルパッチョやベッリーニの画中のゴンドリエーレたちは当時流行の二色に染め分けたタイツをはいているし、十七―十八世紀には折り返しのついたズボンをはき、羽飾りのついた帽子を被っている。だが常に、裕福な家に雇われたゴンドリエーレであることが見てわかる。料金をとるゴンドラの船頭が自前の服を着たのに対し、お雇いのゴンドリエーレの服は主人の出費によるお仕着せで、家紋の色を取り入れたデザインであることが多かったからである。

十九世紀から二十世紀初頭にかけて、ゴンドリエーレは貧民の部類だった。仕事は年に二、三か月しかなく、観光客がいなくなると、舟は別の方法で稼ぐために利用された。彼らは、冬の間はラグーナで水鳥を狩ったり（野禽類は、今日では食卓から完全に姿を消してしまったが、かつては裕福なヴェネツィア人の食生活になくてはならないものだった）、魚を獲ったりした。また秋と春には、蟹をいっぱい詰めた大きな籠を水の中に吊るし、三か月かけて「脱皮蟹」をつくった。「脱皮蟹」とは、脱皮したばかりでまだ甲羅が柔らかい蟹のことで、ヴェネツィア料理最大の珍味のひとつ「モレカ」となるのである。

ゴンドリエーレたちは貧しく、したがって、着る服も間に合わせだった。頭には、何でもいいから陽射しをさえぎるものを被り、余裕がある者なら、ビロードや黒い布でできたベレー帽にポンポンがついたものを被った。一九四三年の映画『大運河』に登場するゴンドリエーレたちが被っていたのも、このようなものだった。だが中には、十九世紀末にホプキンス・スミスが書いた『ゴンドラの日々』に出てくるゴンドリエーレのようにエレガントなお仕着せを着ることができる者もいた（この作品は一様に自家用のゴンドリエーレだけを扱っているようだ）。たとえば、「真っ白い服で、紺色の広襟がついたゆったりめのシャツに水夫のようにゆったりとしたズボン。腰には紺色の幅広帯を締めて端を膝まで垂らし、首に絹のスカーフを緩やかに巻いている」というでたちである。第二次世界大戦が終わって観光が息を吹き返すと、事態は好転し、櫂を漕ぐ労働者たちにとっても、それほど苦しい時代ではなくなった。一九五六年に出された規則は、ゴンドリエーレの制服を次のように定めている。すなわち、冬はトルコブルーのラシャ製の長ズボンとシャツに黒い布製の柔らかいつば広帽か濃青色の水夫帽、夏はトルコブルーのラシャ製の長ズボンに麻か綿のセーラーシャツ、麦藁の水夫帽である。

それから二年がたったころ、ゴンドリエーレの服装に世紀の大転換が訪れた。一九五八年に『ヴェネツィア、月と君』という映画が発表された。派手な映画ではなかったが、その中で、アルベルト・ソルディ扮するゴンドリエーレが今風のローマ訛りで話しながら無垢な娘たちを口説き落としていくのである（ゴンドリエーレが女性を口説くのは事実だとしても、ローマ訛りは明らかにありえない）。それはともかく、この若くてハンサムで女たらしのゴンドリエーレは、頭にフィレンツェ風の麦藁帽子を乗せている。つまり、麦藁帽子は麦藁帽子なのだが、安くて軽いタイプのものなのである。おそらく、台本の指示がそうなっていただけなのだろう（祖父は年老いたゴンドリエーレでベレー帽をかぶり、孫のカンカン帽と対比的である）。だが、それが瞬く間にゴンドリエーレのトレードマークとなったのだ。それ以来、ゴンドリエーレの帽子といえばただひとつ、フィレンツェ風麦藁帽ということになってしまった。それがヴェネツィア的などころの何もないトスカーナ由来の代物であるという事実など、たいして問題にされなかった。製造元は、フィレンツェ近郊の町カンピ・ビゼンツィオのテージという帽子工場だった。一九八〇年代後半になると、ヴェネツィア人のジュリアーナ・ロンゴもゴンドリエーレ用の帽子をつくり始めた（それ以前に彼女は、フィレンツェの製造者に製品の質の向上を何度か提案して拒否されていた。それで、トスカーナ製より安価な製品を作って復讐しようと挑戦しているのだ）。現在彼女は、ジュデッカ島に小さな工場を構え、二人の従業員を雇っている。彼女がつくるのも麦藁帽だが、糊でコーティングを施してあり、運河に落としても水に浮き、傷みにくいようになっている。リボンは光沢のあるサテンで、冬用は黒色、夏用はゴンドラの調度と同色、とりわけ赤と青である。しかし、なかには自分独自のリボンをつけたがるゴンドリエーレもいて、たとえば、ファンであるサッカーチームのチームカラーだったりする。また、昔風にベレー帽をかぶる者もいて、ジュリアーナ・ロンゴは年に四〇ほどのベレー帽も売っている（そのうちの二〇ほどは、ヴェネツィアを離れた人が自己アイデンティティーのシンボルとして買う）。いっぽう、麦藁帽子は年に約四〇〇を売っている。ゴンドリエーレが四二五人であることを考えると、なぜこんなに多くの新品が売れるのか不思議だが、謎はすぐに解ける。多くの観光客が旅の思い出に帽子を売ってくれとゴンドリエーレに頼み、ゴンドリエーレも喜んでそうするのだ。

今日のゴンドリエーレの制服は、まず、夏は白、冬は黒のオーバーブラウスで、水夫が着る服に似ているために「マリネーラ」と呼ばれる。そして、青または赤の横縞が入ったTシャツ、黒いズボン、青か赤のリボンがついた帽子である。アクセサリーをつけていないことは、まずない。ピアス、金のペンダント、指輪などだが、大事なのは重量があることだ。それは、二十世紀の初めに書かれていたことと大きく変わらない。つまり、船頭たちは持てるだけの金を持とうとし、特に、コインや吊り飾りをつけた時計の鎖を胴着の外に出して見せびらかすのを好んだというものである。今日では、携帯電話も欠かせない。それにイヤフォンをつないで、漕いでいるときにも楽に会話できるようにしている。ゴンドリエーレは見せびらかすことが大好きだ。二十世紀前半には、自分の裕福さをひけらかしたがる者には「パステオーカ」というおもしろいあだ名がつけられた。「パステオーカ」とは、「パスタとオーカ（鵞鳥）」の意味で、鵞鳥でとった脂の多いスープにパスタを入れた料理である。ゴンドリエーレたちはこれを舟溜りへ持って行っては、自分の豊かさを示そうとした。伝統的なのは、夏の間は贅沢に暮らし、冬には食べていくために調度品を質に入れるやり方である。十一月には前のシーズンに稼いだ金が底をつき、ラグーナに観光客が戻ってくる復活祭までどうにかこうにかやっていかなければならないというのは、珍しいことではない。祖父や曽祖父の代のような貧困を味わわないためには、何でもする。前述のように、帽子を売ることも厭わないのだ。今日、天気がよければ、一人のゴンドリエーレが日に一〇〇〇ユーロを稼ぐことも可能である。だが、皆が皆、国税局に忠実なわけではないらしい（そのうえ、ゴンドリエーレはレシートや領収証を出す義務が法によって免除されている）。ゴンドリエーレは優待家賃で庶民住宅に入居できるのだが、最近では、何か月も留守にするケースが増えている。それは、湿気の多い冬のヴェネトのラグーナを逃れて、ブラジルでぬくぬくと過ごすためである。他のゴンドリエーレよりもうまく立ち回ろうとする者もいる。たとえば、舟に電動モーターを付けたサン・トマのトラゲットのゴンドリエーレがそうである。彼は、足でモーターのスイッチを押し、漕いでいるふりをするのである。ディルク・シャウマーは『ヴェネツィア暮らし』の中で、現代のゴンドリエーレたちの姿を味わい深く描き出した。もとは美術アカデミアの彫刻の教師だった、ジリオのトラゲットにいるゴンドリエーレ。フェニーチェ劇場の初演に通い、オペラのレコードやCDを何千枚と持っていて、スカラ劇場やメトロポリタン劇場の最新演目のアリアを客に歌って聞かせる、グレーチのトラゲットのジャンニ。はたまた、聖母にちなんだ名を持つにもかかわらず、仏教徒になって、ラグーナのサンテラズモ島にいる導師に会いに行くマリアーノ、等々である。

一九六〇年生まれのロベルト・ピッラは、あまり怒らせないほうがいい。彼はゴンドリエーレであるだけでなく、レスリングのチャンピオンでもあるからだ。彼の家は何世紀も続いた船頭の家系である。先祖は貴族のチコーニャ家に仕え、のちにリビアのミスラータ出身のヴォルピ家に雇われた（カ・レッツォニコ博物館に展示されているフェルツェは、彼の祖父のものだった）。櫂を握って彼で七代目、現在一四歳の息子が跡を継げば八代目となる。ピッラは、一九六〇年代初めにグレコ＝ローマン・スタイルで準優勝した伯父を見習ってレスリングを始めた。ジムに通ううちプロレスの虜になり、八〇年代にはプロレス全盛期のアメリカに渡って修行した。だが、まだ若すぎた。それで、ゴンドラを漕ぐ生活に戻り、結婚したのだが、二〇〇三年にサッカ・フィゾラ島にレスリング・ジムができるのを知ると、息子を入れようとしてそこに行った。しかし、トレーナーは父親のほうを気に入ってしまった。こうして、数年後にはレスリング選手のゴンドリエーレが誕生したのである。ピッラは、自分のあだ名も「戦士《グエリエーロ》」から、レスリングによりふさわしい「イタリアの勇者《イタリアン・ウオリアー》」に変えさせた（いずれにせよ、彼の体格は格闘家のそれだった）。

かつてゴンドラは客のための愛の寝床だったが、今ではゴンドリエーレにとってそのような役に立っている。ちょっと想像してみよう。ヴァカンスで外国からやってきた若い女性旅行客が、月夜の水の上で揺られ、ヴェネツィアのように類い稀な独特の風景にうっとりとなってしまう。ヴェネツィアは腕利きの客引き女なのだ。船尾では、若くて感じのよいゴンドリエーレが櫂を漕いでいる。ジムで鍛えた筋肉が魅力的なゴンドリエーレだったりするかもしれない。かわいい女性客と乾杯するために冷やしておいたワインの瓶を取り出す者さえいるだろう。誘惑に負ける女性がいてもおかしくはないし、現にいるのだ。ゴンドリエーレは、ものにした女性の名を真鍮の小さなプレートに刻ませ、自分の舟の船首の覆いにネジで取り付けて、トロフィーのように見せびらかす。よく見れば、アレクサンドラ、ソニア、エリカ、等々といった女性の名前が読み取れるだろう。そういった名前のすべてが口説き落とした女性旅行客のものばかりというわけではない。ゴンドラを自分の恋人や妻やマンマ（ここはイタリアなのだ）に捧げ、子どもが生まれるとその名前を書き加える場合もある。だから、男の名前が書かれた札を見たら、舟の持ち主が一家の父親であると推測できるのであって、ものにした男性の名を刻むゲイのゴンドリエーレを意味するわけではない。もっとも、ゴンドリエーレが同性愛とまったく無縁なわけでもないことは、すでに見たとおりである。二十世紀前半には、若いゴンドリエーレが金と引き換えに男性客に身を任せるのは、よくあることだった。ゴンドリエーレは「艶っぽい冒険を求めにやってくる観光客の主食だった」と『灼熱の地』に書いたのは、イアン・リトルウッドである。そして、次のようにまで言う。「一九二〇年代にはコール・ポーターが、一九五〇年代にはトルーマン・カポーティが、この伝統的なサービスを最も利用した部類であった」。だが現在でも、もし金髪碧眼の若い女性観光客がそっとしておいてほしいと望むのなら、船首に「ウッラ」といった女性名ではなく「マルコ」などと書かれている舟を選んだほうが得策である。とはいえ、プレートの数から判断するに、そっとしておかれることを少しも望まない女性観光客は多いようだ。今も昔も、チャタレイ夫人とその姉妹たちは「混じりけのない地中海ブルーの熱き瞳」を持つゴンドリエーレを雇うのである。そして男の側は、D・H・ロレンスが『チャタレイ夫人の恋人』（一九二四年）に書いたとおり、すぐに彼女たちの忠実な僕となる。「過去にも何度か、既婚女性の僕となったことがあったのだ。女たちが望みさえすれば喜んで自分を与えたし、内心それを期待してもいた。結婚を控えていたから、ちょうどよいタイミングで、彼女たちにはまたとない贈り物となったことだろう」

現在のゴンドラは一部のゴンドリエーレにとって狩猟用の舟になってしまったが、かつてゴンドラは妻のような存在だった。ゴンドリエーレはゴンドラと話をし、ゴンドラとの間に正真正銘の愛を育んだものだった。愛する舟の世話をし、自分にできる限り最善のことをしてやろうとした。ほとんど肉体的とまで言ってもいいような両者の関係は、ゴンドラやゴンドラをつくる職人に何を望めばいいかをゴンドリエーレが知っていたからこそ、ありえたものだった。

ゴンドリエーレには守るべきルールがある。まず、ヴェネツィアでは運河は道であり、水の上では左側通行の規則が適用される。そのおかげで、船尾で櫂を握る漕ぎ手が舟を自由に扱うための余地ができる。次に、流れに「逆らって」進む舟は、流れに「従って」進む舟に対し優先権を持つ（後者は流れに逆らわなくてもよい分、操縦しやすいので）。運河は多くの場所で直角に折れ曲がり、対向するゴンドラがいるかどうか見えない。だから、角にさしかかると、ゴンドリエーレは大きな声を出す。通常は「オーエー」と言い、続いて、どう動こうとしているかを知らせる。左に曲がるのなら「迫っていくぞ《ヴァド・プレマンド》」と言い、右に曲がるのなら「離れていくぞ《ヴァド・ア・スタガンド》」と言うのである。それに対する返答は、入ってくる余地があれば「そのま《ダイ・デ・》ま来い《ロンゴ》」、止まる必要があれば「いっぱいだ《シア・トゥート》」となる。

昔からゴンドリエーレは職業的な団体を結成してきた。そのような団体は共和国時代には「兄弟組合《フラリア》」と呼ばれていたが、ヴェネツィア共和国の滅亡とともに消滅した。「トラゲットの兄弟たち」が集まって組合をつくり、それらのすべてを統括する船頭組合が組織されていた。組合の長はガスタルドと呼ばれた。二度目のフランス支配を受けていた一八〇六年に組合規約台帳《マリエゴラ》が廃止された。フランス保護下の短い時期とオーストリア占領下の長い時代を経てヴェネツィアはイタリアに編入されたが、それからさらに二年たった一八六八年七月十二日になってようやく、ゴンドリエーレの互助協会が新たに結成された。その規約には、こう謳われている。「舟を漕ぐ召使い、トラゲットの船頭および手押し車の人足は、自らの職業の条件改善を目標として掲げる」。組合のスポンサーには女性もいて、三人の王女、一四人の伯爵夫人、三人の貴族、一人の男爵夫人、一人のブルジョワなどだった。

一八八三年に互助協会は、戦死したゴンドリエーレの名をとってヴィットリオ・ファザン協同組合になった。一九四三年にはダニエレ・マニン製造労働協同組合に名を変え、今日まで存続している。もっとも、形態は変わり、一九九七年からはゴンドリエーレの活動支援のための協同組合になっている。一九六〇年代には、ドゥカーレ、フォスカリ、カ・ドーロの三つの協同組合が生まれ――それぞれの名称に異なった政治的含意がある――、どこにも属さないゴンドリエーレも一〇人ほどいた。しかしのちに、分離していた三つの組合はふたたびマニン組合に合流した。二〇〇八年現在、ゴンドリエーレは四二五人、ゴンドラも四二五艘で、加えて一〇〇人ほどの補欠ゴンドリエーレがおり、そのうちの一〇人ほどが自分専用のゴンドラを持っている。組合があるおかげで、衛生に関する調査もやりやすい。二十世紀初頭のある研究は、ゴンドリエーレが健康によい職業である、というより最も健康的な職業であるという説を打ち立てた。なぜなら、結核患者の統計で船頭よりも罹患者が少ないのは「資産家」だけだからであり、「資産家」は労働者とは言えないからである。実際、ゴンドリエーレは一八九二年から一九〇一年にかけて労働者のなかで最も死亡率が低かった。死者一〇〇人につきゴンドリエーレは五・八五人で、二番目に少ないのが宿屋の経営者であった（七・〇四人）。ちなみに、一番多かったのは「カリタ修道院のシスター」の五九・〇九人である。彼女たちは病人の看護をしていたため、病気に感染しやすかったのである。

十九世紀末から二十世紀初頭にかけて、ゴンドリエーレは一種の共同金庫（ヴェネツィア方言では「水先案内人《ペオータ》の金庫」）を組織して共同出資を行ない、財政を自分たちで賄っていた。ホーラス・ブラウンは『ラグーナの生活』の中で、このシステムについて述べている。「三〇人のゴンドリエーレやその友人たち――たいていは、飲み屋の亭主や酒屋、小売商など――が一人につき一〇リラを預け入れ、九月二十一日から翌年の九月二十日まで続く会計年度の間ずっと、週ごとに一リラずつ預け入れる義務を負う。預金は毎週月曜の朝六時から八時の間に行なわれる」

この団体は、総監査役、書記、出納係、罰金を集める徴収係を各一名ずつ選んでいた。週ごとに一リラを納めなければ、一〇パーセントの罰金を払わなければならなかった。会員は誰でも一年に一二〇リラ借りることができ、一〇パーセントの利子をつけて返すことになっていた。こうして彼らは通常の金融を避け、貸付業者に借りるよりも友人たちに一〇パーセントの利子を払うほうを好んだのである。融資を受けられるのは会員だけであり、流動資金がある限り融資が行なわれた。借り入れ金は毎週一〇パーセントずつ返済され、さらに一〇パーセントの利子が納められた。よって、理論上は、どの融資金も一一か月のうちに返済され、会計年度末の一一週間はすべての融資が停止されることになっていた（それは夏季に当たり、ゴンドリエーレたちは観光客相手に働くため、借金の必要がなかった）。利子や、週ごとの割り当て金や返済金を払わなかった場合の罰金は、会員の間で分配されたので、出資金の元は取れた。会員各人が通帳を持ち、毎週、書記がそれに連署した。会計年度末に返済が終わっていない者は元金を失った。会員たちによる監査が機能しており、いずれにしても未返済の貸付金が棒引きになることはなかったし、返済できなかった者は将来において信用を失った。会員たちは年二回の夕食会に参加しなければならなかった。その第一回は、新しい年度の基金発足時に行なわれた。夕食会は義務であり、欠席者は罰金として三リラを支払った。実際それは、非常に大きな宴会だった。ひとつの料理から次の料理までには四五分かかり、その間に参加者は煙草を吸ったり、テーブルからテーブルへ回っていった。真夜中頃に楽団がやってきて、朝の六時まで踊り続けた。この伝統は第二次世界大戦後に途切れた。それは、このような共同金庫が違法になったからでもあるが、また、今日のゴンドリエーレたちが消費のために少額の借金をする必要がなくなったためでもある。

ゴンドリエーレになるのは、それなりにたいへんだが、不可能なことではない。ゴンドリエーレの息子でなければ試してみることさえできない時代は終わった。そういった時代が終わったのは、人口の減少によって、需要を満たすほどの息子がゴンドリエーレに生まれなくなったからでもある。そのため、一九八〇年にはコンクールが始まった。試験に臨むには、何よりもまずゴンドラを漕ぐことを覚えなければならないが、二〇〇六年までゴンドリエーレ養成学校はなかったので、別のゴンドリエーレに頼らなければならなかった。師匠となったのは、通常、父親や近しい親戚である（そのため、世襲率はいまだにかなり高い）。

昔の見習いゴンドリエーレは、八、九歳ぐらいからトラゲットに通い始めた。彼らの仕事は、真鍮の金具やフェッロ（ゴンドリエーレはそれを「くちばし」と呼んでいた）を磨くことだった。このように舟に初めてさわる見習いをさす「下働き《ズベッツサオール》」という言葉もあった。そこから次の段階に進むと、「小僧《フイオツソ》」になる。雑巾で磨くことを卒業し、漕ぎ方を学ぶために櫂を握るのである。だが、こういった見習いは、今日ではいなくなってしまった。市の条例により、資格を持たない若者がゴンドラを漕ぐことが禁じられるようになったからである。いずれにせよ、今日の志望者は、「ゴンドラの保存とゴンドリエーレの保護のための協会」（あまりにも仰々しい名前なので、誰もが簡単に「ゴンドラ法人」と呼んでいる）が試験の実施を示唆する（数年に一度、不定期に）のを待たねばならない。そして、志願者は判定委員会の判断に自らをゆだねなければならない。試験は、運転免許の試験と同じように行なわれる。試験官が舟に乗り込み、いくつかの操縦動作をするように指示する。受験者は、それらを正しく行なわねばならない。さらに口頭試問もあって、ゴンドラの歴史や外国語や法律についての知識が問われる。

昔は、ゴンドリエーレの知的側面での養成は十分とは言えなかった。あるゴンドリエーレが観光客にダニエレ・マニンとは誰であるかを即座に説明するのに困り、ナポレオンのことだと言ってその場を切り抜けたというエピソードもある。だがマニンは、一八四八年のオーストリアに対する反乱の指導者であった。

彼の姿はブロンズ像となって永遠の命を与えられ、彼の名をとったマニン広場に立っている。広場の前には運河が流れ、ゴンドラの停泊所がある。また、ゴンドリエーレは市内のどんな場所でも指さして、カザノヴァの家だと言うとも言われている（「カザノヴァにはたくさんの愛人がいたので、たくさんの家に通っていたのだ」というのが彼らの言い訳である）。それでも観光客は満足するし、彼らは声帯を酷使する代わりに、あとで数杯のオンブラ（ワイン）で潤すことができるというわけだ。だが、二〇〇六年に一種の革命が起こった。一千年も続くこの職業の歴史のなかで初めて、「ゴンドリエーレ養成学校」ができたのである。第一回の選考は二〇〇七年六月に行なわれた。一三〇人の志願者は、ダ・パラーダのトラゲット（大運河を横切るもの）で三六〇時間、営業用のゴンドラの船尾で四〇時間の研修を受け、さらに、航行法・地名・外国語について観光学校にも通いながら一五〇時間学んだのち、そのなかから四〇名が選ばれて補欠ゴンドリエーレとなるのである。いずれにせよ、選考試験を受けるには、すでに船首で漕ぐことができなければならない（船首の漕ぎ手は舟の舵取りをするわけではないので、船尾で漕ぐよりも容易である）。また、ヴェネツィア漕法についての講習の受講証明書も必要となる。

だが、世紀的大革命はそれだけではなかった。三人の女性が選考試験に応募したのである。もっとも、合格はできなかったのだが、それまでゴンドリエーレといえば、常に男性だったのである。ゴンドラを漕ぐ女性についての記録も、わずかしかない。一三三五年には、サンタ・ソフィアのトラゲットに「姉妹」がいたという記録がある。それは、クリスマスに「兄弟姉妹たち」にパンを配ることを定めた文書である。しかし、これらの女性たちが本当に船頭を生業としていたのか、それとも別の理由でトラゲットの一員となっていたのかは不明である。一四九三年には女性のレガータが行なわれ、とりわけ漕ぎ手の女性たちが身につけていた短いスカートのために人気を得た。伝承にも史料にも、女性船頭にまつわる他の話は多くないのだが、一五三一年に船頭の職業から女性を排除したらしいことが認められる。実のところ、この年、女性をトラゲットのリベルタ[8]から除外する、つまり、以後は女性が自分名義の免許を持てないようにするという決議を五賢人会[9]が下したのである。しかし、元老院に山のような嘆願書が届いたため（女性ゴンドリエーレが相当数いたことの証である）、措置が緩和され、女性はトラゲットのリベルタを申請する権利を持たないと修正された。言い換えれば、すでにゴンドリエーレの職についている女性は引退するまで営業を続けられるということである。しかし、新しい女性ゴンドリエーレは生まれなくなった。こうして、女性の存在は自然に消滅することとなった。その結果、過去四世紀の間、女性ゴンドリエーレがまったくいなくなってしまったらしい。

　今日もなお「ゴンドリエーラ（女性ゴンドリエーレ）」が話題に上ることがあるとすれば、それはアレクサンドラ・アイの一〇年におよぶ免許取得のための粘り強い闘いのおかげである。彼女は、実技試験で三回落ちた（かなり意地の悪い試験だった。というのは、彼女にレメディオ運河を通らせたからである。ここでは、潮の流れに逆らって向きを変えようとすれば必ず壁に当たってしまう。しかも、岸辺から大声で品定めする何十人もの男性ゴンドリエーレたちの視線を浴びながらであった）。だが、地方行政法廷に訴えて勝訴し、「私用の」ゴンドラを漕ぐ権利を獲得した。この権利は、ホテルに雇われて宿泊客を舟で送迎することができるというもので、客から直接料金を取ることはできない。二〇〇七年六月に行なわれたゴンドリエーレ養成学校の選考会に応募した女性は、彼女のほかに二人いた。カステッロ教区の漕手協会に属する女性漕手アレッサンドラ・タッデオと、二児の母でゴンドリエーレの家系に生まれたジョルジャ・ボスコロである（ジョルジャの父親ダンテはゴンドリエーレで絵描きである）。残念ながら、三人のうち誰も上位四〇人のなかには入らなかったが、ボスコロは四三位というわずかな差で、アイは五三位、タッデオは七七位だった。アイは一九六七年にアルザス地方で、アルジェリア人の父親とドイツ人とフランス人の混血の母親から生まれた。ハンブルクで映画を学んだのち、サン・フランシスコで働き、一九九六年にそこからヴェネツィアに派遣されて、ある映画の企画に携わった。映画用カメラから櫂への転向は、あっという間だった。二月末にヴェネツィアに着いて、三月末にはもうゴンドラに乗っていた。まずバウエルのトラゲットに通い、次にサン・トマの、さらにジリオのトラゲットにも通った。はじめのうちは歓迎された。彼女に漕いでみるように強く勧めて漕ぎ方を教えたのは、ジャンニ・ヴァレンティーニというゴンドリエーレだった。だがその後、時の流れとともに状況は難しくなっていった。アイは一九九八年に自分のゴンドラを手に入れ、腕を磨くために夜な夜な漕いで回った。たまたまその年に、理論に関する最初の試験が行なわれた。結果はよくなかった。彼女には言語の壁があり、質問がよく理解できなかったので、落ちてしまったのだ。一九九九年に再挑戦した彼女は、理論の試験には通ったが、実技試験では合計六・七点で、七点には達しなかった。つまり、不合格である。そうこうする間に、四〇人の幹部（ゴンドラ停泊所の長たち）は、あることに気づき始めた。アレクサンドラ・アイによれば、「彼らは女性のゴンドリエーレを望んでいないし、ましてや外国人などもってのほかなのだ」。だが、事態はそれだけで終わらなかった。

『青き王女――女性の中の女性たちの愛と人生の物語』という書物の中に、ロザンナ・フィオッケットが書いた「ゴンドリエーラ」という題の話がある。「私はゴンドラの上に裸足でまっすぐに立って櫂を押す。艶やかに光る艇体が運河の深緑色の鏡のような水面の上で均衡を保つよう、体重のバランスをとりながら〝ヴェネツィア風に漕ぐ〟私の力は、純粋にエロティックな力である。私はこの楽しみのために、長い間粘り強く戦った。はじめは自分自身と。次に、トラゲットの自由な権利を凶暴なまでに独占しようとする四〇〇人のゴンドリエーレたちの閉鎖的な男社会と。紺色のズボンと白いシャツ、短い髪に黒い肌の私がゴンドラで行くのを見ること、私が運河にいるのを見ることは、彼らにとって、文明の破局、象徴的宇宙の崩壊、〝ホモ・ファベル〟そして〝ホモ・サピエンス〟たる人類の破滅なのだ。この世の、つまり彼らの目で見た世界の終わりなのだ」。ものにした女性の名を真鍮の札に刻むゴンドリエーレたちのような男の領域には、レズビアンであることを明言し、それを誇りにする女性の入る余地はない。悪霊よ去れ、かくあれかし、というわけなのだ。

「私は訴え、勝訴した」とアレクサンドラは続ける。「私は実技試験をやり直す機会を得た。彼らは私に、誰にも無理なコースをあてがった。私はそうとは知らず、自分の落ち度であると考えた。私はそれまで一度もレメディオ運河を通ったことがなかったし、水位の高いときに潮の流れに逆行するのは困難な運河なので、そこを通るゴンドリエーレはわずかしかいない」。アレクサンドラの人生は、いっそうややこしいものとなった。ゴンドリエーレたちは彼女を嫌がり、世界中からジャーナリストがやってきた（ヴェネツィア？　女のゴンドリエーレ？　記事にしよう！）差別をチェックする任務を負った機会均等委員会も介入した。こうして彼女は行政上の訴えを起こし、二〇〇三年には理論の試験のやり直し、二〇〇四年には実技試験のやり直しが行なわれた。だが、またしてもうまくいかなかった。「彼らは私に船尾用の櫂ではなく、船首用の櫂を使う許可を与えた。それは軽すぎたのだが、試験委員会は私につべこべ言うなと言い、私はその櫂でも同じようにできると思った。だが、私はあがってしまい、私の人生で後にも先にも一度きり、ゴンドラの方向転換ができなかった。何年間も待ち続けたことが、船首用の櫂のために終わってしまった」。彼女は再度訴え、再度勝訴し、再度実技試験が行なわれた。もはやそれは、決闘であった。彼女は言う。「試験コースのはじめから終わりまで、〈家に帰れ〉と叫ぶゴンドリエーレたちが並んでいた。まるで見世物の闘牛だった。橋という橋から、大声でののしられたのだ」。こうしてまたしても、彼女は不合格となった。「彼らは私を怖れているのだ。私の働き方を、彼らよりも伝統を守り、櫂をキーキーきしませないという事実を、怖れているのだ。私がいつか幹部になるのではないかと怖れているのだ。彼らは私に、〈ドイツのマフィアを連れてくるぞ〉と言う。私が沈黙を破ってジャーナリストと話をするので、彼らは不安なのだ」。たった一人のゴンドリエーラが、四二五人の男性ゴンドリエーレを怖がらせた。勝負の結果は、なかなかのものである。彼らが呼ぶところの「ドイツ女」は、ゴンドラの世界から締め出されて働く道を閉ざされたわけではなかったのだから。

免許を持たないアレックスは、自分で客を見つけてゴンドラに乗せ、奉仕の代償として料金をとるということができない。しかし、あるホテルが彼女を雇い、従業員として、ホテルの宿泊客を運河巡りに連れて行くことができるようになった。だが、この解決策にも抗議の声が上がっている。市当局の決定では、ゴンドリエーレの免許を持つ者しかゴンドラに人を乗せてはいけないことになっているからである。この決定は、ゴンドラとモーターボートを区別するためのもので（ゴンドリエーレもしばしばモーターボートを運転するのだが）、ホテルの従業員は、たとえゴンドラの免許を持っていなくても、モーターボートで第三者を運ぶことができるのである。彼女は屈せずに訴え、勝訴した。二〇〇七年三月末、地方行政法廷は、櫂を握って働く権利をふたたび彼女に認めた。だが、戦いはまだ続いている。

さて、ゴンドラを漕ぐことができなくなったら、どうなるのか。ひと昔前までは、「ガンゼール」になると決まっていた。「ガンゼール」とは、年をとったゴンドリエーレで、死ぬまでゴンドラの停泊所に出入りし、客が乗り降りする際にゴンドラを岸に抑えておくことで小銭を稼ごうとする者をさす（今日、ちょっとした知恵が働くゴンドリエーレは、どこから見ても威厳のある老婦人をエスコートする）。「まったく無用だが伝統的なサービス」と、エウジェニオ・ヴィットリアは『ゴンドリエーレとゴンドラ』の中でガンゼールを定義している。ガンゼールは朝から晩までゴンドラの停泊所にいて、ガンゾまたはランピンと呼ばれる鉤竿を傍らに置いて座っている。ガンゾはリボンで飾られていることもあり、持ち手の部分はビロードで覆われ、コインや金属の鋲で飾られている。いくばくかの小銭を求め、それが彼らの報酬となる。映画『ヴェニスに死す』では、官憲が来たので代金ももらわずに逃げ去った違法ゴンドリエーレの客であるアッシェンバハ教授に、ガンゼールがとがめるように声をかける。「旦那はただのゴンドラにお乗りになったんで」と言って、彼は帽子を差し出す。だが、実際には、客が心づけを何も払わなかったときに小銭を要求するのは、ガンゼールではなくゴンドリエーレである。

一八八一年に公布され一八八二年に追認された「トラゲットと舟に関する規定」は、ガンゼールが市当局から与えられた真鍮のプレートを右腕につけることを義務付けていた。彼らはポーターと同じ規則の下に置かれ、免許は無料だったが、自分に割り当てられた接岸所を掃除する義務を負っていた。一九五九年の規則は、それまでに定められていたことを確認し、さらに、割り当てられたトラゲットの幹部に対してガンゼールが責任を負うことも定めた。

ジャチント・ガッリーナは、喜劇『セレニッシマ』（一八九一年）の中で、貧しいが品位のある人物としてガンゼールを描いた。主要登場人物の一人ヴィンチェンツォは、ガンゼールになりたいと考える。「脚が弱って艫《とも》に立てなくなっても、せめて煙草銭ぐらいは稼ぎたいもんだ」。そして、自尊心に駆られてこう言う。「ずるい弁護士よりも正直なガンゼールのほうがましってもんだ」。だが、ベルトリーニが一九一二年に書いた文章は、もう少し手厳しい。彼によれば、ガンゼールは「しつこくて厚かましい」が、最後には誰もが小銭を与えると認め、ゴンドラがもう岸に着いてしまっているのにやってきてチップをせがむガンゼールのことを記録している。その同じ年、ヴァルター・ベンヤミンがラグーナを訪れた。まだ哲学者ではなく、フライブルク大学の新入生で、ベルリン大学に移籍する前のことである。彼でさえも、ガンゼールや自分に付きまとう人々には好印象を抱かなかった。「私たちはそれからゴンドラに乗り、運河を通ってレデントーレの教会へ行った。施しを求める片端者や与太者たちが、ゴンドラの乗り降りを助け、教会の扉を開け、出口では両手を広げて私たちを迎えた」。一九六一年四月三日の『ガゼッティーノ』紙には、ヴィットリオ・ミノットの記事が載っている。一九〇〇年にゴンドラの免許をとった彼は、当時八七歳で、ローマ広場でガンゼールをしていた。二四人のガンゼールを配下に従えた彼は、つまるところ、ガンゼールの王なのだった。チェスコ・トマゼッリ（『コリエーレ・デッラ・セーラ』紙の記者で、ウンベルト・ノービレとともに飛行船イタリア号の北極探検に参加した）は、ガンゼールは乞食でもなければ卑しい下僕でもないし、ましてや寄生者などではないと書いた。「ガンゼールのサービスが不可欠なものではないとしても、その真面目さと慇懃さは、ガンゼールをヴェネツィアの風景の中の特徴ある端役の一人にしている」

（1）＊当時スキアヴォーニアとも呼ばれていたダルマツィア地方出身のアルセナーレ労働者で、守備隊のような機能も果たしていた。
（2）政治犯や国家機密にかかわる犯罪を取り締まった行政官。
（3）もともとは不正選挙を取り締まる行政官で、次第に給与の不正受給・不正支払いを扱うようになった。
（4）＊サン・マルコに近い国営賭博場。
（5）トウモロコシの粉と水を合わせ、長時間温めながら練りあげて作る食品。十六世紀以降、おもに北イタリアの庶民の主食代わりとなった。

（6）『ウニタ』はイタリア共産党の機関紙、トリアッティは戦中・戦後を通じて同党の指導者であった。

（7）ヴェネツィアのリソルジメント運動の指導者で、一八四八年にオーストリアから一時的な独立を果たしたヴェネツィア臨時政府の大統領を務めた愛国者。翌年降伏してパリに亡命。

（8）ゴンドラを所有したり、売却したり、他者に賃貸したり、自ら渡しの営業をしたりできる権利を与える免許。

（9）正式には、通商五賢人会。商業や産業を管轄する政府機関で、元老院に従属していた。

9　スクェーロ

八種の異なる木材、二八〇の部分、長さ一〇・八四メートル（フェッロを含めて一一・一〇メートル）、幅一・四二メートル、非対称で右に二四センチメートルの片寄り、装備なしで重量五〇〇キログラム、完全装備で六〇〇キログラム、建造総費約三万五〇〇〇ユーロ、工期二か月（しかし、ドメニコ・トラモンティンと作業員のベルト・ミンガローニは二四時間で一艘つくることができた。また、一九二五年には二一日間で七艘のゴンドラがつくられたことがある）。以上は、ゴンドラに関する数値を究極的に総括したものである。ゴンドラを建造する作業所はスクェーロと呼ばれる。この名称は、おそらく、舟をつくるときに用いられる「スクァドラ（三角定規）」という道具に由来し、それがヴェネツィア風に訛って「スクァーラ」あるいは「スクェーラ」になったと思われる。また、「作業所」を表すギリシア語の「エスカリオン」からきたという説もある。

中世には、二つのタイプの作業所があった。大型《グロッソ》用のスクェーロと細型《ソテイル》用のスクェーロである。前者では、中型から大型の総トン数を持つ丸型船（輸送用）が建造され、サン・マルコの岸辺や都市の周辺部（ジュデッカ運河やカンナレージョ地区のラグーナ側）にあった。後者では、ラグーナ用の小舟がつくられていた。したがって、ゴンドラもここでつくられた。そして、今日と同様に都市内部の運河にあった。小型の舟を進水するには、内部でも十分だからである。十五世紀末、スクェーロはフォンダメンタ・ヌオヴェとザッテレに集められた。これらは、ピアヴェ川とブレンタ川を通って運ばれてきた材木の貯蔵所で（かつては「デッラ・ピアヴェ」、「デッラ・ブレンタ」と呼ばれていたが、一九一八年に「祖国の聖なる川」を女性形で表すのが不適切であると見なされ[1]、そのように呼ばれなくなった）、ここにオーク材がねかされていた。いっぽう、ザッテレという名前は、カンシリオの山々から丸太を運んでいたピアヴェ川の筏師《ザッテランテ》に由来する。いっぽう、ミゼリコルディアの広い入江[2]は、熟成のために材木を水につけておく場所だった。ジョヴァンニ・カニアートが『ゴンドラ職人の技術』で述べているように、時代が下るにつれて、――細型《ソテイル》用スクェーロは貴族の館の間に入り込んでいった。ヴェネツィアでは昔から、豪奢な屋敷の間に庶民の建物や職人の工房があることが少しも珍しくなかった。ゴンドラ職人たちは一六一〇年に組合を結成した（後述するように、櫂職人はそれよりも三世紀前に組合をつくっていた）。

「ヴェネツィアの伝統的な小舟の構造は、短時間にわずかな工程でつくることができるようになっており、そのため、たとえ材料が不足しても対応が可能である」。ジルベルト・ペンゾは、この種の舟がどのようにつくられるかを、釘の一本一本にいたるまで詳細に解説した記念碑的な著作、『ゴンドラ』の中でこう述べる。それは、ヴェネツィアのゴンドラ職人のなかでも最も文献学的な人物、ネディス・トラモンティンの遺言状のようなものとなっている。ネディス自身は、自分の技術を紙の上に書き残すことはまったくしなかった。彼は毎年、頭のなかで構想したゴンドラを二艘か三艘、自分でつくった。ゴンドラの建造術について書かれたのは、ネディスの父親が第一次世界大戦中に疎開先のスイスで書いたものだけである。ネディスは息子のロベルトに技術を伝え、今ではロベルトが彼の跡を継いでいる。現在のところ、その非対称性ゆえに、ゴンドラをコンピューター・グラフィックスで再現することは成功していない。「ゴンドラをつくるのに数学的な方法はない」とペンゾは言う。あるのは、口伝えの伝承だけなのだ。ゴンドラ職人は、地面に何本かの支柱を立て、伝承にしたがって作業を進めていく。「現在のゴンドラは、多くの修正を蓄積してつなぎ合わせた成果である。それらの修正の多くは、ほとんど気がつかないほど小さいが、スクェーロで代々伝えられ、経験的な財産となっているのである」とは、カニアートの言である。

今日のゴンドラ職人は、十九世紀の章でも述べたように、一八〇〇年代に足場を築いていった偉大な家系の直系の子孫たちである。たとえば、カザル家は、セルヴィ教区にあったモーロ家のスクェーロに一七六四年に弟子入りしたイゼッポに始まる。「偉大なるベッポ」は、息子のアントニオおよびアンジェロとともに、このスクェーロを一八三三年に借り受け、一八五二年には購入した。ベッポは一九〇六年に亡くなり、アンジェロは一九一八年に活動を停止した。だが、いとこのミキエル・カザルが一八七〇年ころにオンニッサンティのスクェーロを継いだ。トラモンティーナ家は、カドーレの山地からラグーナに下りてきた家系で、姓の語尾の〝a〟をヴェネツィア風に欠落させて「トラモンティン」とした。アントニオはヴェネツィアで一八〇九年に生まれ、ヴェネツィアで一八六八年に亡くなったが、彼の祖父がすでにゴンドリエーレだったということがわかっている。彼には三人の息子がおり、「メネゴ」と呼ばれた三男のドメニコは、一八六五年にセルヴィ教区にあったカザル家のスクェーロに入って修行した。当時、ゴンドラに特化したスクェーロは、カザルの他にはファッシ家のものしかなかった。一八七〇年代には、トラモンティンはオンニッサンティのスクェーロでカザルの孫といっしょに働いていた。作業場はたがいに隣り合って並んだ三つの格納庫《テーザ》から成っていた。しかしまもなく、二人の仕事仲間は喧嘩をし、絶交を強調するために、必要以上に高い壁を築いて、第一の格納庫《テーザ》と残りの二つを分けてしまった。その状況は今日でも変わっていない。ドメニコは一八八四年二月二日に自分の会社を設立した。この会社の活動は、息子のジョヴァンニが跡を継いだ後も続けられ、孫のナディス（一九二二年生まれ）、そして曾孫のロベルト（一九五四年生まれ）に受け継がれている。パオロ・バルバロは『ヴェネツィア――都市の再発見』の中で、年をとったトラモンティンが近所の少年たちから「口笛《フィスキオ》」と呼ばれていたことを書き留めている。それは彼が「どんな仕事をしていても、私たちが転がして遊んでいた木の輪が水に落ちてしまうと、ぶつぶつ言って口笛を鳴らしながら仕事の手を止めて拾ってくれた」からである。ナディスは根っからのゴンドラ職人で、家にじっとしていることができず、土曜と日曜は退屈でしかたがなかった。だが、彼にも激しい好き嫌いがあった。サンピエローテという舟（軽量の輸送用）が大嫌いで、どうにもつくることができなかった。ナディス・トラモンティンは（櫂職人のジュゼッペ・カルリと同様に）船大工になるための試験に決して耐えられないから親方になることができない、とは、ある者の指摘である。親方になれなければ、たとえ国際的に有名であっても、弟子をとることも助手をつけることもできず、公の原料供給を受ける資格もないのである。

トラモンティンのスクェーロが直面していた大きな問題のひとつは、弟子の不足だった。父親と息子は長年、二人だけで仕事をしてきた。見習い期間の収入は本当にわずかなので、若者たちはゴンドラのつくり方を覚えることができない。気高い職人になるという展望も、将来に稼げる見込みも（一九九〇年代に熟練工は平均的な自営業者と同じぐらいの月収だった）、若者たちを惹きつけない。だが、アンドレアがやってきて、状況が変化した。彼はラスタ(3)のゴンドラ職人で、昼間は、ボブ・マーリー風にドレッドヘアをひっつめにして毛糸の帽子をかぶり、ゴンドラをつくる。そして夜には、レゲエのグループで演奏をするのである。二〇〇五年にナディスが亡くなると（友であり敵対者でもあったジョヴァンニ・ジュッポーニの傍らに埋葬された）、息子のロベルトがスクェーロの主人となり、アンドレアが彼の職人となった。長い間、ヴェネツィアで最も文献学的なスクェーロは閉鎖の運命にあるのではないかと怖れられていたが、存続は確かなものとなったのである。

それとはまったく対照的なのが、「クレア」と呼ばれる、かのジャンフランコ・ヴィアネッロである。彼のことは、合板の使用のくだりですでに話した。彼は、父も祖父もゴンドリエーレで、自身もゴンドラレースの勝利者であるが、何よりもゴンドラ建造技術を熱心に知りたがり、独学ですべてを学んだ。すなわち、一艘のゴンドラを分解し、どのように組み立てられているかを観察し、ふたたび組み立てる。四、五艘のゴンドラでこのような解体と組み立てを繰り返して、秘密を習得したのである。その後、ジョヴァンニ・ジュッポーニのところに行き、自分でつくった作品を見せようとした。年老いたゴンドラ職人は次のように評した。「ひどいだろうとは思っていたが、まったくひどい」。だが、それから一〇年ほどの間に、彼は難題を克服した。ゼロから出発して、ヴェネツィアの主要なゴンドラ製造者のひとりになったのである。クレアは、合板の加工には失敗が許されないので、木材を整形するよりも困難だと断言する。さらに、次のような事実を計算に入れなければならない。それは、合板は木材のように水を吸収しないということである。「合板でゴンドラをつくるには、五年分の重さを考慮する必要がある。木製の新しいゴンドラが進水するときの重量は三五〇キログラムだが、水を吸収して五年後には五〇〇キログラムの重さに達する。私のゴンドラは、新品で五〇〇キログラムの重さがなければならないのだ」。だが、合板でつくるには利点がある。木材で一艘のゴンドラをつくるには三五〇時間かかるが、合板なら二二〇時間ですむのである。

その近隣にあるコスタンティーニ＝デイ・ロッシのスクェーロは、一九八五年創業である。この年、ステファノ・コスタンティーニとロベルト・デイ・ロッシは、「ブラネッロ」と呼ばれていたコッラード・コスタンティーニの指導の下で仕事を始めた。クレアの作業所と同様、ここでも、ゴンドラとは異なる舟が数多く生産されている。

ヴェネツィアのスクェーロでつくられる新しいゴンドラは、年間に合計で二〇艘にも及ばない。内訳は、クレアが約一〇艘、デイ・ロッシが五―六艘、トラモンティンが二―三艘である。サン・トロヴァーゾ教区とオンニッサンティ教区にあるボナルドのスクェーロは保管業を主にしている。

いっぽう、アメリカ人のゴンドラ職人トム・プライスのヴェネツィアにおける冒険は、一〇年ほどで終わってしまった。彼はノース・カロライナ州の山地の出身で、そこで木材加工を覚え、一九九一年にメイン州に移り、造船を習った。ヴェネツィアには、ワトソン財団の奨学生として一九九六年にやってきた。奨学期間に従えば、一年以内にゴンドラの建造法を習得しなければならなかったが、彼はそれをやってのけた。ボナルドのスクェーロに「レッスンに」通い、役所の手続きに関する筆舌に尽くしがたいほどの困難をも乗り越えた（奨学生は職人の工房に入ることを想定されておらず、彼のことが日刊紙の記事になり、労働省が介入したあとで、ようやく滞在許可が下りた）。イタリア語はほとんど話せないが、身振りで師匠に意思を伝えた。作業中のパーツを師匠に見せると、年老いたボナルドは、誤りを直すには何をすればいいかを瞬時に悟るという具合である。修行を始めて六か月、ヴェネツィア到着から一年ののちに、彼は処女作のゴンドラを進水させた。運命の皮肉か、それを購入したのは、ロード・アイランド州プロヴィデンス出身の夫婦だった。彼らは、観光客にプロヴィデンス川の遊覧をさせるためにゴンドラを求めたのである。より皮肉だったのは、プロヴィデンスがワトソン財団本部の所在地だったことである。一年の奨学期間が切れても、プライスはヴェネツィアにとどまってゴンドラ職人を続けることにした。このときの役所との対決は前回以上に大変だったが、五か月後（記録的な速さだと言われている）、非EU市民でありながらジャンフランコ・クレアの作業所で働く地位を獲得した。プライスがつくって売るゴンドラの行く先はアメリカ合衆国のテキサス、ボストン、ミネソタ、ニューヨーク、カリフォルニアなどである。二〇〇二年の春にはメンディカンティ運河にあるスクェーロを借り、二〇〇三年一月に活動を開始した。このスクェーロは、有名なヴェネツィアの風景画家が一七二四年に描いた絵に描かれているため、「カナレット」と呼ばれている。彼は新しい技術にも開かれた目を持っていた。彼の作業場ではウェブカメラがゴンドラの製造工程を撮影し、インターネットで見れるようにしていた。彼の助手はハンブルク出身のドイツ人マティアス・ルーマンで、販売担当はギリシア系オーストリア人のマリア・バラノスだった。だが、警戒心の強いヴェネツィア人はドイツ人のゴンドリエーレもアメリカ人のゴンドラ職人も望まなかった。彼は信用してもらえず、ゴンドラの保管を頼む者も注文する者もなかった。カナレット・スクェーロは危機に瀕し、二〇〇六年九月に閉鎖に追い込まれた。*www.squero.com* はもはやウェブ上になく、プライスはヴェネツィアを去った。

千年の歴史を持つ舟で新しいテクノロジーの世界に乗り込んだのは、アメリカ人ゴンドラ職人だけではなかった。イーベイ（eBay）でゴンドラを売ろうとした誰かがいる。競売の最低価格は二万七〇〇〇ユーロだった。ウェブ上に掲載されたのは二〇〇七年三月二十二日で、一〇日間続いた。商品はメストレにあり、写真では、見たところ非常によい状態のゴンドラが草の生えた中庭に置かれた二輪車の上に載っていて、背景には一匹の黒い子犬とトタン製の倉庫が写っていた。リトルホール74という売り手はイーベイ上で新たな展開をせず、このゴンドラは、結局、売れなかった。おそらく、掲載期限が切れたのが二〇〇七年の四月一日《エイプリル・フール》だったから、誰も真面目に受け止めなかったのだろう。

ゴンドラの製造は複雑な仕事である。まず、正しい木材を注意深く選ばなければならない。使われるのは、オーク、カラマツ、モミ、ニレ、シナノキ、クルミ、サクラ、マホガニーの八種類で、さらに、ごくわずかだがミズキも使われる。ナディス・トラモンティンは、さまざまな木材の使用についてインタビューで次のように語った。その内容は、トラモンティン・スクェーロのウェブサイト（*www.tramontingondole.it*）で読むことができる。「八種類もの異なった木材が使われるが、その一つひとつに特徴がある。オーク材を使うのは、とても堅く、一四メートルを超える板をとることができるからである。ニレは、弾力性があり、サンコーニ（肋骨）をつくるのに最適である。モミは、軽くて、海水に強い（淡水の場合はマツのほうが適している）。サクラは、火で曲げることができる。カラマツは、樹脂が多く、あらかじめ熟成処理をすれば、きわめて耐久性に富む。マホガニーは、大きくて継ぎ目のない板をとることができるので、船首を覆う部分をつくるのに適している。シナノキは、火であぶっても歪まないので、船尾と船首の先につけるソケート[4]に使われる。クルミには延性があるので、水に浸すと仕上げの作業が容易になる」。しかし、木材の定式化もまた二十世紀の間に決定されたにちがいない。というのも、ホーラス・ブラウンの『ラグーナの生活』によれば、十九世紀末には肋骨はニレだけでなく、クルミかサクラでもよかったからである。さらに、木材の選択はスクェーロごとに異なり、それぞれが生産するゴンドラに速さや耐久性の違いが生まれるのである。

第二次世界大戦期まで、丸太の製材はスクェーロで人の手で行なわれていた。電動鋸とはちがい、手でひく鋸は、木に歪みが生じている場合でも、木目に沿って切ることができる。一本の丸太（直径約四〇センチメートル）からは一二枚の板がとれた。数十年前までは、角釘が使われていた。角釘は丸釘のように木を裂いてしまうことがないからである。ネディス・トラモンティンは、釘を打ち始めたあと、一本一本、釘の頭をペンチでもぎ取り、釘を木のなかに埋め込んで、その穴を注意深く漆喰で埋めていた。今日でも、板を曲げるには、水に浸してから、火をつけた葦の束の上であぶる。葦の炎はちょうどよい温度が得られるからである。

ゴンドラの建造は、船首と船尾のアスタ[5]から始める。どちらのアスタもまったく同じで、失われた対称性の名残といえる。ゴンドラには、何世紀にもわたってさまざまなものが付け加えられてきたが、なかには、ゴンドリエーレにもゴンドラ職人にも何のためにあるのかわからない、トラスト・ピコロという部品まである。せいぜい、上に家の紋章を彫るていどの役目だっただろう。また、もう何十年も前から誰も使わなくなった日よけ天幕用の支柱を差し込む穴をあける習慣も、まだ行なわれている。艇体には、多かれ少なかれ、そのゴンドラを漕ぐゴンドリエーレの体重に合わせてカーブがつけられる。体重が重いほど、沈む力を相殺するために船尾を高くするのである。

この舟の技術的な諸特徴——定式化されておらず、すべては個々のゴンドラ職人の経験の積み重ねから引き出される——のおかげで、ゴンドリエーレは、八〇〇キログラムの重量を載せたゴンドラを時速四キロメートルの速度で進ませるのに、ふつうの速度で歩くのと同じぐらいの力しか使わなくてすむ。それは驚くべきことである。しかも、それだけの積荷と速度でありながら、ゴンドラは「すいすいと」進むのである。穏やかな水の上なら、ゴンドラほど効率的な舟は存在しない。必死で漕がなくても、言い換えれば、一分間に一二—一三回漕ぐぐらいのピッチで、ひと漕ぎあたり五—六メートル進むのである。つまり、艇体分進むのに、ふた漕ぎということになる。

流体力学実験用の水槽やコンピューターを使って調べるまでもなく、ゴンドラは、用いられるエネルギーと、それによって得られる移動距離との関係において、絶対的に最高の乗り物である。艇体が水につかる長さは六・〇六メートル、すなわち全長の五五パーセントにすぎないため、並外れて操縦性が高い。ゴンドラは中心軸から九度右にそれ、艇底は三度傾いている。しかし、二つの重要な重りがかかる。船首のフェッロと、ゴンドリエーレを載せた船尾の甲板である。重りが船首と船尾に分散され、重心から離れているほど、艇体の非対称性は感じられなくなる。同じ大きさと長さを持つが重量のかかり方が異なる舟に比べると、慣性は二倍である。そして、積荷――乗客――は、ほぼ中央に置かれるので、慣性能率に影響を与えない。非対称性によって重心が右にずれているため、舟は平衡状態で右舷に傾いている。進む方向を一定にするには、ゴンドリエーレは乗客を右に移動させる。

艇体がカーブしていることにより、漕ぎ手とフェッロの位置は高くなり、その結果、喫水線に比べて重心が高くなるので、横揺れの振幅が抑えられる。重心を高くするのは、軍艦が大砲の照準をより安定させるためにとる方法でもあるのだ。

十九世紀末まで、舟の防水処理にはタールが使われていたが、タールには二つの欠点がある。透明でないことと、夏の陽射しで溶けやすく、両側に傾斜した船首の甲板の頂点からゆっくり流れ落ちて底にたまってしまうことである。だから、防水処理は早朝に行なわねばならず、ゴンドラ職人は、舟にタールを塗るため夜明け前に起きたものだった。当時、新品のゴンドラは、はじめの一年間、外側の木目が見える状態のままにされていた。それがゴンドラの若さの証明であり、買い手にとっては一種の保証となっていた。実際、ホーラス・ブラウンの説明によれば、ゴンドラの価値は、タールが塗られるとたちまち低くなった。そうなると、木の状態を見極めることができず、継ぎ目の有無（継ぎ目があるのは、ずれて水が入ってくる可能性があるため、欠陥と見なされる）を確かめることもできなくなるからである。若いゴンドリエーレは、ゴンドラ職人と卸売商に調度品の代金だけを先払いし、残りは月賦で払っていく。もし初年に何か不具合があったとしても、生地のままのゴンドラなら、誰にとっても最も都合がよいのである。

二十世紀には、焦がした亜麻仁油が使われるようになった。これは、煤ができるまで火を入れたものだが、どのぐらいの時間をかけ、どのくらいの煤を含むようにするかは、個々のゴンドラ職人が錬金術師のように用心深く実験を繰り返し、誰にも見られないように頭のいちばん奥に隠していた秘法であった。第一次世界大戦から一九六〇年代までの間に、ニスが登場し、特にフランスから輸入されたものが好まれた。今日では、石油合成製品が使われ、きっちり六回塗り重ねられる。

船首甲板を飾る彫刻は、二十世紀初頭には、ハイマツの木材を彫ってつくられていた。それを黒や金に塗って定位置にはめ込むのである。デザインは、ゴンドリエーレと彫刻師の相談にもとづくが、たとえば、ニンフ、イルカ、トリトン、ブチントーロ、ヴェネツィアの栄光、サン・マルコの獅子、正義の女神の姿をしたヴェネツィア、などである。漁船の場合は宗教的なモチーフがごく当たり前なのだが、ゴンドラには決して見られない（ヴェネツィアには、なにより、何世紀にも及ぶ独立の歴史があり、カトリック教会と対立することもしばしばあった）。航海の危険をともなう漁師には神頼みが必要であるが、舟の使用法が聴罪司祭の眉をひそませるようなゴンドリエーレは、天の加護を必要としないのだ。今日では、装飾は船首の甲板に浅浮彫りで彫られる。そのデザインも徐々に変化し、リバティ様式のものまで現れたが、その後は時代を逆行してバロック様式となり、それが現在でも一般的である。大胆にも「現代アート風」にしようとする者はいない。おそらく罪だと考えられているのだろう。

ゴンドラの寿命は、十九世紀末には約一〇年だった。五、六年使うと、ゴンドリエーレはフェルツェと調度品をはずして、艇体を都市周辺部の渡し場に売る。ゴンドラはそこでさらに五年ほど使われるが、少しずつカーブが失われ、「せむし」になる。すなわち、船尾はもはやそそり立たず、水に浸かってしまう。ここまでくると、ムラーノのガラス職人のための薪にされる。ブラウンの言葉を借りれば、「年老いたゴンドラの火葬」である。

プラスティック、忌むべきプラスティックでゴンドラをつくる試みが、一九八五年ごろに行なわれた。

だが、恐れおののいた伝統主義者たちも、すぐに胸を撫で下ろした。このようなまがい物のゴンドラは、軽すぎて、まったく使い物にならなかったのだ。ゴンドラは、高度な専門技術を持つ職人が一点一点手作りする作品であり、したがって、作者のサインが入る。製作したゴンドラ職人を特定する印を探すには、船尾の横木《トラスト》の下にある、木でできた三角形の甲板梁《カエネーラ》を見なければならない。ジュポーニは上の部分に穴をあける。カザルは焼き絵でツバメの尾またはCの文字を彫る。トラモンティンは、二つの円を彫った間にノミで三本の切込みを入れたマークである。

ゴンドラの乗客定員は六人で、中央の座席（センタル）、二脚の固定椅子（バンケータ）、二脚の可動椅子（カレギーノ）に分かれて座る。可動椅子の特徴は、脚が短く、並べて置かれるので省スペースのために肘掛けが片方ずつしかないということである。ロマンティックな言い伝えによれば、肘掛けが欠けているのは、愛情あふれる行為を容易にするためだとも言われている。十九世紀の革新は、プシオルをつけたことである。これは、乗客の座席をより快適にするための、詰め物をした肘掛けである。

何世紀もの間、ゴンドラを特徴づける要素はフェルツェだった。古い写真のなかに、運河の岸《フォンダメンタ》に沿って並んだフェルツェを見ることができる。修繕のために白い布を継ぎ当てているものもある。ゴンドラの船室は贅沢な家具のようなもので、専門の職人フェルツェーレによってつくられた。とても高価で、舟そのものと同じぐらいの値段がすることもあった。フェルツェには、いくつかの決まった特徴があった。たとえば、扉（ポルテッラ）の蝶番《ちようつがい》は、必ず左側についていた。入るときには威厳をもって後ずさりすることになっていたので、乗る者にとっても左側であった。また、金属製の三つの要素が必ずあった。上から順に、家紋、楕円形の聖像、逆さに取りつけられた二重のフックである。フックには、何も掛けることができなかった。それは実のところ、灯りの柄を支えるためのものだった。扉の内側は繊細な細工がされ、小窓がついていた。窓の研磨ガラスにはよろい戸《ヴェネツィアーナ》がつけられ、寒さと無遠慮な視線から客を守っていた。天井（シエロ）は黒のラシャ、あるいはもっと高価で色の美しい繻子で覆われている場合もあった。両側には窓があったが、その形が長方形であることは稀で、時代の好みに合わせて変えられた。窓の形と扉だけが、作り手が自由にしてよい部分だった。それ以外は、奢侈取締局の法律で規制されていた。完全に締め切ると、重厚な黒い布も手伝って、暑い時期のフェルツェ内部はサウナのようだった。二十世紀初頭には、白い布でできた日よけのテンダリンが登場し、第二次大戦後まで使われていた。しかし、この新機軸はあまりにも近代的であると見なされ、保守的な家は使うのを拒否した。

フェッロは「イルカ」とも呼ばれ、もともとは、山の鉱脈の近くで製造されていた。たとえば、オロビエのプレアルプスにあってレッコ県に属する町プレマーラや、ゾルド渓谷地方、カドーレ地方、ベッルーノ地方、そしてポルデノーネ県のマニアーゴなどである。ゴンドリエーレはフェッロをぴかぴかに保つため、日に二度、雑巾と砂で磨く——のちにはスチールウールと軽石が使われるようになった——。また、錆を防ぐために油脂を塗る。これらの仕事に毎日一時間半はかかる。「ゴンドリエーレを判断するにはフェッロを見ればよい。そこに彼のプロとしての力量が表れるからだ」とホーラス・ブラウンも書いている。舟は変わっても、フェッロは残る。二十世紀初頭まで、フェッロは父から子へ、世代から世代へと受け継がれるものだった。今日のフェッロは、アルミニウム製（安価だが、脆くて光沢が少ない）、ステンレス製（いちばん見栄えがよいが、価格はアルミニウム製の五倍で、二五〇〇ユーロに達することもある）、あるいは、ハンダづけした金属板でできたなかが空洞のもの（衝突にきわめて弱く、角のシャープさに欠ける）などである。以前は、粗悪な金属でできたフェッロに銀色を塗ったものもあった。フェッロの重さは一二―二〇キログラムで、船尾に立つゴンドリエーレの重さとバランスをとるための機能を持つ。とはいえ、今日、フェッロの外見上の主要な機能は、見た目の美しさにある。ゴンドラを保護する目的が失われたことは、現実問題として危険な障害となっており、橋の下にはまりこんだり、すれ違う舟に損害を与えないようにするには、ゴンドリエーレの技能に頼るしかない。とはいえ、この目的のためにフェッロは小さくなり、もはやゴンドラでいちばん高い部分ではなくなった。首位は船尾の渦巻き装飾に譲られたのである。ゴンドラのフェッロとその不要性は、経済史家で社会科学者のスコット・ゴードンが著書『社会科学の歴史と哲学』の中で、いわゆる「ヘンペル・モデル」(説明すべき事象は、一般的法則だけでなく先行状況によって決定される前提を通して導き出される)を説明する題材に選ばれた。彼は次のように述べる。「もしも観察者が、ヴェネツィアのゴンドラの船首に六本の無意味な突起があることに気づき、説明を求めたならば、彼のガイドは、六本の突起はヴェネツィアの六つの地区を表していると言い、その習慣の歴史について概要を述べるだろう。観察者は、なぜゴンドラの製造者がそのようなことをするのかを科学的に説明してくれるような適用法則を何ら与えられない。突起が何を表し、その伝統がいかにして形成されたかが説明されるのみである」

昔のフェッロは、今のようにどれも同じではなかったと推測される(ゴンドラも一つひとつ違っていたように)。フェッロの手作り職人エルマンノ・エルヴァスは言う。「もはやフェッロを設計することもなければ、鍛金でつくることもない。何十年も前から、機械の性能と新素材の機械的特徴に合わせた新しい形ができている。要するに、高くてほっそりした先端以外の何物でもなくなり、加工や衝突の際に簡単に曲がってしまう。この理由から、板の部分は厚みが増し、二、三ミリメートルだったものが八、九ミリメートルになった。その結果、舟の左右を美的につなぎ合わせて弓なりに薄くなっていくという特徴が失われ、機械に合わせて標準化された輪郭線に取って代わられた。フェッロを「彫塑的」なオブジェとしてではなく、型紙の線に合わせてつくるようになった結果、鍛金の技法で厚みや各部のつながりを細かく仕上げていくやりかたは完全に失われてしまった。昔のフェッロはやすりでていねいに仕上げられたので、ごつごつした角がなく、端はすべて丸くされ、厚さは少しずつ減って、パーラ[6]の先ではほんの二、三ミリメートルになっていた」。フェッロの理想的な大きさは、四二センチメートルを基本寸法とするものである。すなわち、櫛の一番上の歯から一番下の歯までが四二センチ、一番広い部分の幅が四二センチ、パーラの頂部から一番上の歯までが四二センチである。

フェッロは、ゴンドラ上の唯一の金属ではない。どのゴンドラにも、計一〇〇メートルほどのカペレーティがつけられている。これは、真鍮または鋼鉄でできた保護用の縁取である。だが、金属といえば、「子馬《カヴァツリーニ》」、すなわち、舟の両舷につけられる一対の真鍮製の動物の形をした飾りである。また、同様に真鍮でできた櫂置きがある。さらに、カノンとファラルがある。前者は後者を支えるためのものである。両者は船首の甲板にあり、灯り（ファラル）は昼間には花や旗に取り替えられる。とりわけ奇想を好むゴンドリエーレがいて、彼は、片脚でワインの瓶《フィアスコ》を、もう片脚でヴェネツィアのサッカーチームの色である橙と黒と緑《アランチヨ・ネーロ・ヴェルデ》を塗った円柱を支えている真鍮製のサン・マルコの獅子を船首につけた。船尾の渦巻き飾りも真鍮製であることが多い。一九一三年以来、ヴェネツィアで最も有名な鋳物工房はヴァレーゼで、二〇〇六年からはカルロ・セメンザートがその主人である（実際には三〇年前からそこで働いているが）。

昔は、どの家にも独自の「子馬」があった。現在も、六〇ほどあるモデルの名称にその名残りが見られる。たとえば、グリッティ、ビアスッティ、スピノザ、トレヴィザンなどは、あるていど大型の「子馬」にで、ひれと鱗がついている（ゴンドラの馬は海馬以外ではありえないから）。調度が儀式用である場合には、馬はトリトンに代えられることもある。昔は真鍮を磨くのにトウモロコシの粉と塩酸が使われていたが、今日ではシドル・クリーナーが最も一般的である。「子馬」はよく盗まれる。土産をあさる観光客がゴンドラの縁から無理矢理もぎ取るため、木材が著しく損傷することも多い。「子馬」はかなりかさばるため、盗人にとっては簡単に隠してしまえるものではないにもかかわらず、このようなことをするのである。ヴァレーゼは、固定するネジが木を突き抜ける底の部分に穴をあけ、そこに錠をつけて盗難を不可能にしている。いずれにせよ、ゴンドラの数は多かれ少なかれ一定であるのに対し、製造・販売される「子馬」の数は劇的に減少した。セメンザートは次のように見ている。「昨今のゴンドリエーレは、大幅な倹約を好み、それで満足している」(プラスティック製の「子馬」をつける者さえいるという)。五〇年代から七〇年代末には、年間二〇〇(つまり一〇〇対)の「子馬」が売られており、買い手はすべてゴンドリエーレだった。現在では、ゴンドリエーレに売られるのは二〇ほどになったが、土産に買っていく観光客もわずかにいる。ヴァレーゼの従業員数も、販売数と平行して変化した。最盛期には約一〇〇人もいたが、現在は一五人ほどに減ってしまった。「子馬」一対の値段は、製法やデザインの複雑さ、空洞であるか中が詰まっているかなどによって変わり、二六〇ユーロから九〇〇ユーロぐらいである。調度品は通常で七、八〇〇ユーロ、手のこんだ細工がなされて大きめの儀式用のものなら一四〇〇—一五〇〇ユーロである。また、船尾の渦巻き飾りは三〇〇ユーロ前後する。

フォルコラ(櫂受け)は、クルミの丸太を四つ割りにしたものから彫り出される。漕ぐときには、表面の一センチ一センチが櫂のポジションに用いられる。舟の上でバランスをとるゴンドリエーレは、櫂を手に持っていなければ、そして櫂がフォルコラで支えられ、水かきの部分が水に浸かっていなければ、立っていることさえできないだろう。要するに、ゴンドリエーレが均衡を保てるのは櫂を水にさしているためであり、もし足だけを支えにするならば、きわめて不安定な船尾から滑り落ちるのは避けられないだろう。

櫂職人のセヴェリオ・パストールとパオロ・ブランドリジオは、フォルコラも櫂もつくる。パストールは次のように説明する。「フォルコラは、人間工学的な問題への答えである。つまり、押す力を最も効率よく働かせる点を見つけながら最良の漕ぎ方で漕ぐことを可能にするのである」。他のゴンドラとまったく同じゴンドラがないように、他のフォルコラとまったく同じフォルコラはない。フォルコラをつくるには、ゴンドリエーレの身長や、彼の漕ぎ方、四肢の長さを考慮に入れなければならない。パストールは言う。「新品のゴンドラでは、フォルコラがどのようであるべきかわからない。理想的なのは、舟を数日水に浮かべて状態を見ることだ。だが、それはいつでも可能とは限らないので、進水後にゴンドリエーレに合わせてフォルコラを修正する必要が出てくる」。ティツィアーノ・スカルパは、著書『ヴェネツィアは魚』の中で、彼独自の解釈を述べている。「フォルコラは時代錯誤的である。時代遅れという意味ではない。その反対で、フォルコラは過去において未来を先取りして考えられたものなのだ。まるで、二十世紀のフィンランドのデザイナーがデザインしたかのように見える。だが、当時の機械でつくられ、ゴンドラの上に打ち込まれたのだ。何世紀も先取りして」

昔のフォルコラは、スコルソ（古木）でつくられていた。その後丸太が使われるようになったが、白木に近く、木喰い虫の被害を受けやすかった。今日では、丸太を裁断する際、無駄なく最大限の数がとれるように、また、完成品に力を加えても最大限の抵抗力を持つ木目の向きになるように、配慮がなされる。冬の終わり、製材所が板をつくり始める前に、クルミ、サクラ、ナシ、リンゴ、カエデなどの最も健康な丸太を購入する。直径は六〇センチメートル必要だ。それらを四等分し、皮をはぎ、三年間ねかせる。こうして、二一×二八×九〇センチメートルの大きさの健康な木片が得られる。ひとつのフォルコラをつくるには約二〇時間の作業を要する。ただし、実経験が一〇年あればの話である。フォルコラの価格は、く

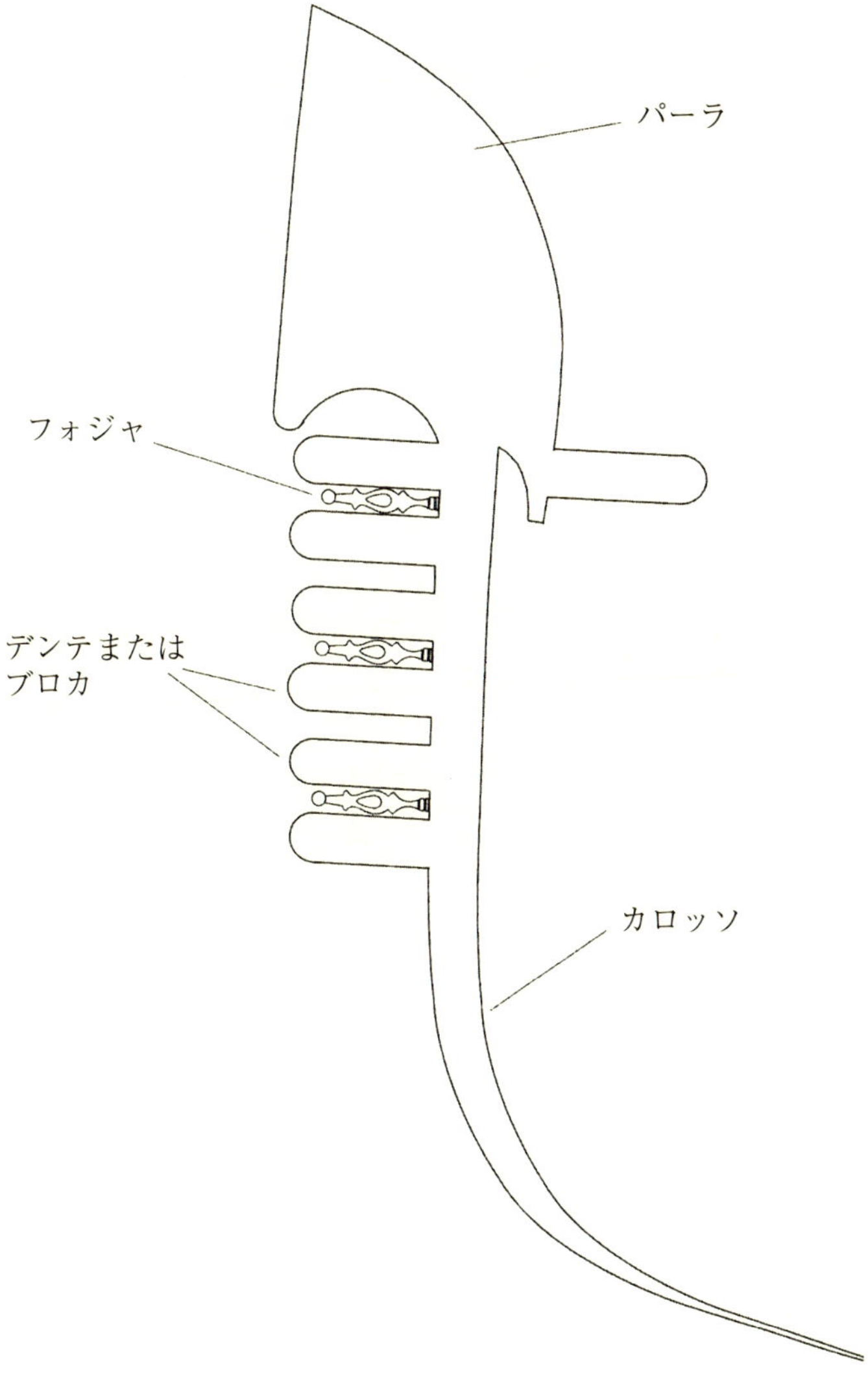

ゴンドラのフェッロに関する専門用語。イラストはアレッサンドロ・エルヴァスによる。

ぼみの数（一―三）によって異なる。たいていはクルミ材でつくられるが、くぼみが一か所だけのゴンドラ用フォルコラは九〇〇―一〇〇〇ユーロである。[7]

船尾用の櫂は常に一二ヴェネツィア・ピエデ、すなわち四・二メートル（ゴンドラの長さの四〇パーセント）で、重さは四・九キログラムである。完全にまっすぐで、切り込みや輪など、留めておくためのものはついておらず、自由に動かせる。今日では、ラミーン材でつくられる。その産地は、インドネシア（ボルネオ島とスマトラ島）やマレー半島である（ラミーンの森は特にオランウータンの生息地となっており、森の伐採が彼らの生存を脅かしている）。だが、昔はブナ材を裂いてつくっていた。丸太を鋸で挽くのではなく、楔《くさび》を使って縦に四つ割にし、櫂にしていたのである。よって、幅が狭くて水かきの大きさに足りない丸太の場合は、昔も今も、コルテオ（つまり「刃《コルテツロ》」のことで、十九世紀には一枚と決まっていたが、現在では二枚のこともある）を付け加える。コルテオは、木でできた平たい縁で、水かきを広くしたり、櫂に必要な動力学的特徴（櫂が使用時にたわむこと）を与えたりする役割を果たす。傷んだときには、容易に取り替えることもできる。もっと昔の櫂は、カエデ材でつくられていた。ピアネッロ・デル・ラリオに保存されているゴンドラには十九世紀の櫂がついているが、現在のものと比べて、水かきがより広く、より長くて、左右非対称である。そのことは、『櫂職人の技』という本に収められた写真からもわかる。同書の別の写真からは、一九三〇年にもまだ、今日ではほぼ完全に失われてしまったきわめて明確な非対称性を水かきが持っていたことがわかる。

ブナ材からラミーン材への移行は、政治的理由によって決定づけられた。ブナの丸太はとりわけダルマツィア地方からもたらされていたが、第二次大戦後、ユーゴスラヴィアにヨシップ・ブロズ・ティトーの共産党政権が発足すると、森林は国有となり、加工は画一化された。国営製材所でつくられるブナの丸太はもはや、ヴェネツィアの櫂職人の特殊な要求に応えるものではなくなってしまったのである。そこへ東洋から、ブナよりも硬く堅牢でたわみにくく軽い、ラミーン材がやってきた。この新しい木材を最初に試したのはジュゼッペ・カルリである。彼は櫂職人の間では神話的存在で、最高の櫂職人だと目されている。櫂職人のように競争の激しい世界でも、彼と首位を争える者はいない。彼が何かを変えたら、すぐに全員がまねをする。ラミーンの場合もそうだった。だが、「チャーチ」ことセルジョ・タリアピエトラのような懐古主義者もいる。レガータ・ストリカで(8)一四回優勝した彼は(初優勝は一九五八年、最後は一九八八年)、次のように言う。「ブナの櫂はすばらしい漕ぎ味だった。とてもしなやかで、水から出るとすぐに戻ってくる。引かなくても櫂が戻ってくるのだ」。現在、カンシリオの森を利用してブナの櫂を復活させようという試みもなされているが、漕ぎ手たちはもう、軽い櫂に慣れてしまった。ブナの櫂はもっと重いが、柔軟性があり、長持ちするし、ラミーンの櫂のように割れることもないのだが。櫂一本をつくるには一日かかり、価格は約二〇〇〇ユーロである。

何世紀もの間、漕ぎ手の立ち位置はまったく変わらなかった。ということは、そこが最も理想的な位置だということである。ティツィアーノ・スカルパは『ヴェネツィアは魚』の中で、櫂の役割について、想像力豊かだが現実的な、次のような解釈を示している。「櫂はスプーンのように水をかき混ぜ、水をぴしゃりと打ち、すっと抜け、水を切り、こね、水に媚びへつらうかと思えば、玉じゃくしのように抵抗し、鉄梃《かなてこ》のように強制する。櫂は斜めに入水し、水面すれすれに宙を飛んでもとへ戻る。必要とあらば、垂直に沈むこともできる。わずか数センチメートル四方内で、手首を返すたびに動いたり止まったりしながら、ねじ回しのように水に入っていくのだ」

櫂職人たちは、ヴェネツィアで「スクォーラ」と呼ばれる団体を一三〇七年に結成した。「外の《デ・フォーラ》」櫂職人は個人経営のスクェーロで小舟用の櫂をつくり、「内の」《デントロ》櫂職人はアルセナーレでガレー船やフスタ船の櫂を製造していた。彼らは、ガレー船に乗って従軍する義務を免除されていた。一五三〇年には、長さや材質の異なる一五種類の櫂がつくられていた。一七七三年には一九の工房があり、二一人の親方と三一人の職工が働いていた。しかし、二十世紀になってモーターが登場すると、ヴェネツィアの櫂職人は激減する。一人また一人と廃業していき、抵抗し続けるのはただ「べーピ」ことジュゼッペ・カルリだけとなった。一九一五年生まれの彼は頑張ったが、負債だらけだった。彼をわずかながらに救ったのは観光客だった。五〇年代初め、フォルコラを土台の上に取り付けるという考え――天才的な――が生まれた。つまり、千年の歴史を持つ彫刻という芸術作品に仕立て上げたのである。それ以前、古くなったフォルコラはストーブにくべられて終わったものだったが、今では珍重されるものとなった。カルリが実物の二倍の大きさでつくった「ジャイアント」というフォルコラは、ニューヨークのメトロポリタン美術館に展示されている。べーピは一九九九年秋に亡くなったが、ヴェネツィアの職人によくありがちな、職そのものまでも墓場へ持っていくということは、幸いに免れた。千年続いた櫂職人の技は、サヴェリオ・パストールの決心によって救われた。一九七五年六月十五日は、イタリアにとって特別な日となった。選挙が行なわれ、一八歳の国民にも初めて投票権が与えられたのである。そのことが大きな左翼化を決定づけ、地方行政のかなりの部分が共産党の手に渡った。その日は、当時一七歳のパストールにとっても特別な日となった。初めてカルリの工房の敷居をまたいだのである。彼は投票するには若すぎたが、櫂職人になるにはすでに年がいきすぎており、職人の息子でもないし、学生なので、仕事を覚えることはできないだろうと言われた。だが、寛大な譲歩を得た。見に来たければ、また来てもよいと言ってもらったのだ。翌日彼はふたたびやってきて、九時間見学した。それが一か月続いた。工房の掃除を始め、それから、古い櫂をこする作業も始めた。ベーピ・カルリと彼の助手で三歳年上のジーノ・ファッセッタは「漕ぎ手のごく一部の種族にだけ理解され、認められる二人の魔法使い」だったと、のちにパストールは回想している。また、カルリの別の弟子で今日も活動を続けているパオロ・ブランドリジオは、こう語る。「カルリはゴンドリエーレが何を必要としているか理解できた。櫂を握る者たちは彼を信用した。ふつうの漕ぎ手からチャンピオンにいたるまで、誰をも満足させた。しかも、チャンピオン漕手のために仕事をするのは、常に難しいことだったのだ」

(1)「デッラ」(della)は前置詞 di と女性単数定冠詞 la の結合形。
(2)フォンダメンタ・ヌオヴェのところにある。
(3)ジャマイカの黒人運動・宗教思想であるラスタファリズムを信奉する人。広義では単なるレゲエ・ミュージシャンやレゲエ・ファンも含む。
(4)船首または船尾の甲板(傾斜した覆い)とアスタ(次項参照)を接続するための部品。
(5)ゴンドラの両端の棒のようになった部分で、船首の場合は、ここにフェッロがつけられる。
(6)フェッロの上部のへらのような形をした部分。
(7)*複数のくぼみを持つフォルコラは、左右対称の舟で用いられる。
(8)歴史レガータ。毎年九月の第一日曜日に行なわれる祭り。ボートレースに先立って運河上で歴史的パレードが行なわれる。

10　トラゲット

「トラゲット」は、ヴェネツィアでは曖昧な言葉で、二つの意味を持っている。[1]まず、ゴンドラとゴンドリエーレが客を待つ場所をさす。そこには二つの不可欠な要素があるので、すぐにそれとわかる。すなわち、ゴンドリエーレたちが悪天候を避けるための小屋――木造で円形の――と、マドンナに捧げられた柱頭飾りで、規則により常に灯りがついている（それは重要なことで、一七六六年に出されたパリアのトラゲットの規則では、灯りをつけ忘れた者は半リッブラの油を罰として差し出さなければならないとされた）。もう一つの意味は、大運河の横断（ヴェネツィア方言でパラーダという）で、この場合はむしろ「トラゲットをする」という言い方をする（トラゲットの語源は、ラテン語で「運送する」を表すトランスゲレレである）。今日、トラゲットは真にヴェネツィア的な唯一のゴンドラの利用法である（トラゲット用のものはゴンドラよりも少し幅が広く、フェッロを持たないので、単に小舟《バルケッタ》と呼んだほうが適切かもしれない）。トラゲットを使えば、わずかな小銭で大運河を渡ることができる。渡し場のいくつかは、何世紀も変わらない場所にある。昔、ヴェネツィア人とよそ者はフェルツェに入る入り方で見分けることができた（フェルツェのなかには身体の向きを変えるだけの空間がなく、ご婦人が座ったあとはなおさらだったので、後ずさりしながら入る必要があった）。今日では、トラゲットの乗り方でラグーナ生まれかどうかがわかる。ラグーナで生まれた者は、舟の上でも立ったまま、両脚で舟の動きを助けることを幼い頃から身につけている。いっぽう、よそ者は水に落ちるのが怖くて座るのである。ティツィアーノ・スカルパは、「お願いだから、ゴンドラでも立ったままでいてください」と勧めている。ジュディス・マーティンは『俗悪なホテルはごめん』で次のように書いている。「私たちは、大運河を渡るのに、トラゲットを使えるときはすぐに使う。橋がなかった時代から続くゴンドラの渡しがわずかに残っている場所のひとつで。少額の代金で、一人ではなく二人のゴンドリエーレという昔ながらの流儀で遊覧を楽しむことができる。さらにすばらしいことに、アコーディオン弾きは一人もいない」

フィリップ・ドレルムは著書『瞬間のヴェネツィア』[2]の中で、「水の向こうへ行く」[3]ためのゴンドラの利用法を巧みに描き出す。「観光客のためのキッチュな民俗学とは何の関係もない。トラゲットは風景の一部だったが、ほとんどジャンセニストのようないかめしいタッチを風景に与えていた。乗客たちは乗り込んだあとも立ったままで、アタッシュケースを持っていたり、ある者は頭に帽子をかぶっていた。前方をじっと見つめ、屋敷の豪華さにも、ゴンドリエーレがヴァポレットやタクシー・ボートや石灰を積んだ船などを避けようとして繰り広げる見事な腕さばきにも、目もくれない。荒々しく止まったり、後ろへ下がったり、のろいの言葉を吐いたり、といったことが水の上ではずむように続く。乗客はずっと、わずかに脚を開いて立ったままだ。人がトラゲットに乗るのは、ただ渡るためである。リアルト橋やアカデミア橋からちょっと遠いという、単にそれだけの理由なのだ。トラゲットで渡ることには、どこか貴族的なところ、水上交通の混乱に対して見下すようなところがある。とはいえ、大運河を垂直に横切って進むトラゲットこそ、どう見ても混乱のいちばんの張本人なのだ。だがそれは、よそよそしい妨害物であり、流れに逆らって、真面目な効率性という名の下に進む。トラゲットの乗客は、明らかに行き先を持っている。人との約束や、授業や、会合など。彼らの集中力は、精神的な優越性を示しているようだった。携帯電話の着信音だけが、彼らのよろいのような立ち姿を数秒間崩させる。電話機をつかみ、キーを押して、〈もしもし〉と言うまでの間である。通話がつながり、かけてきた相手に驚く様子もない。大運河のまん中で、ゴンドラの上に立って、妻や同僚や恋人と話をし、それから、電話をポケットや鞄にしまうのである」

トラゲットはとても古く、はるか昔、いつ始まったのかもわからない。ヴェネツィアに最初の橋ができたのは九世紀ごろである。つまり、それ以前には、どの運河を渡るにも舟が使われていたということだ。その後も何世紀もの間、橋を上るよりも舟に乗るほうが一般的であり続けた。道は動物や人の排泄物でいっぱいだったので（夜に使ったおまるの中身を窓から捨てる習慣があった）、舟は他のどんな移動手段よりもずっと好まれた。同じく九世紀、八一一年から八二七年までドージェだったアニェッロ・パルテチパツィオは、ムラーノ島に渡る場所であるサン・カンチャーノ運河に自分の舟を数艘泊めていた。これは、渡し舟の所有が社会的地位の高い者たちの活動であったことを明白に示している。

トラゲットは、内部用と外部用の二種類に分類される。前者は、とりわけ大運河やジュデッカ運河などの運河で、片岸から反対側へ乗客を運ぶ。後者は、もっと遠くまで行く。目的地は、ラグーナの島々やラグーナの入口（キオッジャやトレポルティ）、あるいは本土で、そこからさらに別の目的地（パドヴァやトレヴィーゾ）に向かうのである。十六世紀以降もゴンドラが使われ続けているのは、内部のトラゲットだけである。外部用では、より収容人数の多い別のタイプの舟が使われる。ただし、メストレとマルゲーラに向かうトラゲットは例外で、今でもゴンドラが使われている。大運河の横断は、斜めに行なわれる場合もあり、料金も異なる。それは、出発地点から最も近い正面に向かうのではなく、横にずれた長めのルートをとる。このようなトラゲットには、「斜めの《トラヴエルサーレ》」という名称がつく。

トラゲットの所要時間は、世紀を超えても変わらない。大運河を渡るのに一分、ザッテレの岸からジュ

「外部用のトラゲット」は、客を本土に運んだ。この図には、ブレンタ川でブルキエッロ船の横を進むゴンドラが描かれている。

デッカ島まで七分、フォンダメンタ・ヌオヴェからムラーノ島まで一五分、トルチェッロ島までなら二五分である。もっとも、ヴァポレットの登場によって遠距離ではゴンドラがお役御免となり、大運河の渡しだけがわれわれの時代まで続いている（一九二〇年代には、トラゲットに代わる水中トンネルを提案する者もいた）。年間二〇〇万人がトラゲットを利用するという事実は、「パラーダ」の存続のために闘った人々が正しかったことを示している。トラゲットの維持は、この種のサービスは実入りが少なく面倒だと考える一部のゴンドリエーレにも反対された。トラゲットの運行が最も落ち込んだのは一九七三年で、このときにはトラゲットが三か所しかなくなった（サン・トマ、サンタ・ソフィア、そして、サンタ・マリア・ゾベニーゴまたはジリオと呼ばれるトラゲットの三つで、これらの場所では、トラゲットが始まって以来――あまりにも昔すぎて、いつのことかわからない――今日まで、途切れることなく続いている）。だが、その後数年の間に、他の五か所が再開された。鉄道駅前のトラゲットは利用者が少ないという反対意見があるため、現在では七か所になっている（大運河にかかる四番目の橋が二〇〇八年にできて、このトラゲットは決定的に無用となってしまった）。

一八六八年には、パラーダの料金は百分の五リラ、言い換えれば、貸切りゴンドラ一時間の料金の二〇分の一だった。一九〇九年——すでにヴァポレットが登場していた——には、五〇分の一リラとなり、今日では、貸切りゴンドラ八〇ユーロ（夕刻、つまり一九時以降は一〇〇ユーロ）の百六〇分の一である。だが、この貸切りゴンドラの料金は一時間あたりではない。二〇〇七年以降、ゴンドラ・ツアーは四五分に短縮されたからである。第二次世界大戦前夜まで、トラゲットの値段は地元紙『ガゼッティーノ』と同じだったが、時代の変化とともに変わっていった。現在は五〇セント、新聞の半分の値段である。過去には、料金を払わずにトラゲットを利用する者もいた。十九世紀末にホーラス・ブラウンは、ある修道士が最終の舟に無料で大運河を渡してもらおうとしているのを目撃している。

一九〇〇年代には、トラゲットごとにゴンドリエーレの制服の色が異なっていた。ダニエリのトラゲットでは、シャツと帽子のリボンが白と空色で、櫂は同じ色で魚の骨の模様に塗られていた。モーロではシャツもリボンも櫂もカナリア色（オレンジがかった黄色）、ドガーナでは紫、サルーテは紺、サン・グレゴリオは赤、サン・バルナバは緑、サン・ベネトはオレンジ、カルボンはピンク、魚市場《ペスケリア》は茶色、サン・フェリーチェは灰色、鉄道駅は青と赤だった。

一九五二年には、四三七艘のゴンドラが営業し、うち二三六艘は一日二四時間、大運河の渡しに使われていた。同年、激しい波がトラゲットに重要な変化をもたらした。すなわち、一二六艘の「小舟《バルケッタ》」が使われるようになったのである。これらは、ゴンドラよりも幅が広く頑丈で、フェッロがなく、六人ではなく一四人の乗客を乗せることができる。その結果、伝統的なゴンドラはパラーダに使われなくなってしまった。ヴェネツィアが、とくにその何世紀にもわたる伝統が話題に上るときにはよくあるように、このニュースもかなりの注目を浴びた。まずAP通信で報道され、一九五二年九月八日の『ニューヨーク・タイムズ』紙にも載った。だが、一か所不正確な記述がある。そこにはヴェネツィア人が五〇〇年前からゴンドラで大運河を渡ってきたと書かれているが、伝承によれば、千年以上なのである。

大運河のトラゲットは――かの一九五三年には――一一か所で、さらに、ジュデッカ島行き、ムラーノ島行き、ブラーノ島行きなどが加わって、全部で一五あった。その半世紀前には、あと二か所だけ多かった。一九五六年には、フォンダメンタ・ヌオヴェで一二艘のゴンドラが営業し、ブラーノ島からは六艘のサンドロ(4)がトルチェッロ島やサン・フランチェスコ・デル・デゼルト島に乗客を運んでいた。当時はまだ、小運河の渡しをする最後のトラゲットが残っていた。それは、カンナレージョ地区のサン・ジローラモで運河の両岸をつなぐサンドロで、最初の橋であるトレ・アルキ橋まで迂回するのを避けるために利用されていた。

ゴンドラの利用法は、ヴェネツィア人と観光客の間できわめて明確な違いがある。ゴンドラで遊覧をしたことのあるヴェネツィア人を見つけるのはとても困難であるいっぽう、トラゲットに外国人が乗っているのもめったに見かけない。大運河の横断は、ヴェネツィアに住む者、働く者、そして、少額でゴンドラの情感を味わえる可能性があることを知った一部の啓蒙的な観光客――ここではかなり珍しいのだが――の占有物なのである。

トラゲットという語は、先述したように、ゴンドリエーレが舟を泊めておく特定の場所も意味する。とても重要な場所で、共和国時代には、新しく選ばれたばかりのドージェやサン・マルコ財務官がパンとワインと小麦粉をトラゲットに配って回ったほどであった。また、死刑を宣告された罪人を乗せた舟は、トラゲットを一つひとつ回り、そのたびに死刑執行人が真っ赤に焼いたやっとこを罪人の肉にくい込ませて判決文を読み上げるのであった。

一七一九年には、内部用のトラゲットでは七七九通のリベルタ（現代の用語で言えば免許）が発行されていたが、保有者自身が営業していたのは四八件だけだった。保有者のなかには女性も多かった。それは、ゴンドリエーレの未亡人や娘の場合である。しかし、すでに見たように、女性にはゴンドラを漕ぐ権利は認められていなかった。サンタ・マリア・デル・ジリオのトラゲットでは二七のリベルタを一人の所有者が保有するという極端な例もあった。貴族ヴェニエル家の場合である。リベルタにより、トラゲットで舟を留めておく場所を確保する権利が与えられた。

今日では、四二五人のゴンドリエーレが舟溜りで順番を待つ。彼らの言い方では、順番はヴォルタと呼ばれ、表にして番号をつけてある。コースを一周して戻り、乗客を降ろした者は、自分の番号を一番下に書く。他のゴンドリエーレが舟を出していくごとに、番号は上がっていく。一巡すると、再び一番の者の番となる。ひとたび櫂をフォルコラのくぼみに乗せたら後戻りはできず、務めを果たさなければならない規則となっている。

どのトラゲットにも、幹部《バンカール》と呼ばれる責任者がいる。そして幹部全員のなかから幹部長が互選される。昔、幹部《バンカール》は組合の「幹部会《バンカ》」（イタリア語でベンチを表す「パンカ」が方言で訛ったもの(5)）の構成員で、一名の組合長と二名の役員と二名の監査役がいた。現在でも、組合幹部会には裁きを行なう機能がある。もめごとが起こると、「幹部会《バンカ》が開かれる」、つまり、幹部（トラゲットの責任者という意味での）が集まって、罰を決めるのである。罰は、そのゴンドリエーレの順番を最後にする「レヴァーダ・デ・ヴォルタ」であったり、罰金や営業停止の場合もある。最も重い罰は、免許の取り消しである。今日幹部《バンカール》と呼ばれる役職は、昔は管理者《ガスタルド》と呼ばれていた。また、舟溜り《スタツィオ》は、今では、トラゲットも意味するし（ただし、大運河を横断するトラゲットには用いられない）、今日マリエゴラと呼ばれている場所の端の係留場所も意味する。これは、トラゲット付近の一定の広さを持った土地、言い換えれば、都市領域の一部で、そこに所属するゴンドリエーレたちが舟を泊めて客を探すのである。

マリエゴラ（ラテン語の「母なる規則《マトリス・レグラエ》」に由来する）という語は、かつては、すべての者が守るべき規則が書かれた書物のことを指していた。この意味において現存する最古のマリエゴラは、サンタ・ソフィアのトラゲットのものである。それは一三四四年に始まり、最後の付記は十九世紀に書き込まれている。この書物には、兄弟会の会員たち、すなわち組合の所属員一人ひとりが果たさなければならない義務が定められている。たとえば、病気の者を見舞うべきこと、臨終の近い兄弟に夜通し付き添うべきこと、経済的余裕のない者のための葬儀の費用を払うべきこと、葬儀が別の教区で行なわれる場合には仲間たちが灯明を持つべきこと、教区内の場合には全員が幟を持って参列すべきこと、などである。葬儀への参列の義務は、ヴェネツィアの外でも適用された。

共和国時代の管理者《ガスタルド》の任期は一年で、退任後は三年間の再選禁止期間《コントウマチア》（つまり、再選されることができない期間）があった。十六世紀初頭まで、管理者は誰もがなりたがる地位で、尊敬の対象だった。しかしその後、ゴンドリエーレという職種が貧困化すると、トラゲットの長は、仲間が払うべき税の責任者として、国庫への納入不足額を自分の懐から出さなければならなくなった。そのため、管理者に選ばれた者が一年の任期中ずっと身を隠すというようなことも起こり、共和国政府が隠れた者の免許取り消しを定めたほどであった。

(1)＊実際には、第三の意味もあった。かつては、特定のトラゲットと関わりのある一定の広がりをもった場所のことも意味していたのだが、今日ではマリエゴラという語に変わった。マリエゴラは、既述のように、かつては船頭の職業組合の規約集を指していた。

(2)＊原題は *La bulle de Tiepolo*(『ティエポロの泡』二〇〇五年)。

(3)＊「あちらへ行きなさるんで?《ヴァロ・デ・ラ》」というのが、トラゲットに近づいてくる者の意図を確かめようとゴンドリエーレが呼びかける質問の言葉で、「船尾《ポベ》の(ゴンドリエーレ)、待ってくれ《スペータ》」というのが、ゴンドリエーレがぼんやりしていたり、舟を出そうとしている場合に、乗りたい者が叫ぶ言葉である。

(4)＊サンドロはブラーノ島の典型的な漁船であるが、特にこれを扱った章で後述するように、旅客用にされる場合もあった。

(5) つまり、会議用の椅子に座る人々という意味である。ヴェネツィア共和国では、各種団体の役員会が「バンカ」と呼ばれた。

11　ストライキと抗議

「バルファンテ」、すなわち喧嘩好き。この語は、とくにゴンドリエーレに対してだけ、しばしば使われる侮辱的な呼び名である。実際、彼らが多少親しみをこめてたがいに罵り合うときや、乗客に腹を立てたときなどに、「バルファンテ」であるのがよくわかる。また、ヴァポレットや大小の輸送船の操舵士、ヴェネツィア人、外国人、要するに世間のすべてに対しても、すぐ腹を立てる。そのような性向は、今に始まったことではない。記録によれば、一七一四年にマルコ像とテオドーロ像の間で死刑が執行されたとき（サン・マルコ小広場《ピアツツエツタ》に立つ二本の円柱は、それぞれ聖マルコと聖テオドーロに捧げられたものであるが、その間の空間は伝統的に死刑執行人専用の場所とされ、「マルコとテオドールの間にある」という言い回しが相当にまずい状況にあることを意味したほどであった）、言いがかりをつける癖のあったモーロのトラゲットのゴンドリエーレたちは、縛り首用の縄の滑り結びが長すぎると死刑執行人に知らせ、俺たちならそんなへまはしないぞと言った。自分のプロとしての能力に関して痛いところを突かれた死刑執行人は、ゴンドリエーレを縛り首にするときにはお前たちの忠告に従うよ、と恨みをこめて答えた。このときばかりは、櫂担当の男たちも縛り縄担当の男のほうが上手だと思わざるを得ず、罪人の断末魔は通常よりも長く続いた。だが、ゴンドリエーレたちは騒ぎ出し、死刑執行人に飛びかかって血が出るまで殴りつけ（まあ、死刑執行人を殴って、いくらかは気が晴れたにちがいない）、お巡りの介入を招く羽目になった。そこからは、死刑執行人、巡査、ゴンドリエーレ、それに聖なる口実を見つけた群集が入り乱れて、言葉では言い表せないほどの大乱闘となった。最後には、ひとつならずいくつもの死体が転がっているありさまだった。

だが、最もセンセーショナルな行動といえば、何十年もの間ヴェネツィア人の記憶に残り、喜劇や映画の題材にもなったあの事件をおいて他にないだろう。それは、一八八一年十一月、大運河に初めてヴァポレットが導入されたことに抗議してゴンドリエーレたちが起こしたストライキである。ピエモンテ出身のアレッサンドロ・フィネッラは、フランスでヴェニス乗合ボート会社を設立し、一八八一年四月二十四日、国王命令により、「一級道路」すなわち「国道」で営業する権限を与えられた。当時、大運河は——少々馬鹿げたことだが——、そのような道路に分類されていたのである（一九〇四年にヴェネツィア市当局は、住民投票による世論調査ののち、自らAcni（市内航行会社）による運輸業の経営に乗り出した。同社は一九三〇年にAcnil——市営ラグーナ内航行会社[1]——となり、一九七八年十月一日にActv——ヴェネツィア交通組合会社[2]——に引き継がれて、今日にいたっている）。

乗合ボート会社が実際に営業を始めたのは、『ガゼッタ・ディ・ヴェネツィア』紙が伝えるところでは、六月二日で、フェッシ兄弟の造船所でつくられた全長二〇メートル、喫水一・六〇メートルの蒸気船が使われた。不快感はすぐに広まった。六月二十日の同紙は、「ヴェネツィア在住外国人たち」の手紙を掲載した。そこには、「煙突から吐き出される臭い煙」のことが書かれていた。

ヴァポレットに対する抗議は、数か月の潜伏期間をへて、十一月一日に爆発した。ゴンドリエーレたちはフェルツェをはずして陸に揚げ、櫂を肩に担いで、黒い旗に続いて行進した。十一月二日の『ガゼッタ・ディ・ヴェネツィア』紙には、「あらゆる方面から警告されたにもかかわらず、船頭たちは月曜の晩にストライキを始めた。昨朝はすべてのトラゲットが空となり、舟は一艘もなかった」とある。このようなことは、千年の歴史のなかで初めてで、ヴェネツィア全体が動揺した。市当局は影響を和らげようとした。「とくに重要なトラゲットでは、海軍兵士や工兵、税関の番人、消防士や市役所の船頭などが舟を漕いだ」と新聞は報道する。乗合ボート会社の仕事は大成功をおさめ、「卓越したビジネス」となっていた。『ガゼッタ』紙にはまた、こう書かれている。「われらが人民の善良な性質のおかげで混乱は何も起こらなかったが、ストライキは本日一日中続き、終わりそうにない」。市長のダンテ・ディ・セレーゴ・アリギエーリは、声明文を発表し、公共サービスを中断する罪を犯したゴンドリエーレの免許を取り消しにすると脅した。『ガゼッタ』紙は次のような社説を発表した。「ヴァポレットの運行は、文明の必要にあまりにも合致しており、人々の共感を勝ち得ているので、ストライキに直面しても、取りやめることなどできない。よって、われわれは、船頭たちが道理をわきまえて、家族を養う手段である仕事に戻ってくれることを願いたい。ジュデッカ島の船頭は、すぐに仕事を再開し、自分たちが愛情深い家父長にして善良な市民であることを示した。他の全員がこの称賛に値する模範に習うことを祈ろう」

ストライキの前線は、市長の脅しも功を奏して、かなり早くに崩れた。相互扶助協会は櫂に戻る提案を否決することはしたが、会合は「大荒れに荒れ」、幹部は仕事の再開を強く支持していた。そして、『ガゼッタ・ディ・ヴェネツィア』紙は、十一月四日にこう書くことができた。「外見上はどう見てもストライキが続いているように思われるが、終わったものと考えるべきだろう。多くのゴンドリエーレや船頭たちは、自分のトラゲットに戻って仕事を再開した。仕事を再開しない者は、免許を取り上げられることになるだろう」

ヴェネツィアの日刊紙が完全に市政の立場を支持し、ストライキを起こした人々の言い分を少しも省みなかったことは、注目に値する。同じく十一月四日の紙上には、ストライキを破ったゴンドリエーレの話が教訓的に紹介されている。彼は、おなかをすかせた幼い息子に一片のパンを持ち帰るために仲間の攻撃に立ち向かった。そのパンは、家の戸口まで妻が腕に抱いて持ち帰ったようだ。また、仕事に戻ろうとした同僚を脅したために「当然のこととして逮捕された」ゴンドリエーレのニュースを報じながら、「かような紳士的行為が何らかの暴力をもって報いられるのを許すことは罪である」とも書いている。翌十一月五日の『ガゼッタ』紙には、こうある。「ストライキは終わったのだから、この重大な事態のなかで市当局が示した毅然とした態度に、心のこもった感謝を捧げようではないか」。しかしながら、ヴェネツィアの新聞の記事は、ローマの『リベルタ』紙に書かれていること（十一月九日の『ガゼッタ・ディ・ヴェネツィア』紙で紹介された）に比べれば、手柔らかな批判である。『リベルタ』紙は次のように断言する。「ストライキにありがちな、とりわけ、ヴェネツィアのゴンドリエーレたちが起こしたストライキに見受けられる、ひとつの事実がある。労働者がストライキを起こすときには常に、あるいは少なくともかなりの場合において、動因というものがある。それは、いくつかの真実について彼らがまったく無知であるということだ。それらの真実は、きわめて明白であるにもかかわらず、彼らの脳には浸透しないのだ。たとえば、もし、いたって平和的な階級であるヴェネツィアのゴンドリエーレや船頭たちが、数隻のヴァポレットが運河を走っているからといって何日も櫂を放棄することを適切だと信じているのなら、ゴンドリエーレたちのなかには、世界が進歩していることや、競争が悪いことではないことを理解する頭を持たない者がいるということだ」。要するに、ストライキをする奴は馬鹿だ、というのである。

幸い、もっと思いやりのある人もいる。『イタリア図解』誌の十一月二十七日号は、ヴェネツィアの通信員によるスケッチに一ページを割いており、そこには、誰も乗っていないゴンドラと満員のヴァポレットが描かれている。そして、短い記事がついている。「ゴンドラのないヴェネツィア！　そんな恐ろしいことは想像もできない。公衆馬車《ボッテ》（永遠の都ローマでは、覆いのない一頭立て二輪馬車のことをこう呼ぶ）[3]のないローマよりもひどいのは確かだ。とはいえ、ローマ市は路面電車を許可しない勇気を持っていた。いっぽうヴェネツィア市は、ヴァポレットを大運河に導入するという暴挙を行なった。ゴンドリエーレの家族二〇〇〇世帯が一撃で破滅させられたのだ。ラグーナの詩情は失われた。ゴンドリエーレたちは数日間のストライキを決行したが、トラゲットが陸軍や海軍の兵士によって行なわれているのを見て、仕事に戻った。それでも、不満は解消したわけではない」。実は、同誌が二〇〇〇世帯と言っているのは誇張しすぎである。ゴンドリエーレは四五〇人で、そのほかに一七五人のバテランテ（バテーラと呼ばれる輸送船やその他の舟の船頭）がいた。彼らは一七か所のトラゲットに分かれて働いていた。トラゲットのうち、リド、ムラーノ、サン・ジョルジョ、ジュデッカは、それぞれ別の島にある。当時、ゴンドリエーレの収入は労働者の収入を上回っていた。上でも触れたように、一八八一年のストライキの余波は、すぐにはおさまらなかった。一八九一年三月五日には、ローマの国立劇場で、ジャチント・ガッリーナの喜劇『セレニッシマ』が初演された。この作品はまさに、一〇年前の出来事に着想を得ている。主人公は「セレニッシマ」とあだ名されているゴンドリエーレで、次のようなイデオロギー的な声明を発する。「ゴンドラはいつも運河の女王だった。それがいま危機に瀕しているんだ。俺たちの職の名誉にかかわることなんだ。それが聖マルコ様といっしょに死んで墓に埋められるのを見たいとでも言うのか」。すると、息子のダニエルが答える。「ヴァポレットがあろうがなかろうが、外国人のおかげでずっとゴンドラは用無しにはならないよ」。ガッリーナの喜劇から五〇年を飛び越えた一九四三年、映画監督のアンドレア・ディ・ロビランは『大運河』を撮る。主人公のルーポ（ゴルドーニ劇俳優のチェスコ・バセッジョが演じた）は、このストライキの最も過激な主唱者の一人である。

大運河への蒸気船の導入は、今日もなお続く長期的な問題の始まりでもあった。それは、波と、波が家や舟に激しくぶつかるために生じる損害である。一八八二年十二月二十八日に承認された市条例は、次のように断言することで、ゴンドリエーレたちの不満を和らげようとしたように見える。「小型蒸気船の速度は、強い波が起きないように制限しなければならない。それは、運河の岸に停泊しているゴンドラが良好な状態に保たれることを脅かさないためである」。これほど無視された規則はない。

それから数年後の一八八五年、新たな挑戦者が現れた。モーターボートの直接の祖先にあたる汽艇の登場である。二軒のホテルを持つ経営者が、宿泊客をラグーナの島巡りに連れて行ったり、そのあとでホテルから鉄道駅まで送って行ったりするのに、蒸気で走る小艇を利用した。市条例は都市内部の旅客輸送をゴンドラに限定していたので、そのホテル経営者は都市外部の島への輸送に限定した許可を申請した。だが、ひとたび許可が下りると、すぐに濫用が始まった。モーター付きの舟は島々へ行くことは行ったが、その前に必ず都市内部をひと巡りした。このような行為には反発が起こった。数人の観光客と彼らの荷物を乗せて離岸しようとしていた一艘の汽艇をゴンドリエーレたちが取り囲み、ゴンドラに乗り換えるよう乗客たちを説得した。そのこと自体は問題なく行なわれたのだが、駅に着いたときに騒ぎとなった。乗客たちは、すでにホテルの汽艇に料金を払ったのだからと言って激怒し、ゴンドリエーレたちに払うことを拒否したのである。その反響は市議会にも届き、少数派の社会主義者である一人の議員が汽艇の没収を市長に求めた。だが、市長は、ゴンドリエーレたちはストライキによって都市内部交通の独占権を台無しにしたのだから、おとなしくするべきだと答えた。デモが行なわれ、ようやく妥協が成立した。ゴンドリエーレの協同組合に汽艇運行業の直接経営が委ねられたのである。こうして、ゴンドリエーレにしてモーター付き小艇の操縦者というハイブリッドな存在が生まれ、今日も活躍しているのである。

しかし、ストライキの時代はまだ終わらなかった。新しく起こった抗議は、王妃マルゲリータまで巻き込む事件となった。一八八七年八月十二日から二十一日にかけて、櫂の放棄が行なわれた。市議会がヴァポレットに夜間営業の認可を与えたのが原因である。ストライキは目的を達成し、「ぽんぽん蒸気」は昼間だけの営業に戻った。このストライキが成功した理由のひとつは、ゴンドリエーレたちが業務を停止していたときに、国王ヴィットリオ・エマヌエーレ二世の妃が、蒸し暑いヴェネツィアを離れて山へ避暑に行こうと決めたことにあった。朝の六時前、四人漕ぎの王室用ゴンドラがサン・マルコの水辺に入ると、何百というゴンドラがさっと翼を広げたように、王妃の舟の両側に従った。王妃には、近衛海兵の四艘の汽艇も付き添っていた。これらの船団が王妃を鉄道駅まで送っていく間じゅう、ゴンドリエーレたちは「王妃万歳」、「蒸気船を打倒しろ」と叫び続けたのである。

一九二四年には、スカルツィ教会とサン・シメオン・ピッコロ教会にはさまれた、大運河の鉄道駅前の区域をゴンドリエーレたちが封鎖した。それは、モーター付き小艇の運行が幹線水路にさえも進出する制度ができるのを阻止するためであった。このときも、櫂を握る者たちはモーターをつくる者たちに勝利した。大運河封鎖の数週間後、市の委員会は、三九年前と同じように、ゴンドリエーレの協同組合にモーターによる業務を行なう可能性を提案したのである。だが、モーターボートがトラゲットで乗客を乗り降りさせようとするのを見るのに耐えない年寄りのゴンドリエーレたちは抗議を起こした。世間を騒がせた彼らの抗議ほど、効果的だったものはない。その反響は大西洋の向こうにも及んだ。純粋主義者のゴンドリエーレたちの叫びは、ニューヨークのイースト・サイドに住む一八歳のイタリア系アメリカ人女子学生マリア・カファーニャの耳に届いた。彼女はたちまち一万人分の署名を集め、時の首相ベニート・ムッソリーニをも動かした。彼は、「非常に神聖であるために、いかなる物質的利益もその犠牲を正当化できないような事柄がある」と答えた。女子学生マリアは、ゴンドラにモーターが取り付けられることはなく、この伝統的な手漕ぎ舟が博物館の展示物になってしまうこともないという保証を得た。この出来事は、一九二五年五月三十一日の『ニューヨーク・タイムズ』紙で報道された。

「君たちは進歩を望むのか？　ならば、大運河を埋め立て、トロリーバスの路線をつくればいい」。これは、四〇〇艘のゴンドラの行列の先頭を行く大きな平底舟に掲げられたプラカードの文章である。舟の上には、「過ぎ去った古い栄光の博物館」行きのゴンドラが象徴的に乗せられていた。「モーターボートの帮助によって死んだゴンドラの葬列に参加するための」集合場所は、サン・マルコの船着場に決められていた。抗議はとりわけ、水上タクシーに向けられた。このニュースは、一九五一年七月十七日の『ガゼッティーノ』紙に載った。それによれば、一人のモーターボート運転手が行列に逆らって進もうとしたが、断念し（いきさつについては、紙面からはわからない）、ゴンドリエーレたちの怒りから逃れるために全速力でヌオヴォ運河にもぐりこんだ。建設的だが少々状況主義的な抗議は終わらず、七月二十日の地元紙は、「モーターを付けたゴンドラのすばらしいパレード」という題で、前日木曜日の一六時三〇分に、船内式エンジンを付け、フェッロも旗飾りも持たない七艘のゴンドラが大運河を行進したことを報じた。その日の朝サン・ヴィオのスクェーロで用意された七艘のゴンドラには、「ゴンドリエーレ緊急委員会」の代表者が乗っていた。抗議のもうひとつの矛先は、ゴンドラの代わりに大運河で渡しをする「トーパ」[4]に向けられた。憤慨したゴンドリエーレたちは、与えられたモーターボートの免許三〇通をはねつけ（とはいっても、ゴンドリエーレ兼モーターボート運転手は当時も多かったし、その後も多い）、市議会の審議に立ち会って満足のいく保証を得てからようやく、水辺に戻った。今回は新たな要素が現れた。自動車のタクシー運転手たちが仲間であるモーターボート運転手たちを擁護して立ち上がり、八月二日、イタリア・タクシー運転手連合は、ゴンドリエーレたちがあくまでも妥協しない場合には全国ストライキを決行すると威嚇したのである。ゴンドリエーレたちの抗議は、一九五一年七月二十九日の『ニューヨーク・タイムズ』紙のまるまる一面を埋める長い記事となった。そこには、こう書かれていた。「もはや負けた戦における勇敢な挑戦」

サンドロを使って無許可で営業する人々は、一九六一年四月二十日に繰り広げられた抗議行動の標的となった。一〇〇人ほどのゴンドリエーレが市役所の前に集合し、数人の若いゴンドリエーレが警官隊による封鎖を突破して、大声で叫びながら二階へ駆け上がった。呼子が吹き鳴らされて乱闘になったが、年配の船頭たちがなだめておさまった。それから数日たった四月二十八日、アルマンド・バルゴロというゴンドリエーレが、ヌオヴォ運河の前ですれ違った二艘のモーターボートにぶつけられて水に落ちた。三九六号のゴンドラは左舷外板に軽い損傷を受けた。

一九六二年四月二十日の『ガゼッティーノ』紙によると、「昨日、市営ラグーナ内航行会社の舟が起こす波に抗議するため、数十艘のゴンドラがサン・マルコの船着場に結集した。ゴンドラはカヴァーナ（舟を接岸するための空間）を守るようにして扇状に広がり、ヴァポレットやモーターボートが迂回せざるをえないようにした。この示威運動は一時間後に終わった」。この出来事には、「波動」というタイトルで次のようなコメントも捧げられた。「船首に波を受けると、艇体は興奮した馬のように前が浮き上がってしまい、そのあと落ちるとき、水面に激しく打ちつけられるため、すべての連結部が振動する。ありえないことのように思えるかもしれないが、このような衝撃を何度も受ければ、ゴンドラは死んでしまいかねないのだ」

モーターボート運転手とゴンドリエーレの長い闘いは一九六六年五月に激化した。今度の争点は、パリア橋のトラゲットだった。ゴンドリエーレは大規模な抗議行進を行ない、教皇庁の新聞にさえも取り上げられた。一九六六年六月二十四日の『オッセルヴァトーレ・ロマーノ』紙は、一か月前のデモを振り返って記事にしている。記者ロレンツォ・ブラカローニは、ゴンドラは十年ほどの間に消滅する危険があると述べ、解決法としての市営化に言及している。ヴァティカンの報道機関の言によれば、「ゴンドラの唯一の客である個人旅行客は、世界的、大衆的な観光の一〇パーセントにようやく達するほどでしかない。ゴンドリエーレは少しずつ老齢化しているが、新しい人材の確保は困難だ。なぜなら、昨今の若者は、周知のとおり、動力化されていないものは何でも見下すからである」

よりセンセーショナルな発案は、一九六七年四月に大運河に登場したモーター付きゴンドラである。すでに述べてきたように、ゴンドリエーレたちはもう何年も前から、モーター付きの舟が起こす波動の増加に対して抗議し続けていた（そして、今後も続けていくだろう）。サン・マルコの水域は波高三の波にたえずさらされ、大運河沿いに立ち並ぶ館は絶え間なく波が打ちつけるために崩れつつあり、ゴンドラの平均寿命はどんどん縮まっていく。デモも次第に激しさを増していった。四月二十四日、ゴンドリエーレたちは市議会の中断を余儀なくさせる。二十六日、幹部全員が抗議のために辞職。二十七日、サンタ・ソフィアで屋台がトラゲットの看板を見えなくしているという理由で、一艘のゴンドラを陸へ揚げる。そしてついに、一九六七年四月二十九日の『ガゼッティーノ』紙の報道によれば、モーターをつけた一艘の小さなゴンドラが鉄道駅の前でくるりと一回りしてからサン・マルコの前まで航行した。それは、ゴンドラの船尾を切断し、船首にモーターを取りつけたものだった。フェッロはなく、赤く塗られ、明らかに目立つようにしてあった。モーター付きゴンドラによる挑発行為を支持して、ゴンドリエーレたちは自分の舟のフェッロをとった。彼らの要求は、一九六六年十一月四日に起きた高潮による最悪の浸水（都市全域が水面下に沈んだ。アドリア海の海水が、ペレストリーナ島の一部を流し去り、ラグーナに押し寄せたのである）のあと、トラゲット用のゴンドラを新しく建造するための補助金、最も窮迫して被害が大きかったトラゲットへの補助金、そして——またしても——モーターボートによる旅客輸送の免許であった。五月十日モーター付きタクシーの免許が与えられ、ゴンドリエーレたちはフェッロをゴンドラに戻した。

ゴンドラとモーター付きの舟の間で公共交通（この場合、「ヴァポレット」よりも小さくて速い「汽艇」すなわち「モーターボート」のこと）に関する最大の争点となったのは、ヌオヴォ運河である。この運河は、ローマ広場付近の大運河とカ・フォスカリ運河を結ぶために、一九三二年から一九三三年にかけて人工的に掘られた運河である。フォスカリ運河からはリアルトとアカデミアの中間に出ることができるので、サン・マルコまでの行程を著しく短縮することができる。だが、交通上の問題があるというもっともな指摘もなされた。事実、ヌオヴォ運河、マルカントン運河、モスケ運河、カ・フォスカリ運河、サンタ・マルゲリータ運河が出会う場所は「危険な交差点」であり、信号機がついている。長年にわたり、それはヴェネツィアの水路に設けられた唯一の信号で、近代性の興味深い例として自慢げに観光客に示されていた。狭い運河における優先権争いは続いている。櫂のついた舟はモーターのついた舟に対し優先権を持つのだが、後者のほうが著しく速い。Actv（ヴェネツィア交通組合会社）の最長老の船長たちは、頭に血が上ったゴンドリエーレが操舵手に櫂を投げつけたり、モーターボートに幅寄せしたり、わざとゆっくり漕いでモーターのついた公共交通機関を止まらせたりしたことを記憶している。

そこで、すでに三〇年来続いている論争のすべてを一挙に解消しようと、市長ジョヴァンニ・ファヴァレット・フィスカは、一九六九年八月一日、ゴンドラがヌオヴォ運河を通ることを禁じた。とんでもない！（皮肉なことに、一九九〇年十二月には、Actvの舟がヌオヴァ運河への出入りを完全に禁じられることになる。建物の土台に波によってできた穴が発見されたからである）。八月三日日曜日の『ガゼッティーノ』紙は伝える。「鉄道駅とローマ広場のトラゲットに属する約一〇〇人のゴンドリエーレが、ヌオヴァ運河からゴンドラを追放するという市長ファヴレット・フィスカの決定に対しやかましく抗議した。五〇艘のゴンドラが命令を破り、警官隊による封鎖を突破してヌオヴァ運河を往来した（ローマ広場とサン・マルコを結ぶルートには一日一万五〇〇〇人の通行客がある）」。土曜日の朝一〇時、Actvのモーターボート二艘がゴンドラによって立ち往生させられ、同社の他の舟は大運河に迂回せざるをえなかった。行列の先頭を行くのは、警察のモーターボートと衝突したときの穴が船首にぱっくりと開いたゴンドラだった。カルボンの河岸まで来ると、ゴンドリエーレたちはそのゴンドラをファルセッティ館の玄関廊に引き揚げた。この建物はヴェネツィア市役所として使われている二つの建物のうちの一つである。もう一つのロレダン館の前にも、市役所を封鎖するように別のゴンドラが引き揚げられた。この大混乱の中で、あらたな衝突が起こった。被害を受けたのは、ジャンカルロ・ジエベッツィのゴンドラだった。ゴンドリエーレたちは市役所の前に集結し、一〇分間にわたって大運河の交通を麻痺させた。警察は占拠を恐れて市役所を閉鎖し、一〇人のゴンドリエーレが検察庁送りとなった。

日が過ぎても、事態はおさまるどころではなかった。四日月曜日、白と赤と緑のトリコロールに塗られた一艘のゴンドラがリアルト橋の上に引き揚げられた。八月五日付の『ガゼッティーノ』紙は、「ゴンドリエーレの一群が市議会議場に侵入、破壊」という見出しを第一面に掲げ、非常に深刻な事態が発生したことを知らせている。記事の説明によれば、定足数に達しないために市議会の開会が延期されたことに腹を立てた約五〇人のゴンドリエーレが議場で破壊行為を行ない、窓格子ははずされる、椅子は飛ぶ、暖房用の鉄のパネルは引っこ抜かれて、騒ぎの間じゅう、そこから激しく温水が噴き出すというありさまだった。また、一人のゴンドリエーレが椅子をつかみ、議場を飾っていた十八世紀製のシャンデリア二基に打ちつけ、ステンドグラスも壊された。警官隊との肉薄戦が繰り広げられるなか、より冷静なゴンドリエーレの何人かが仲裁に入ろうとしたが、同僚たちは彼らをも攻撃した。共産党員の前市長ジョバッタ・ジャンクィントも突き飛ばされた。憲兵がやってきてようやく、ゴンドリエーレは解散した。この騒ぎの間に、一階部分が浸水し、損害を食い止めるために消防隊が出動しなければならなかった。

いずれにしても、白熱した事態は続いていた。乱暴な者たちは市長の家の前に集まって門を叩いたり蹴ったりし、門が開くと玄関に押し入った。サンドロの船頭が二人つかまり、一人は脅され、もう一人は船頭帽をはぎ取られた。それでも市当局は、「われわれは脅しに屈しない」という声明文を掲げ、ゴンドリエーレたちは十九日にゼネストを行なうと宣言した。

翌八月六日、『ガゼッティーノ』紙は文化欄に「ゴンドリエーレはカースト」というタイトルで無記名の論説を載せた。そこには次のように書かれていた。「信じられない事態が許されている。免許の売買、報酬の多い停泊位置の高額での貸し借り、代用ゴンドリエーレが収入のうちかなりの割合を〈主人〉――大運河で舟を漕ぐのとは異なる活動に専念している場合もある――に強制的に支払わされることなどだ」。その記事は、鉄道駅の停泊所のゴンドリエーレ三名が市議会に対して行なった行動のために、また別の八名が規定違反の初犯として、告訴されたことも報じている。だがストライキは続き、櫂を手にする者は一人もいなかった。幹部は市長に謝罪の電報を送り、「ヴェネツィア市民の皆さんにお許しを願います」という声明文が貼り出された。八月七日のヴェネツィアの新聞は、ストライキは終わったが、サン・マルコ、サン・モイゼ、サン・ルカなどではゴンドリエーレたちがまだ陸の上に居座り続けていると伝えている。

そうでない者たちも、仕事を再開する前に市当局が認めていない運賃の値上げを始めた。ローマ広場から市中心にあるホテルまでの料金は一七〇〇リラから四〇〇〇リラへ、二三五パーセントも上げられた。新聞には、「誰が損害を払うのか」と問いかける読者マルコ・スカルパの手紙が掲載された。他にも抗議の声は上がった。とくに、いくつかの運河（マリン運河、サンタゴスティン運河、サン・ポーロ運河、サン・モイゼ運河など）では、一〇時から二一時まではゴンドリエーレだけが営業できることになったので、輸送業者たちが反対した。二日後、リアルト橋の上に引き揚げられていたゴンドラが大運河に戻されるいっぽう、司法面での捜査は拡大された。五名の逮捕者は留置所内で尋問を受け、新たに九名が市議会議場を破壊した罪で、さらに一七名がヌオヴォ運河の封鎖突破の罪で、告訴された。

一〇年後の一九七八年七月五日にも、違法のボート業者に抗議するため、大運河が封鎖され、数艘のゴンドラがサン・ザッカリアで陸に揚げられた。

ゴンドリエーレと公共交通機関の船長たちとの一〇年を超える対立は、七〇年代の伝説となりつつあった。Acnil（市営ラグーナ内航行会社）の指導者ジョヴァンニ・マラスピンは、当時活動中だったパレスティナのテロ組織をもじって「黒い九月」とあだ名された。トリエステ出身の彼は（ジュリア地方の強い訛りを決して失わなかった）、長距離航路の船長で、ゴンドリエーレたちの恐怖の的となった。「止まれないときには自分が先に行くような人だった」と、彼を身近で知っていたActvのある船長は回想する。早い話が、彼が道を譲ることはなく、ゴンドリエーレのほうが場所を空けなければならなかったし、実際そうしたのである。ゴンドリエーレたちは「彼に気づくと、よけたものだった。彼は他の船のような一八〇〇回転ではなく一九〇〇回転のエンジンを載せていたので、近づいてくるのがすぐにわかった」と、同じ船長は言う。「九月だ、九月が来たぞ」という叫び声は、ゴンドリエーレの間にパニックを引き起こした。

一九七〇年代末、モーターが起こす波に抗議するため陸に揚げられたゴンドラ。

マラスピンは係留してあるゴンドラの列の横をスピードを上げて通り過ぎ、彼が起こす波のためにゴンドラは激しくぶつかり合った。彼はとても腕のよい男で、ヴェネツィアの乗合船の歴代の船長の中でも最も有能なひとりだった。ゴンドラに「触れる」ことはあっても、ぶつかったり突っ込んだりすることは決してなかった。船を泊めるときの腕さばきは、「芸術的」だったと言われている。ゴンドリエーレたちは、スピード違反や波を立てたことで彼を訴えたが、すべての訴訟に勝ったのは彼だった。同僚からは「ジョンおじさん[6]」と呼ばれ、尊敬の的だった。だが、一九八七年に引退し、それ以後、文字通り水は穏やかになった。

「黒い九月」は最もセンセーショナルな例であるが、ゴンドリエーレたちを震え上がらせることのできた乗合船の船長は彼ひとりではなかった。七〇年代初めには「赤い十月」もいたのだが、働いたのは六か月間だけで、その後どこかへ行ってしまった。そのあだ名は「黒い九月」に対比してつけられた。ハリーズ・バーの主人アッリーゴ・チプリアーニは、彼のことを「音楽堂《オデオン》」と呼び、「接岸の動作はすべてショーのようだった」と言っている。また、同じころ、「ファシスト」も脚光を浴びたが、夜番に回されたため、あまり騒ぎを起こすことにならなかった。夜はゴンドラがいないからである。そのあだ名は彼の政治的信条からつけられたが、彼はとくに、民族的かつ懐古的な右翼寄りの表現で、ゴンドリエーレを含むすべての人に語りかけた。八〇年代には「カミカゼ」が登場する。彼は一五年間船長を務めたあと、検査官に昇格したため、立場的にゴンドラを害することができなくなった。

ゴンドリエーレとタクシー運転手は、しばしば同類のように見られるが、Acnil や後には Actv の船長たちとの対立があったのと同様に、水上タクシーの運転手とも折り合いは悪かった。二〇〇〇年五月十六日、一艘のタクシーとゴンドラがサン・マルコ教区のバレテリ運河で接触した。腹を立てたゴンドリエーレはタクシー運転手を罵倒し、頭突きをくらわせて片方の頬骨を折った。運転手のほうは金槌を振り回した。六年後になって、ゴンドリエーレはタクシー運転手に一万二〇〇〇ユーロの賠償を支払う判決を受けた。

折に触れ、報道はゴンドリエーレの抗議や大運河でのデモのニュースを取り上げる。ヴェネツィアで起こることは何であれ、世界的な反響を呼ぶことを覚悟しなければならないし、そこにゴンドラが介在すれば、なおさらである。二〇〇三年五月十六日と二〇〇五年二月十四日には、一艘一艘並び合わせたゴンドラが市役所付近の大運河を封鎖した。二〇〇七年二月には、イタリア検察庁ヴェネツィア支局が六四名のゴンドリエーレ（そのなかには、幹部会長のロベルト・ルッピや、彼の先任者であるインゴ・フォルステル、フルヴィオ・スカルパ、ルチャーノ・ペッリチョッリも含まれていた）を裁判にかけるよう要請した。Actv の船を止めたり水上を封鎖したりした行為が公共交通妨害罪にあたる疑いがあったためで、この罪には最高一二年の禁固刑を求刑することが可能である。二〇〇七年九月十九日、フルヴィオ・スカルパは水上封鎖に関して八か月の禁固刑を受け入れ[7]、他の七〇名のゴンドリエーレは法廷に送られた。

二〇〇六年七月にもゴンドリエーレとモーターボート運転手の対立が再燃した。一艘のゴンドラが転覆したという事実に動揺したゴンドリエーレたちは、港の司令長官に対し、サン・マルコの水域における波を制限するよう要請した。いっぽうモーターボート運転手たちは、カノニカ運河がゴンドラの占有にされ、動力付きの舟が締め出されていることに不服を申し立てた。ホテル経営者たちは、客を宿まで運んでくれるタクシー運転手の側に味方した。

（1）Azienda comunale di navigazione interna lagunare の略。
（2）Azienda consorzio trasporti Venezia の略。
（3）ボッテは本来、酒樽を意味する。
（4）漁業用の小さな舟。「トーパ」という語のもともとの意味は「雌ネズミ」。
（5）リド島の南にあり、リド島とともにアドリア海とラグーナを遮っている。
（6）イタリア語のジョヴァンニは英語のジョンに相当する。
（7）この罪は、本来はサボタージュの目的で船舶を用いて実行される港湾の封鎖を想定したものであり、非常に重い刑罰が科せられる。これをゴンドラとゴンドリエーレに適用するのは行き過ぎだと考える人もいる。

12　犯罪と事件

かつてゴンドラの舟上では、食事をしたり、恋の戯れをしたり、会話を楽しんだり、読書をしたり、陸上や家のなかですることは何でも行なわれていた。ゴンドラは、市民生活と切り離すことのできない一面だったのである。したがって、ゴンドラの上では犯罪も行なわれた。言い換えれば、ゴンドラは犯罪を実行したり、隠蔽したり、罪を逃れたりするために利用されたのである。フラーリ教会の旧施設内にある国立ヴェネツィア古文書館には、延べ六七キロメートルにわたる棚にヴェネツィア共和国の歴史が保存されている。そのなかには、ゴンドラが関係する犯罪や違反行為についての記録が何万とあるだろう。それらを見つけるには、さまざまな時代にヴェネツィア共和国のあらゆる法廷で作成された文書を調べさえすればよい。だが、人一人の一生をかけても時間が足りないだろう。よって、われわれはあちらこちらを少しずつつまみ食いして満足することにしよう。

スリマーニ兄弟がそれぞれのゴンドラに乗ってイエゾロからトルチェッロへ向かったのは、一二九〇年のことだった。旅の途中、別の二人の船頭と口論になり、「穢らわしき言葉」を言い合い、果ては暴力行為におよんで、全員が裁判にかけられた。

ゴンドリエーレと他の種類の舟の船頭の間のライヴァル関係は古くから続くもので、貴族の馬車の御者と商品輸送用の馬車の御者との関係に似ている。両者の対抗意識はときに度を越すこともある。たとえば、一三九八年の夏にペアータ[1]の船頭とゴンドリエーレがサン・マルクオーラ運河での追い越しを巡って起こした喧嘩がそうである。「一方が大運河に向かって他方の前を行こうとしたために」争いとなったのであるが、事の次第はこうである。ザニーノ・ディ・メストレというサン・ジェレミア教区のゴンドリエーレが、サン・マルクオーラ教区のマルコ・ディ・ノーナが漕ぐペアータの前に出ようとした。ペアータ船頭はゴンドリエーレに対し、衝突を避けるために少し寄ってくれるよう頼んだが、後者はひどく反発して、「神様だろうがマリア様だろうが、世界中のペアータ漕ぎが束になってかかろうが、俺が行くのを邪魔なんかさせねぇよ。お前らはいつでも先に行きたがるが、そんなこと知ったことか」と言った。それから六〇〇年経っても、道を譲ってもらいたがるスポーツカーの運転手と譲りたがらない貨物トラックの運転手の喧嘩に変わらぬものを見て取ることができるだろう。いずれにせよ、ザニーノはすぐ頭に血が上る性格だったらしく、あっという間にゴンドラをペアータの横につけてナイフを振り回し始めたので、マルコは櫂で身を守らざるをえなくなった。しかしまもなく、乱闘の形勢は防衛しているペアータ船頭のほうに傾き、主導権はそちらに移った。一三九八年九月四日にシニョーリ・ディ・ノッテ[2]の刑事法廷でなされた証言によると、ゴンドリエーレは誰かに介入してもらおうとして「火事だ、火事だ」と叫んだのが聞こえたという（ニューヨーク市警は、襲われたときには「助けて」ではなく「火事だ」と叫ぶよう勧めている。火事の場合のほうが、襲撃には知らん顔をする人の気も引くことができるからである。今日も六〇〇年前も同じだ）。結局、最後はペアータ船頭がゴンドリエーレを凌駕し、鋭利な武器で彼の脇腹を刺して死なせてしまった。ザニーノは息をひきとる間際に理性を取り戻したらしく、喧嘩を始めたのは自分のほうだと認め、すべては悪魔の仕業だと言ったという。この件には正当防衛であることは明白だとして無罪判決が下されたが、シニョーリ・ディ・ノッテの文書史料ではごく稀なケースである。つまるところ、プロレタリアートのペアータ船頭のほうが尊大なゴンドリエーレよりも正しかったと認められたのである。

ゴンドラと「口の堅い」フェルツェは、誰かをさらうのに理想的な道具である。それがうら若い修道女であればなおさらだった。修道女たちは家族から強要されて出家の誓願を立てたにすぎないので、やすやすと誘惑にのった（ヴェネツィア共和国滅亡のときまで、女子修道院は贖いよりも罪のほうがより多く行なわれる場所だった）。「神に身を捧げた聖なる処女を汚す冒瀆行為」は厳しく罰せられた。一五〇九年に定められた刑罰は一五一四年にいっそう重くされた。修道院から修道女を連れ出した者には罰金一〇〇〇ドゥカートと二年の追放刑が、彼らを運んだゴンドリエーレには三年間の除名の罰が科せられた。一四八二年三月三日、サン・トマのトラゲットでズアン・ダ・リヴィエラの娘がフランチェスコ・ズカートによってさらわれた（事件に関わった男性の名だけが報告され、さらわれた当人の名が明らかにされていないことは注目すべきである）。彼女は、母親といっしょにミサへ行く途中「捕まえられて力ずくで舟に乗せられ、連れ去られた」。一六四三年にはセンセーショナルな誘拐事件の記録がある。イングランドの外交官で大使に仕えていたジョン・ブレンが、夜更けに自分のゴンドラで「無垢で世間知らずの乙女」を修道院に運んでいるところを警吏に発見された（彼女を修道院に隠しておいて、気晴らしのために会いに行くつもりだった）。外交官特権をもってしてもブレンは逮捕を免れることができず、一〇年の懲役刑が宣告された、イングランド国王がドージェのフランチェスコ・エリッツォに掛け合ってようやく刑が免じられた。また、強盗目的の誘拐事件もあった。一七三七年、あるフランチェスコ会修道士が船頭に変装して、ある女性を自分の舟に乗せ、彼女が身につけていた宝石をすべて奪い取った。

今日のゴンドリエーレは、厳密な規則に従わなければならないため、客と争うことはない。だが、少し前までは、「仕事」（仲間言葉で客を意味する）から物を奪うことがあり得た。また、今では料金もあらかじめ合意することになっているので、報酬を巡って客と議論になることも少ないが、皆無ではないし、比較的最近まで言い争いがたびたび起こっていたことは確実だ。国立ヴェネツィア古文書館に保管されている国家監督官(3)の刑事書記局の裁判記録からは、乗客とゴンドリエーレ、およびゴンドリエーレ同士の間の口論が極端な結果に発展した、つまり関与者の一人が殺されてしまった二件の事件が浮かび上がる。

一七〇二年四月二十三日は聖ジョルジョの祭日だった。ファウスティーノ、シモーネ、ピエトロのピエトロボーニ三兄弟は、住居のあるサン・シメオン・グランド教区でミサに参列して夕食をとった後、この聖人に捧げられたサン・ジョルジョ・マッジョーレ島にあるパッラーディオ設計の教会にお参りしようということになった。彼らはサン・マルコの小広場まで徒歩で行き、そこの「円柱《コロンネ》」のトラゲットから他の見知らぬ三人といっしょに一艘のゴンドラに乗りこみ、まもなく島に着いた。すでに二三時ごろになっていた。船尾では「ヴェルドゥーゴ」のあだ名を持つズアンネ・ベッゼットが櫂を握り、船首の見習いはジュデッカに住むジョヴァンニ・マリア・カバラだった。舟が杭につながれると、三兄弟は一人一スクードずつゴンドリエーレに支払ったが、ゴンドリエーレは少なくとも一人二スクードだと言い張った。こうして始まった口論は、次第に熱を帯びてきた。他の三人の乗客は知恵を働かせてさっさと立ち去ってしまったのだが、ピエトロボーニ兄弟のファウスティーノとシモーネは、相乗りになったのは思いがけない成り行きだったのだと主張した。ヴェルドゥーゴの証言によれば、三兄弟は攻撃を始め、カバラを押したり突いたりしたので、カバラはバランスを失った。カバラはかっとなったらしく、ナイフを取り出して三人を殺すぞと脅した。船尾からヴェルドゥーゴが櫂を振りかざし、三人全員に打ちつけた。岸から別のゴンドリエーレが舟に飛び移った。彼もナイフを手にしていた。流血の事態となったが、大事にはいたらなかった。カバラは、ピエトロ・ピエトロボーニを上から殴りつけた。ファウスティーノが判事に言ったところによれば、ピエトロは椅子に腰掛けたままだったが、シモーネの主張によれば、「ほとんどフェルツェから出ていた」。打撃は大きかったが、致命傷とは思わなかったようだ。三兄弟は陸に上がった。だが、数分後にピエトロは死んでしまった。三日後の四月二十六日、全員が判事の前に呼ばれた。

それから三〇年後の一七三二年一月二十三日、「白い獅子《レオン・ビアンコ》」のトラゲットに属する船頭のガスパーロ・パッキオンが、同じトラゲットの四八歳のゴンドリエーレ、ズアンネ・ピアセンティン、通称「ゼメロ」（双子の意）から客を横取りした。口論になったが、その場はおさまったように見えた。翌二十四日、ゼメロはパッキオンにピストレーゼ（狩猟用の両刃の短剣）で平打ちを数発くらわせた。しばらくのちに戻ってきたパッキオンは、サン・ザン・デゴラ（サン・ジョヴァンニ・デコッラート）教区にある「栗《メージョ》」のフォンダメンタにゼメロを連れて行き、ここで昔ながらの決闘劇が繰り広げられた。つまり、ゼメロはピストレーゼで、パッキオンは匕首《あいくち》で、挑みあったのである。だが、このような情景のよき伝統どおり、何も起こらなかった。そこへゼメロの息子が父親を守るために石を手に持って現れたが、友人たちが割って入って二人の喧嘩を仲裁し、仲直りのしるしに一緒に酒を飲むよう勧めた。飲みに行くのは翌日ということになった。喧嘩をやめたときに居合わせた者たちのなかに、パッキオンの義兄弟でゼメロの友人であるナダリン・マステッラがいた。彼もゴンドリエーレだったが、お抱えゴンドリエーレで、サンティ・アポストリ教区の大運河沿いの屋敷に住むイングランド人商人のスミスに雇われていた。マステッラはパッキオンになにやら耳打ちしたが、何を言ったかは周囲に聞こえなかった。

二十五日は日曜日で、和解の日となるはずだった。だが、劇的なエピローグが訪れた。マステッラはレオン・ビアンコにやってきて腰を下ろし、黙ってゼメロを待っていた。ゼメロがまだ来なかったので、マステッラは自分のゴンドラを出して、食事をするためリアルトに近いスミスの家に行った。そして、レオン・ビアンコのトラゲットが見えるバルコニーに陣取った。しばらくすると、ゼメロのゴンドラが現れた。マステッラは自分のゴンドラに飛び乗ると、バックしながらゼメロをさえぎった。ゼメロがどこへ行くのかと尋ねると、マステッラは反射的に櫂で彼の背中を一撃し、吐き捨てるように、「お前のとこさ、この犬野郎め」と言った。このときには二艘のゴンドラは船尾を突き合わせた状態になり、二人はそれぞれの舟に乗ったまま殴り合いを始めた。マステッラは、腰に巻いたゴンドリエーレ用の帯から肉切り包丁を取り出し、それでゼメロの胸と左腕に切りつけた。ゼメロは倒れ、ゴンドラの上に不安定に横たわり、右腕を舟の外に突き出した。マステッラも衝撃でバランスを失い、水中に転落したが、そこからふたたびゼメロの右腕を攻撃した。そして水から上がると、「これでお前も暴れ方を覚えるだろうよ」と言って立ち去った。ゼメロは起き上がり、船着場の杭につかまりながら、「畜生、あいつは俺を殺しやがった」と叫んだが、あまりにも弱々しく、水に落ちてしまった。数人が彼を引き揚げ、船着場に寝かせたが、まもなく口から泡を吹いて死んでしまった。

刑法四十人会はナダリン・マステッラを二〇年の国外追放刑に処し、破った場合にはサン・マルコの二本の柱の間で絞首刑にするとした。この宣告は一七三二年二月二十五日に印刷されて公表された。

ゴンドラを主役とする犯罪は、深刻な外交危機を招きかねないこともあった。たとえば、一七七七年十月二十八日にヴェネツィア駐劄《ちゆうさつ》神聖ローマ帝国大使ジャコモ・ドゥラッツォを巻き込んだ事件がそうである。彼はお付きの司祭と秘書とともに大運河を渡っていた途中、警吏の舟に出くわした。警吏たちは、——現代風に言えば——密輸のパトロール中だった。彼らは、知らなかったのか、横柄だったのかはわからないが、外交官免責特権で守られているゴンドラに対し乗船捜査を行なうために乗り込もうとした。ゴンドリエーレたちは彼らを押し返したが、彼らは反射的に鉤爪をゴンドラに投げ、停止させてつかまえようとした。ドゥラッツォ侯の船頭たちはふたたび鉤爪をはずしたが、ここに及んで状況は白熱し、喧嘩が激しく炸裂した。警吏の一人がゴンドリエーレの一人の顔に鉤爪で強力な一撃をくらわし、歯が二本飛んだ。反撃もすぐだった。櫂の一撃が一人の警吏の肋骨二本を砕いた。大使は争っている者たちを鎮めて自分の外交特権の効力を発揮させようとしたが、もう手のつけようがなかった。ようやく喧嘩がおさまったのは、こてんぱんにやられた警吏たちが尻尾を巻いて逃げ去ったときだった（記録にはゴンドリエーレたちの満足についての言及がないが、相当なものだったであろうことは想像に難くない）。ドゥラッツォ侯は、自分の舟に密輸品が一切ないことを確認させたあと、ヴェネツィア元老院に対し詳細な報告書を書き送った。反応は待つまでもなかった。六人の警吏には死刑が宣告された。しかし、大使の慈悲のおかげで六人の刑はガレー船の漕ぎ台につながれることに代えられた。十一月十日、警吏のリーダーは「令名高き大使閣下のお望みにより」と書かれた罪状札を首に下げてガレー船に移された。同時にサン・マルコの小広場では事件の日に六人が乗っていたゴンドラが燃やされた。だが、大使は寛大な心の持ち主だったとみえ、まもなく六人はガレー船から牢獄へ移され、翌年五月には自由の身となった。

それから数年後の一七八三年、今度はウィーン駐劄モロッコ大使の名誉を傷つける外交事件が起こった。彼は、ヴェネツィア共和国の社会生活のなかでも最も重要な行事のひとつ、センサ（キリスト昇天祭《アッシエンシオーネ》）のときに行なわれる「海との結婚」の儀式を楽しむため、六月にヴェネツィアにやってきた。六月八日の晩、彼と従者はジュデッカ運河でフレスコに参加していた。突然、彼のゴンドラは別の一艘にわざと何度も当てられ始めた。相手のゴンドリエーレは、それだけに飽き足りず、従者の小姓の頭からターバンをはぎ取り、悪ふざけでそれを高く掲げたあと、持ち主に向かって投げつけた。そのため小姓は水に落ちてしまった。北アフリカの外交官は、これを面白がるどころではなく、憤慨して、ヴェネツィア貴族の錚々たる面々が出席して彼のために開かれた管弦楽のコンサートに、最後まで頑として行くことを拒んだ。彼を侮辱したゴンドリエーレは主人から即刻解雇され、「望みのままに」という例の札を首にかけて牢獄に連行された。しかし、この場合にも、大使は広い心を示して許してやった。ゴンドリエーレは平民であり、大使と同等の貴族ではないから、侮辱とはみなさない、ということであった。

ゴンドリエーレが犯す罪のすべてがこのように重罪ばかりだったのではないことは明らかだ。より軽微な罪は他の政府部局が扱った。監察官は私的な使用人を管轄する官職で、一七九二年六月五日には、貴族ジャコモ・フォスカリのもとゴンドリエーレ、ジョバッタ・ジャコマッツィの裁判を行なった。彼は「いかがわしくだらしない性格の上に日常的に酔っている」という理由で解雇されたが、旧主人をパドヴァとメストレへ連れて行った二度の旅の報酬をもらう必要があると思っていた。しかし、それを払ってもらおうと出かけたのは、フォスカリではなく、その母親のビアンカ・コンタリーニのところだった。ジャコマッツィは、いきりたった様子で、おそらくは酔った状態で、フレッツェリアにあるカジノ[4]に現れた。ここで貴婦人は別の貴族パスクァーレ・チコーニャとともに自室にこもっていた。チコーニャはのちに監察官の前で証言をすることになる。コンタリーニの従僕が船頭を遮ろうとしたが、彼は制止を振り切り、激怒して貴婦人の部屋へ行き、扉を大きく開けて押し入った。「彼は汚い言葉を吐きながら部屋に入り、血が見たいと言っていた」とチコーニャは明言する。コンタリーニは彼に、あなたは身の程知らずで罰を与えられるべきだと答えながらも、報酬とさらに数ドゥカートを加えて彼に渡してやるように言いつけた。しかしジャコマッツィはそれに満足せず、貴婦人自身からしか受け取らないとわめき続けた。すると彼女はすぐさま従僕たちを呼んで、彼を追い払ってしまった。「彼は呪いの言葉を吐き、悪魔憑きのように叫びながら立ち去った」とは、チコーニャの証言である。ビアンカ・コンタリーニは、他の召使いたちへの見せしめとなるよう、訴訟を起こすことを誓ったと陳述した。六月八日、監察官の長であるコスタンテ・マルタは船頭ジョバッタ・ジャコマッツィを投獄したことを公表した。六月十日、彼は釈放された。

　ゴンドラで行なわれた犯罪に関して、一五二二年に貴族モーロの妻マリエッタ・カラヴェッロが犯したものを付け加えることができる。彼女は、マルコ・グリマーニ邸でのパーティーに彼女といっしょに行くことを拒んだ四人の貴族夫人たちに仕返しをするため、彼女たちの家を松脂で汚して回った（それらは、ディエド家、カッペッロ家、トロン家、ヴェニエル家といった、ヴェネツィアでも屈指の名家だった）。マルカントニオ・ヴェニエルの家に対しては、松脂で黒くしただけでは飽き足らず、一対の角を吊るした。[5]裁判で判事たちは皮肉な態度をほとんど示さず、彼女にヴェネツィア共和国からの追放を宣告した。

　トラゲットの歴史には、暗い時代もあった。十六世紀初頭には無秩序状態で、免許は、僧侶、貴族、船主など、ほとんど誰にでも売られた。彼らはその免許を、ならず者から仕事にあぶれた除隊兵にいたるまで、誰にでも金で貸した。一五三〇年にはこの職業を規律化する試みがなされたが、現実の壁に当たって挫折した。「自由な船頭たち」は職業組合《アルテ》に加入していなかったので、同職者たちの団体から除名するという罰を与えようがなかったのである。彼らはさらに、船頭たちの兄弟会の集会所から、キリスト磔刑像や奉納品や聖母像を持ち去って復讐した。トラゲットは危険な場所となり、ゴンドリエーレが舟を運河の途中で止めて、要求する金を払うまで漕ぐのを再開しないということも起こった（このようなやり方は、一九八〇年代に違法のサンドロ――この場合はモーター付きの――運転手が踏襲することになる）。抗議する者がいれば、決闘を挑んだ。多くの若いゴンドリエーレは「勇敢《ブラーヴォ》」だとされたが、それは仲間内での勇敢さだった（今日ならフーリガンと呼んでもいいだろう）。このような混乱が一世紀間続いたのち、十七世紀初頭にようやく、政府がすべての免許を自らの管理下に置くことで事態を掌握する決定を下し、以後、免許は海軍省が行なう公の競売を通じてのみ認可されるようになった。免許の保持者が死亡すると、その免許は海軍省に返され、ふたたび競売にかけられたのである（それ以前は、免許はトラゲットに属していた）。このシステムはヴェネツィア共和国の滅亡まで維持された。だが、まさにその三年後――一八〇〇年――、フランチェスコ・ペッリッツァーリが自分のゴンドラに二九人の客を詰め込み（どうやってそのようなことができたのだろう？　あるいは、数を多く偽っていたのかもしれない）、「彼のやり方で」料金を払うまで彼らを陸へ降ろすことを拒む事件が起こった（今日なら、恐喝目的での監禁とでも言おうか）。しかし、ペッリッツァーリは度を越していたため、逮捕されヴェネツィアから追放された。

ゴンドラに関する論争には、民事的な性格のものもあった。たとえば、国家監督官の民事書記局は、一六九〇年二月末にある論争に介入している。それは、リアルトの「穴《ブーソ》」のトラゲットから「夜の便で出発するはずだった数人の乗客」を、ごまかしによってサン・ジョヴァンニ・エ・パオロ教区の「えくぼ《フォッセッタ》」のトラゲットが運んでいるのが目撃されたというものだった。一六九六年六月二十七日には、同書記局はパドヴァのトラゲットの負債がたまっているため、三〇〇ドゥカートを「三か月ごとに資本の貸し方から差し引く」ことを定めた。一七三六年八月には、非常に規律が乱れていると思われた「炭《カルボン》」のトラゲット（リアルトに現存する）のゴンドリエーレたちに対し、国家監督官が秩序を守るように命じた。また、居住者に迷惑をかけないよう「クェリーニ家とマルチェッロ家の建物の前にいかなるものも建て」てはならぬという布告が出され、さらに、皇帝の紋章のある宿[6]には、「当宿に滞在中の外国人にゴンドラのサービスをするために呼ばれた」のでない限り、出入りしてはならないとされた。そして、仕事でこの宿に行く者、特に通訳と御者――明らかにゴンドリエーレたちの恰好の餌食となったであろう――を「うるさがらせたり、悪口雑言を浴びせたり、脅したり」することをやめさせ、喧嘩をおさめる措置までもがとられなければならなかった。

いずれにせよ、憂慮すべき事態は、十八世紀にもよく見られたにちがいない。この世紀のある版画には、いくつかの教訓的な情景がまとめて描かれている。そこでは、一艘のペアータが一艘のゴンドラに乗り上げ、そのゴンドラは別のゴンドラにぶつかっている。第二のゴンドラのゴンドリエーレはまた別のゴンドラに乗った同業者に櫂を振り下ろし、とてつもない大混乱を巻き起こしている。水に落ちた人もおり、周囲の人々が岸に引き揚げている。

騒動からふたたび犯罪に目を移し、一九〇七年九月四日まで時代を飛び越えることにしよう。このときヴェネツィアは、ヨーロッパ中で話題となった、あるセンセーショナルな殺人事件の舞台となった。その余波は数十年続いた（女流作家アニー・ヴィヴァンティは、この事件を題材にして一九一二年に小説『キルケー』を書き、ルキノ・ヴィスコンティ監督はこの題材で映画を撮ろうと考え、一九四六年には台本を書いた。もっとも、ヴィスコンティの作品は実現されなかった）。それは、絶世の美女タルノフスカ伯爵夫人が生命保険金を手に入れるために夫を殺害させたカマロフスキ事件のことである。ゴンドラとゴンドリエーレはわずかにかかわった程度ではあったが、いちおうの役割を果たした。犯行は、サンタ・マリア・デル・ジリオ教区のマウロゴナト館で行なわれた。五発の銃声を聞いたと警察に急ぎ通報したのは、近くのトラゲットにいた一人のゴンドリエーレだった。駆けつけた警官たちは、ロシアの老伯爵パヴェル・カマロフスキが床の上に仰向けに倒れているのを発見した。彼は、魅惑的な緑の瞳をした三一歳の妖婦マリア・ニコライェヴナ・タルノフスカの二番目の夫だった。カマロフスキは死の間際に、ナウモフの名をつぶやいた。ニコライ・ナウモフは、伯爵夫人の二三歳の愛人だった。

警察は殺人犯が誰であるかを知ったが、どこを探せばよいか見当がつかなかった。彼らに犯人の足取りを教えたのは、あるゴンドリエーレである。ナウモフは絶望していた。すぐにヴェネツィアを出る列車に乗らなければならなかったのに、ゴンドラの速度を上げさせることができなかったからである。しかし、一〇〇リラ札をひらひらさせたのが功をなしたにちがいない。実際、若いロシア人は列車に乗った。そして、ヴェローナに着いたとき、車中で逮捕されたのである。ウィーンではタルノフスカが取り押さえられた。彼女を信じて便宜を図った愛人はざっと五〇人、恋のために自殺した者も数人いたという。トリエステでは、モスクワで最も名の知られた弁護士の一人、ドミティン・プリルコフ四五歳が、ウィーン行きの列車に乗り込もうとしていたところを逮捕された。彼はタルノフスカのために妻と子どもたちとキャリアを捨て、美しき伯爵夫人にふさわしい暮らしを保証してやるために、顧客が彼に管理を委ねた金を使い込み、借金まみれになっていた。この最年長の愛人が最年少の愛人を説得して、夫を亡き者にしようとしたのである（決定的だったのは、カマロフスキから妻に宛てられた偽の電報だった。実際はプリルコフが書いたその電報は、妻を侮辱する内容であったため、ナウモフは怒りで分別を失ってしまったのである）。この込み入った事件は裁判にかけられ、そのなりゆきは世界の半分の好奇心をひきつけた。ヴェネツィアには、ロシア、ドイツ、フランス、アメリカなどから続々と臨時特派員が送られてきた。傍聴席には、ヴェネツィアで最も著名な貴族やアブルッツォ公爵、女優エンマ・グラマティカまでもが見受けられた。また、弁護人席には、イタリアの法曹界で最も人気の高い大御所、フランチェスコ・カルネルッティ、アントニオ・ディエナ、エウジェニオ・フロリアン、ルイジ・チェーザレ・ルッツァッティらが居並んだ。裁判は一九一〇年三月四日に始まった。マリア・タルノフスカは、四人護送用とされていた緑色のゴンドラではなく、黒いゴンドラで法廷に運ばれた（この護送用ゴンドラは、イタリコ・ブラスの絵画の中に永遠の命を与えられている）。彼女を護衛する二名の憲兵は、この妖女が若い兵士を魅了するのを防ぐため、

運河右手の牢獄の建物の横に、囚人護送用に改造されたゴンドラが二艘つながれている。

毎日交代させられた。ある公判では、伯爵夫人が袖に隠し持っていた二枚のメモを裁判長のアンジェロ・フチナートが憲兵に命じて押収させた。それらは、見つめているだけで彼女にのぼせ上がってしまった一人の弁護士と一人の書記から送られた愛のメッセージだった。一四回の公判の後、五月二十日に判決が下されたが、被告たちに寄せられた発作的な同情のおかげで軽いものとなった。プリルコフ弁護士は一〇年、実行犯で犠牲者でもあるニコライ・ナウモフは三年一か月の刑になったが、後者はわずか三か月で出所した。マリア・タルノフスカは八年四か月を宣告されたが、トラーニの女子刑務所で四年を過ごした後、減刑により釈放された。そしてアルゼンチンに移住し、一九四九年、極貧のうちに七二歳で亡くなった。

この事件から約四〇年後の一九四七年四月二十八日、ベッルーノ在住のリンダ・チメッタ・イン・アッゾリンがヴェネツィアにやってきた。この四五歳の中年女性は、密輸品のタバコを手に入れるつもりだった。女友だちの家に泊まった翌日、やみ取引業者の情報を探しに出かけたのだが、彼女が得た情報は、とんでもなく間違っていた。ブリンディジ出身のバルトロメオ・トーマ三九歳が、リアルト橋のたもとのサン・バルトロメオ広場に近い自宅に彼女を引き入れたのだ。彼女にタバコを売りたいと言いながら、本心は彼女を誘拐するつもりだった。彼女はうなじを斧で数回打たれて殺された。四月二十九日一七時三〇分のことである。この事件に、四五歳のゴンドリエーレ、ルイージ・サルディが関わっていた。彼は善良な男で働き者だったが、少し奇妙なところがあり、「気違いジージョ」と呼ばれていた。翌四月三十日、二人は死体を消し去ろうと決心した。しかし、彼女の身体は死後硬直でこわばり、入れるつもりだったトランクにおさまらなかった。そこで彼らは鋸を使い、腰のあたりで死体を切断した。トランクはサルディのゴンドラの底に乗せて運ばれ、カジン・デイ・スピリティ沖のラグーナに沈めた。当初トーマは、サルディの関与はゴンドラでトランクを運んだことだけだと言っていたが、その後、殺害にも加わっていたと訴えた。ゴンドリエーレのほうは、一貫して無罪を主張した。トランクの捜索は難航したが、五月になって、サンドロでイカ漁をしていた三人の漁師によって偶然発見された。彼らは、異常な数の蟹が群がっていることを不思議に思ったのだった。数日後、ヴェネツィア市が費用を出して葬儀が行なわれ、一〇〇艘のゴンドラが棺をローマ広場まで見送った。最終判決は一九五五年に下され、トーマは終身刑となった。サルディは、精神病であると判断されて三〇年の刑となったが、結局六年が軽減された。

チメッタ殺害事件の審議はこれで終わったが、一連の出来事にはまだ続きがあった。一九六〇年七月六日、トーマはもう一人の終身刑囚とともに、ヴェントテーネ島に近いサント・ステファノ島の監獄から脱獄したのである。その後、二人の姿を見た者は誰もいない。その日はちょうど大しけだったので、ティレニア海で溺れたのだろうと考えられている。ルイージ・サルディは、一九七三年⑦にレッジョ・エミリアの刑務所精神病院から出所した。ヴェネツィアに戻った彼は、櫂を握るのはやめて、サント・ステファノ広場で菓子売りを始めた。一九八〇年一月九日、この元ゴンドリエーレは、ファッブリ小路の暗がりで、五五歳の警察署長サヴィーノ・シニジを待っていた。シニジはチメッタ事件の捜査には加わっておらず、保護観察期間のサルディが社会復帰をする手助けをしていた。だがサルディは、この警官のなかに、自分が被ったすべての災難の象徴を見たのだろう。彼に襲いかかり、木材を芯に詰めた鉄パイプでうなじを殴ったのである。サルディは八〇歳近くになっていたが、腕力はまだ強かった。シニジは倒れ、翌朝死亡した。殺人犯となったサルディはすぐに逮捕されたが、取りつかれたように「俺は無実だったんだ」と繰り返していた。そして、その言葉を三年後に死ぬまで言い続けていた。

ゴンドラでの移動は、自動車ほど危険ではない。それでも、事故は時々起こる。たとえば、一九五一年七月十八日の『ガゼッティーノ』紙は、サッカーのセリエAの元審判員フェッルッチョ・ボニヴェントが、モトトーポ（輸送用の舟）とカルボンのトラゲットのゴンドラとの衝突によって水に落ちたことを伝えている。一九六七年六月八日には、一艘のモトトーポが三人の観光客を乗せたゴンドラに側面衝突し、ゴンドリエーレと他の数人が水に飛び込んで三人を助けた。それから一か月あまりたった七月十六日には、溜息橋の下で三人のアメリカ人を乗せたゴンドラが転覆し、一人の通行人が救助のために飛び込んだ。

一九九七年十月三日、三人のオーストラリア人観光客を乗せたゴンドラが、ホテル・ダニエリに近いサン・マルコの水辺で、ヴァポレットが起こした波のために転覆した。ヴァポレットの船尾から飛び込んだヴェネツィア人とタクシー運転手の手助けもあって、乗客は無事だった。だが、ヴァポレットの操縦手と三人のゴンドリエーレは裁判にかけられた。三人のゴンドリエーレは、転覆したゴンドラの漕ぎ手と二人の同僚で、公共交通の舟が接近中であるのに舟溜りを出て、ヴァポレットに危険な操縦を強要した責任を問われたのである。とはいえ、予審が行なわれたのは二〇〇五年十二月十五日のことだった。時間が経過しすぎていたので時効が成立し、全員が家に帰された。より劇的なゴンドラ転覆事故は、サン・トマのトラゲットで起こった。原因はやはり波によるものだった。二〇〇三年十一月二十一日の一五時三〇分過ぎ、三人の子供を含む一四人（規則で認められた最大定員）の乗客を乗せた舟がカ・ガルゾーニ＝モーロの船着場に着岸した。そこにいわゆる「逆波」が押し寄せたのである。これは、潮位が非常に低いときにモーター付きの舟が通ると大運河に生じる異常な波である。ゴンドラは横揺れし始め、転覆した。二人の子どもが舟の下に取り残された。大きいほうのアレッシオ君八歳は、自力で水面に出てきた。小さいほうのロレンツォ君六歳は、転覆したゴンドラの底と水の間にたまった空気で呼吸しながら必死で浮いていた。ゴンドリエーレのニコラ・ナルディン三八歳は、乗客の数を数えて、子どもが一人足りないことに気づいた。ゴ彼の同僚アルベルト・ロッセッティ四二歳――仲間のうちでも潜りの達人だった――がパンツ一枚になり、飛び込んで子どもを助けた。二〇〇四年八月二十四日、ふたたび子どもが水に落ちる事故が発生した。今回は深刻な結果になる危険をはらんでいた。一七時三〇分頃、リアルトに近いカルボンの岸の舟溜りに戻ろうとしていたゴンドラにヴァポレットが衝突した。ゴンドラにはオランダ人の一家が乗っていた。父親と母親と二人の子どもである。パニックに陥った四人が突然移動したため、ゴンドラは転覆してしまった。小さい男の子は一分以上水中にいた。ゴンドリエーレのシルヴィオ・ピッラが引き揚げ、救急隊の医者が肺から水を出して、彼は助かった。

（1）＊輸送用の重い舟。
（2）＊ヴェネツィア共和国政府の部局のひとつで、警察の役割を果たした。時代が下るにつれ、権限が他の部局に移されて重要性が低下したが、警吏はずっとこの部局に属していた。
（3）ヴェネツィア共和国の司法長官のような官職。民事・刑事両面を扱い、貴族の登録簿や大評議会決議記録の管理も行なった。
（4）＊カジノはヴェネツィア貴族の別宅の一種である。規模は小さめで、会話や賭け事や読書をするために過ごす場所だった。もちろん、恋愛を楽しむためにも使われ、この側面が他の国々にも広まって、近代的な意味のカジノになっていった。
（5）角は妻を寝取られたことを意味し、侮辱やからかいのしるしとなる。
（6）ドイツ人商館のこと。
（7）＊刑が満了する予定だった一九七九年よりも六年早い。

13　五線譜とフィルムとペン先

従者クルヴェナルは瀕死のトリスタンを眠らずに看病している。楽調には暗く不吉な主題が入り込む。これは、『トリスタンとイゾルデ』第三幕の冒頭である。リヒャルト・ワーグナーは、ここを作曲していたとき、ゴンドリエーレの歌を思い起こし、インスピレーションの湧くまま、その調べに心をゆだねていた。「低いうめき声がクレシェンドで上がっていき、引き伸ばされた〈オー〉になり、感極まった〈ヴェネツィア〉という叫びになる」と、彼は書いている。ヴォルフガング・ゲーテもまた、ゴンドリエーレの歌の独得な側面をとらえ、「痛みを伴わない嘆きのように響き、涙が流れ出るほど心を揺り動かすような信じがたいものを持っている」と述べる。今日では、トリスタンとゴンドリエーレを結びつけるのは、アカデミックな好奇心にしか思えないかもしれない。「ベル・カントの国」では、もうずいぶん前から音楽が見向きもされなくなっている。だが、かつてのヴェネツィアはさまざまな調べに浸されていた。「もし君が音楽を意味する言葉を探しているのなら、その言葉は〈ヴェネツィア〉だ」と、フリードリヒ・ニーチェも述べている。

われわれは、何世紀も昔の、誰もが歌をさえずっていた時代に思いを馳せねばならない。どの職業にも、独自の特別な歌があった。ゴンドリエーレもそうだが、他の職業もそうだった。杭打ち職人は、運河の泥の底に舫《もや》い杭を打ち込みながら歌い、歌うことで杭の頭に槌を打ち下ろすリズムを刻んだ。研ぎ師は注意を引くために歌い、女たちは洗濯をしながら気を紛らせるために歌った。金持ちは自宅で音楽を奏でさせ、貧しい者は路上で音楽を楽しんだ。「ヴェネツィアでは、広場でも道でも、運河の上でも、歌が歌われる。店屋は商品を売りながら歌い、労働者は仕事を放置して歌い、ゴンドリエーレは主人を待ちながら歌う」とは、この歌好きな都市を描写したカルロ・ゴルドーニの言葉である。一七七〇年にヴェネツィアを訪れたイギリスの作曲家チャールズ・バーニーの記述も、この劇作家の言葉を肯定している。「生活は真夜中を過ぎてから始まる。この時間になると、運河はゴンドラであふれ、サン・マルコ広場には人々が群がって、調和のとれた歌があちらからもこちらからも響いてくる。この都市の人々には仲良く腕を組んで散歩をする習慣があり、音楽で会話をしているかのように見えるほどだ。それは水に浮かぶゴンドラも同じである」。ゴルドーニ自身も、二五歳だった一七三二年に初めての音楽会用幕間劇『ヴェネツィアのゴンドリエーレ』を書いて、美しい歌《ベル・カント》を増やすのに貢献した。その主人公ブレギンは「まもなく大運河《カナラッツォ》で始めなければならない」ゴンドラ漕ぎの仕事ではなく、ベッセッタ(1)で浪費した金のことを心配している様子である(これは非常に現実味のある情景である)。

水の上でも歌が歌われた。ヴェネツィア艦隊のガレー船では、海軍専用に作曲された行進曲が演奏されていたが、残念ながらそれは完全に失われてしまった。船頭は運搬用の重い舟を漕ぎながら歌った。ゴンドリエーレは客を楽しませるために歌った。ゴンドラは、有名な音楽家にとっても無名の音楽家にとっても、汲めど尽きせぬ霊感の源となり、無数の舟歌を生んだ。舟歌は十九世紀いっぱいまで、きわめて人気の高いジャンルだった。もっとも、同調しない人もいることはいた。ゴンドリエーレの歌は、ワーグナーとニーチェを魅了したのと同じくらい(「私はさっきまで橋の上にいた。夜の暗闇に遠くから歌が聞こえてきた。ゴンドラ、灯り、音楽。誰かがひっそりとゴンドリエーレの歌を歌っていた」と一八八九年にニーチェは書いた）、マーク・トウェインをうんざりさせた。一八六七年にヴェネツィアにやってきたトウェインは、雇ったゴンドリエーレを「みすぼらしい乞食」とみなし、その歌は「鼓膜を破る」と感じて彼を黙らせ、そうでもしなければ「私たち二人のうちどちらかが水に落ちていただろう」と述べた。

昔のゴンドリエーレはタッソを吟じた。その詩句を知らない船頭などいなかったし、ヴェネツィア方言に訳されていたほどだった。一六九五年にはゴンドリエーレ用の『解放されたるエルサレム』、すなわち『ヴェネツィアの船頭のためのタッソ替え歌』が出版された（一九六一年に王立ブチントーロ漕手協会が主催したゴンドラの遺物の展覧会で、その一冊が展示された）。ゴンドリエーレが書く詩はジャン＝ジャック・ルソーに感銘を与えた。彼は一七四三年から一七四四年にかけて、ヴェネツィア駐剳《ちゅうさつ》フランス大使の秘書だった。彼こそ、『音楽辞典』に舟歌のことを書いて、これを国際的にした人物であった。彼は、ゴンドリエーレからゴンドリエーレへと歌い継がれて運河の上を渡っていくタッソの詩句について語り、ゴンドリエーレが市内の多くの劇場に無料で入れることが、このような趣味を形成するのに役立っていると述べている。

「今宵私は、独自のメロディーにのせてタッソやアリオストを歌うゴンドリエーレたちを予約して、かの有名な歌を堪能した。月明かりの下、私たちはゴンドラに乗り込んだ。歌い手の一人は舳先に、もう一人は艫に立って、すぐに歌い始めた。一句ごとに代わる代わる歌った。その旋律は、合唱とレチタティーヴォの中間のような感じだった」。ゲーテは一七八六年にこう書き、このように歌うのがゴンドリエーレたちだけの特技なのではないと付け加えている。船頭は彼に、ペレストリーナやマラモッコの漁師の妻たちは、男たちが海にいる間、同じメロディーでタッソやアリオストを歌うのだと説明した。彼女たちは夕方になると岸辺に座り、沖にいる愛しい男たちが返してくれる声が遠く聞こえなくなるまで、よく通る声で歌うのである。ヴェネツィアの岸辺で、歌が陸と海の間で追いかけっこをするかのように行ったり来たりする様子は、想像しただけでもすばらしい。

十八世紀には、ピエトロ・ブラッティの詩にジョヴァン・バッティスタ・ペルキーニが曲をつけた「小舟《ラ・バルケータ》」という歌が大流行した。どのような舟を歌ったものかは明白だ。歌詞の中にフェルツェが出てくるからである。だが、ゴンドラに関する歌で最も有名なのは、間違いなく、かの悪評高き「小さなゴンドラの金髪娘《ビオンディーナ》」だろう。時代を超えて知名度が高かったこの歌の主人公である金髪の女性は実在した。マリーナ・クェリーニ・ベンゾンという名で、カザノヴァの時代のヴェネツィアの著名人だった。曲を書いたのは、ヨハン・ジモン・マイールというバイエルン人の作曲家である。全ヨーロッパ的な名声を博していた彼は、舟歌を学ぶためにヴェネツィアにやってきて、ヴェネツィア方言の歌に威厳を与え、ヨーロッパの大部分のサロンに流行らせる立役者となった。詩をつけたのは、アントン・マリア・ランベルティである。彼は、この金髪娘についてティツィアーノ・リッツォが書いた本の中で、「十八世紀ヴェネツィア詩人の第一人者」と言われた。リッツォもまたマリーナ・クェリーニ・ベンゾンを称える詩を書いている。彼女はヴェネツィアの貴族で、一七五七年にヴェネツィア領のコルフ島で生まれた（よって、「ギリシア生まれ《グレカ》」だった。同じくヴェネツィアで有名だったイザベッラ・テオトキ・アルブリッツィもコルフ生まれで、二人はヴェネツィアで最も憧れの的となるサロンの女主人の座を争った）。そして、一七七七年に、大運河沿いの屋敷を所有する裕福な貴族ピエトロ・ジョヴァンニ・ベンゾンと結婚した。マリーナはとても美人で、輝くような金髪を持ち、背が高く、夫よりも額ひとつ抜き出ているほどだった（ピエトロ・ロンギが描いた肖像画があったが、一九二二年以降、行方が知れない）。知性の高さと機知の鋭さによって会話の女王となり、辛らつな皮肉を言ったかと思えば、レトリックに満ちた荘厳な言葉を言い、ユーモアを散りばめるのもメランコリックになるのも自在だった。男たちは彼女に夢中になった。貴族ピエトロ・ザグリは、一七八九年にカザノヴァにこう書き送った。「ベンゾン夫人は、一日に少なくとも二度はここに現れ、皆を茫然とさせ、彼女に恋をしたというよりも発狂してしまった一〇人から一二人の取り巻きをじらせます」。彼女のほうで気を引きたい男がいれば、じっと待ってはいなかった。彼女が関心を持った男がコーヒーを飲むのに使うカップの底に自分の肖像画を描かせ、飲み終わると美しい顔が現れるようにさせたりまでした。それだけではない。一七八六年、アンジェロ・タミアッツォというスパイが異端審問官に手紙を書き送り、この貴族女性が金目当てに有名な外国人をもてなしていると告発した。彼はさらにこう述べる。「外国人たちは、国に帰ると、金を払ってヴェネツィアの婦人を楽しんだ、と言うでしょう」。だがいずれにせよ、彼女だけがそうだったのではない。貴族パスクァリーゴ家のある女性は、自分を陳列するように家の戸口に立ったし、別の貴族女性チェチリア・ミニオは路上で客引きをした。

「金髪娘をゴンドラに／私はある晩いざなった／かわいい娘は喜びのあまり／すぐに眠り込んでしまったよ」。ヴェネツィアの有名な舟歌は、このように始まる。作詞作曲されたのがいつか、正確にはわからないが、一七八八年には路上で歌われていたので、その年か少し前と考えられる。この歌はあまりにもスキャンダラスだとみなされたため、世間の注目を浴び、国家審問官に密告される事態を招いた。密告者の一人ジロラモ・リオーニは、とあるカフェで「仮面をつけた男三人が声をそろえて〈小さなゴンドラの金髪娘〉を歌っていた」と一七八八年一月二十八日付で書いている。先述のように、「金髪娘《ビオンディーナ》」の名声はヨーロッパ中に広まった。フリードリヒ・リュッケルトはこの舟歌をドイツ語に訳した。「ゴンドラに昨晩／私の愛しい金髪娘《ブロンチエン》を導いた」。十九世紀半ばには、フランスの詩人テオフィル・ゴーティエが、チロルのヨーデル風に歌われた「金髪娘《ビオンディーナ》」に言及している。ある晩、彼は数人の友人と一艘の歌手つきゴンドラを借りたところ、歌手は、「グラス満杯の酒で喉を潤してから、喉の深いところから少ししわがれた声を出してわれわれに歌ってくれた。彼の声は水の上を遠くまで広がっていった。音や節回しを引き伸ばした歌い方は、チロルの歌手の歌い方のようだった。歌は〈小さなゴンドラの金髪娘〉だった」。

その間にもマリーナはサロンを開き続けていた（イザベッラ・テオトキ・アルブリッツィのサロンのほうが洗練度が高いとみなされていたので、おそろくは怒りで震え続けてもいただろう）。だが、歴史がその流れを止めるときが来る。一七九七年五月十二日、いとも静謐なるヴェネツィア共和国は地上から消えた。六月四日、フランス人たちはサン・マルコ広場で「自由のための踊り」を踊って自分たちの勝利を祝った。大砲が轟き、鐘が鳴り響き、広場の中央には「自由の木」が立てられて、その周りで深夜まで踊り続けたのである。『ガゼッタ・ウルバーナ・ヴェネタ』紙は、次のように書いた。「ドージェの金のマントとコルノ帽、貴族の家系を記録した『黄金の書』[2]、消滅した貴族階級のしるしとなるその他のもの、すべてが火刑台の上に積み上げられて燃やされ、灰は風に乗って舞い散った」（幸い、『黄金の書』は原本ではなく、印刷された写しでしかなかった）。ある時点で、オーケストラがカルマニョーラ[3]を演奏し始めた。ティツィアーノ・リッツォによれば、「とても美しく背の高い女性がいた。ありふれた服を着て髪を乱してはいても、生まれの高貴さは隠すことができなかった。彼女はある修道士、つまり、有名な説教師であるロヤーノ神父と、踊っていた。それはマリーナ、かのまばゆいばかりのベンゾンだった。このような場に彼女は欠かすことができないのだ。彼らはぐるぐると回って踊り、いっしょに地面に倒れた。二人とも両脚を宙に上げ、スリップも僧服も頭まで裏返り、どっと笑いが起こった」。もしスキャンダルがこれだけだったのであれば、なぜマリーナが「半裸で」あるいは「だらしない姿で」踊ったと言い伝えられているのかが理解できない。だが、そう言われているのだ。ジャン・モリスは著書『ヴェニス』で、彼女が

「アテネ風のチュニック」を着ていたと述べている。それから何年もの歳月が流れ、彼女の容色は著しく衰えて、「破れ布団」とあだ名されるほどになった。そのうえ、この伯爵夫人はポレンタ[4]がたいそうお気に入りで、冬には大きく切ったポレンタの塊を豊かな胸に隠したものだったが、ゴンドラで彼女と隣り合わせに座った者は、襟元から湯気が立ち上るという珍しい光景を目にしたので、「湯気っ子」という新しいあだ名までついた。晩年は、屋敷のバルコニーに置いた肘掛け椅子から大運河を眺めて過ごした。ゴンドリエーレたちは、それがかの金髪娘《ビオンディーナ》であることがわかっていたので、バルコニーの下を通るときには必ず彼女に挨拶した。亡くなったのは、一八三九年三月一日、享年八二歳だった。

　舟歌は、フランツ・ヴェルフェルが『ヴェルディ』に書いたところによれば、櫂の動きそのものにインスピレーションを得ている。彼は言う。「やっと感じられるほどの動きで、ゴンドラは滑るように前進する。櫂が止まると減速する。その繰り返しなのだ。長音と短音。この動きが、すべての舟歌を生んだのだ。またあるとき、『リゴレット』を作曲していたヴェルディは、この動きを〈ヴェネツィア風八分の六拍子〉と名づけた」。いずれにせよ、ヴェネツィアとヴェネツィアの有名な小舟にインスピレーションを受けた音楽家は多い。一八二四年に、フランツ・シューベルトは「ゴンドラ漕ぎ」を、ロベルト・シューマンは「ヴェネツィア歌曲」を作曲した。また、ロシア人ミハイル・グリンカの「ヴェネツィアの夜」は一八三二年の作である。ジョアッキーノ・ロッシーニは、一八一六年に『セヴィリアの理髪師』の歌の練習の中に「小さなゴンドラの金髪娘」を挿入したし、一八三五年にはパリにいて、「音楽の夕べ」で「レガータ」を演奏した（「漕げ、おお祝福されたるトニーノよ、漕げ、漕ぐのだ」）。その五年後、今度はエクトル・ベルリオーズが『夏の夜』の中に「ラグーナの上で」という舟歌を作曲した。そして、明確にゴンドラに言及しているわけではないにしろ、最も有名な舟歌を挙げないわけにはいかない。それは、一八八〇年にジャック・オッフェンバックがオペレッタ『ホフマン物語』のために作曲した舟歌である。彼はこの曲で、たった三つの音だけで奏でられる不滅のメロディーを生み出した。

フランツ・リストはリヒャルト・ワーグナーとともに、現在は冬にカジノが開かれるヴェンドラミン＝カレルジ館に住んでいた。リストは、娘婿（娘のコジマはワーグナーと結婚した）の死——一八八三年二月十三日——の少し前に、窓から見た葬送用ゴンドラにインスピレーションを受けて「喪のゴンドラ」を作曲した。著書『ヴェニス——はかない都市　一七九七—一九九七』に、舟歌は「ヴェネツィアと死の間にある魅惑を予言する作品である」と書いたのは、マーガレット・プラントである。しかし、すでに一八三九年にハンガリー人のリストは、「小さなゴンドラの金髪娘」にインスピレーションを感じるがまま、その主旋律をピアノ組曲『巡礼の年』に取り入れた。ワーグナーの死から六年たった一八八九年の十一月か十二月、フリードリヒ・ニーチェはリアルト橋の上で足を止め、ゴンドリエーレたちがタッソを歌うのを聞いた。「ゴンドラの歌」の着想を彼に与えたのは、このときに聞いた歌だった。また、ジュゼッペ・ヴェルディの『オテッロ』は、キプロスを舞台とした作品ではあるが、何十年もの間、ムーア人オセロがヴェネツィアに帰還するシーンは、ゴンドラの舳先に乗ってなされるのが通例となっていた。

シリアスものからコメディにいたるまで、オペラからオペレッタにいたるまで、ゴンドラは人気の高い作曲家たちにもインスピレーションを与えてきた。『ヴェネツィアの一夜』は、ヨハン・シュトラウスのオペレッタのタイトルで、一八八三年十月三日にベルリンで初演された。ウルビーノ公の理髪師カラメッロはテノールの役で、アリア「来たれゴンドラに、いとしい人よ、乗りたまえ」を歌う。ワルツのリズムが舟歌のリズムと交じり合い、その調べに導かれるように、誘惑の舟であるゴンドラが登場する。のちの改訂版では、カラメッロの美しい恋人がウルビーノ公に奪われるのをゴンドリエーレたちの呼び声が暗示する。

『ゴンドリエーレたち』は、ギルバート&サリバンのペアによる最後の成功作である。このオペレッタは、一八八九年十二月七日にロンドンのサヴォイ劇場（落成は一八八一年で、白熱灯を世界で初めて照明に用いた劇場である）で初演された。一般大衆にも評論家にも非常に好評で、二年半で五五四回行なわれた公演のポスターが残っている。主人公は二人のゴンドリエーレ、マルコとジュゼッペのパルミエーリ兄弟で、どちらもあまりにも美男子なので、彼らがそれぞれに結婚相手を見つけるまで、他の男たちは誰も結婚できないという設定である。そこには政治的な要素も取り入れられている（それが当時のイギリス社会に訴えかけた）。すなわち、二人のゴンドリエーレは熱烈な共和主義者で、平等主義的君主のもとにバラタリア王国を再編するのである。そのような内容であるにもかかわらず、オペレッタ『ゴンドリエーレたち』はヴィクトリア女王に好まれた、というよりも絶賛された。この作品は、ウィンザー城で上演された唯一のオペレッタだった。女王は一八九一年、私的な上演会の準備を興業主に依頼した。こうして実現した公演を玉座から観劇した女王は、拍手を送り、笑い、扇子で拍子をとった。上演が終わると、城内で一座に晩餐がふるまわれた。ヴェネツィアを題材にしたこのオペレッタは、一九二九年十月二十一日にサヴォイ劇場が再開されたときの演目にもなった。同劇場は、その年の六月、激怒した労働者の群れが押し入ったために損害を受けていたのであった。

当時最も重要だった娯楽プロデューサーもまた、ヴェネツィアとゴンドラを放ってはおかなかった。イムレ・キラルフィーが一八九三年にオリンピアで『ロンドンのヴェニス』を企画したのは、おそらく、一〇年前の成功をうらやんでのことだっただろう。正しくは『イムレ・キラルフィーがロンドンのオリンピアにつくったヴェニス』と銘打たれたこの催しの新聞広告には、どの列車に乗ってもアディソン・ロード駅で降りれば会場に行くことができ、現代のヴェネツィアがオリジナルの都市を忠実に再現してつくられているると説明されている。いっぽう、ミュージカル劇『海の花嫁ヴェニス』では昔のままのヴェネツィアが再現され、『タイムズ』紙が「ロンドンで上演されたこの種のショーの中では、ずば抜けて重要」と評した。キラルフィーは、本名をケーニヒスバウムといったが、当時、最も権威あるスターで、ブロードウェイ、ロンドン、パリ、ブリュッセル、シカゴ、フィラデルフィアなどでショーを上演した。一九〇八年のロンドン・オリンピックの会場を建設させたのも彼だった。『海の花嫁ヴェニス』のポスター、チラシ、新聞の折り込み広告は、ゴンドラを利用することで観客を引きつけた。だが、二十世紀には舟歌の重要性が低下し、インスピレーションの源泉としてゴンドラが持つ力も弱まったようだ。たとえば、ヴェネツィアの作曲家ジャン・フランチェスコ・マリピエロ（一八八二―一九七三）は、ヴェネツィアの旋律から着想を得た曲をいくつか書いたが、作品名には「ゴンドラ」という語をまったく使っていない。二十世紀における音楽とゴンドラの関係は、何よりもまず、葬儀に関することだった。振付師のセルゲイ・ディアギレフ（一九二九年没）と作曲家イーゴリ・ストラヴィンスキー（一九七一年没）は、ヴェネツィアに葬られることを望んだ。彼らの墓は、サン・ミケーレ島の墓地の正教徒用の区画にある。このロシア人作曲家の葬儀は、ゴンドラが霊柩車として利用された最後の数例のひとつとなった。以後、その役割は完全にモーターボートのものとなる。

ストラヴィンスキーの死と同じころ、ベンジャミン・ブリテンがトマス・マンに音楽をつけた。『ヴェニスに死す』は一九七三年に初演されたが、主役はアシェンバハをリドに運ぶゴンドリエーレで、カウンターテナーによって演じられた。だが、たとえ今日の上品な音楽ではゴンドラの主題が忘れ去られているように見えたとしても、軽音楽の場合はそうではない。ヴェネツィアの舟に言及した数多くの歌のなかでも忘れてならないのは、一九六二年のサン・レモ音楽祭でエルネスト・ボニーノが歌った有名な「ゴンドリ・ゴンドラ」である。また、アルメニア系フランス人アーティストのシャルル・アズナヴールは、「哀しみのヴェニス」で大成功をおさめた。この歌はフランス語だけでなくイタリア語でも歌われるが、イタリア語の歌詞は「なんと哀しげなヴェネツィア／もし舟のなかに／ゴンドリエーレ一人だけがいて／君を見つめているのだとしたら」である。しかしフランス語では、ゴンドリエーレという語は「船頭《バルカロール》」に置き換えられてしまう。かのマドンナでさえも、ラグーナの魅力に抗えなかった。「ライク・ア・ヴァージン」のプロモーション・ビデオ（一九八四年、メアリ・ランバート監督）では、税関の先《プンタ・デッラ・ドガーナ》の円柱の間をライオンが歩き回るというありえないシーンに続いて、モーター付きの舟に乗って水路の上で身体をゆすり、終盤では、ライオンの仮面をつけた男性にエスコートされながら、黒い手袋にやはり黒い十八世紀風の頭飾りという正装姿でゴンドラに乗り込むのである。

音楽から映画へ目を移そう。だがその前に、静止画像も見ておこう。プリモリ伯爵は、一八九八年八月二日に初めての連続写真を撮った。それは大運河での愛の小旅行を題材とした八枚の写真で、主役となったのは、にわか仕立ての役者ジャン゠ルイ・フォランとジャンヌ・ボシュの二人だった。プリモリはまた、ゴンドラの舳先に座り、黒いショールに包まれた女優エレオノーラ・ドゥーゼも撮っている。船尾にいるゴンドリエーレは、二色の靴を履いている。

だが、その二年前、ゴンドラの動きはルイ・リュミエールに映画の基本的な技術についてのアイデアを思いつかせた。つまり、カメラを台車《ドリー》に載せて動かす方法である。「私はゴンドラに乗って宿に帰る途中だった」と、映画の父は告白する。「私の目には、舟の前で岸辺が逃げるように消えていくのが映っていた。そこで私は、映画は動く像を再生できるのだから、発想を逆転させ、動く撮影機械を使って動かない対象を撮ることを試してみてもいいはずだと思ったのだ」。彼が使っていたカメラマンのアレクサンドル・プロミオは、一八九六年七月に、映画史上初の「移動撮影」を実行した。撮影用カメラを動いているゴンドラの上に設置し、『舟から見た大運河のパノラマ』を撮ったのである。同じ技法を用いて、フランチェスコ・パシネッティは一九四二年に悲痛なドキュメンタリー映画『小さなヴェネツィア』を撮ることになる。リュミエールとプロミオの直観は革命的だった。初めて、撮影機械が動いたのである。いずれにせよ、映画の父は、撮影のためだけでなく上映のためにもヴェネツィアを訪れた。ミネルヴァ劇場では、サン・ジョヴァンニ・エ・パオロの前に泊まったゴンドラの映像を映し出した。

オーストリア人のマックス・ラインハルトは、一九一三年に『ヴェネツィアの一夜』を撮った。舞台は一八六〇年、オーストリア支配下のヴェネツィアである。そのタイトルは、ヨハン・シュトラウスや、多くのオーストリア人芸術家にとって親しみ深かったウィーン的ヴェネツィアの雰囲気を思い起こさせる。主人公はドイツ人の学生で、列車でやってきた彼は、仕草やふるまいがチャップリン風の乞食ピピストレッロと仲良くなる。二人はゴンドラに乗り、ピピストレッロはしきりにアクロバットをする。地面に跳び乗ったかと思えば、上手にゴンドラの船尾に跳び戻る、といった具合である。二人は不幸せな花嫁に出会う。若いイギリス人の娘で、メストレ出身の太った石油業者と結婚しなければならないのだ。新婚初夜、全員が同じホテルに居合わせることになる。

一九三二年の『極楽特急』は、エルンスト・ルビッチ監督の最高傑作と考えられており、いずれにせよ、監督自身も気に入っていた。ホテルを舞台に込み入った話が展開するタイプの映画で、その種の早い例のひとつである。冒頭は一連のヴェネツィアの風景で始まる。そして、一人のゴンドリエーレ兼道路清掃人が、ゴミバケツの中身を自分の舟に積み上げたゴミの山の上にあける。この映画は意図的に、ロマンティックな舟としてのゴンドラをゴミ処理の道具にすり替え、その脱神話化を図っている。ゴンドリエーレが櫂を手にとって漕ぎ始めると、「オー・ソーレ・ミオ」の音楽が溢れるように流れ始める。だが、実際に歌っているのは、テノール歌手のエンリコ・カルーソである。一九三五年にはフランスの監督ルネ・クレールがイギリスに行って、英語による喜劇『幽霊西へ行く』を撮る。その中で、アメリカ人の大富豪がスコットランドの古城（幽霊つきの）を買い、池にゴンドラを浮かべるシーンがある。

アメリカとハリウッドの撮影スタジオは、ゴンドラに熱をあげ、独自のゴンドラをつくってファンタジーの一部にした。トマス・H・インスは一九一四年に無声映画『イタリア人』を撮った。イタリア語版では『ヴェネツィアのゴンドリエーレ』という題になったが、この作品では、イタリア人とゴンドリエーレが同一視され、重ね合わされている。一九三五年のハリウッド映画では、クラレンス・ブラウンの『アンナ・カレーニナ』でグレタ・ガルボが、『トップ・ハット』でフレッド・アステアとジンジャー・ロジャーズが、ゴンドラに乗った。また、『市民ケーン』（一九四一年）でも、ケーン邸の庭にゴンドラがある。もっとも、監督のオーソン・ウェルズが頻繁にヴェネツィアを訪れるようになるのは、もっと後年のことである。一九七六年にもまだ、夢物語的なゴンドラの範疇に入れることのできる作品がある。『フェデリコ・フェリーニのカサノバ』では、明らかに作り物のヴェネツィアの偽物の運河で、ドナルド・サザーランドが奇妙なゴンドラに乗るのだが、すべてはフェリーニのファンタジーの産物である。

いっぽう、フランチェスコ・パシネッティが一九四二年に制作した二本の映画は、それぞれ二〇分ほどの短さであるが、写実主義的なドキュメンタリーである。そのうちのひとつ、『小さなヴェネツィア』は、ヨハン・セバスティアン・バッハの音楽だけを背景に、ゴンドラの高さから撮ったヴェネツィアを映し出す。舟に取りつけられた撮影用カメラは、橋の下をくぐりながら、運河の風景や、当時ヴェネツィアに住んでいた貧しい人々の人間性溢れる姿をとらえた、映画としてはまったく斬新なシーンを実現した。もういっぽうの『ゴンドラ』は、もう少し普通の撮りかたで、ゴンドラの歴史を簡単にたどったあと、当時のゴンドラの世界を比類ないほど見事に描き出している。たとえば、トラモンティン・スクェーロでは驚くほど多くの人が働いており――今日見慣れた光景では二人しかいないのと対照的だ――、年輩の職人も数人いて、フェルト帽をかぶり、むっつりした表情で黙々と働いている。また、フェルツェがついたゴンドラを二人のゴンドリエーレが漕ぐという、いまでは失われた光景も見える。さらに、『ヴェネツィア、月と君』（一九五八年）以前、つまりフィレンツェの麦藁帽子が使われるようになる以前の時代の服装をしたゴンドリエーレも映っている。ゴンドラの船首やフェッロをクローズアップしながら舟の操縦を「内から」捕らえたショットには目を見張るものがある。同じ技法は、アンドレア・ロビラントの『大運河』でも用いられた。一九四三年のこの作品は、前述したように、ジャチント・ガッリーナの『セレニッシマ』とヴァポレットの導入に反対したゴンドリエーレたちの一八八一年の闘いに着想を得ている。

『大運河』は、全時代を通じて最も重要なゴルドーニ劇俳優の一人、チェスコ・バセッジョの芸術的方向性によって、いっそう価値が高められている。彼が演じたメネゴはゴンドリエーレの典型的な人物像で、息子のルーポもそうなのだが、孫のルペットは伝統に無頓着で、二人を困らせる。ルペットは、櫂よりもヴァポレットの舵のほうを好む。彼の花嫁となる娘にこの悪臭を放つ船を紹介するのは、悪意あるフランス人女性企業家である（その娘はインピラレッサをしていた。これは、長い針でビーズに糸を通して首飾りをつくる仕事で、かつてはありふれた女性の職業だったが、いまでは消えてしまった）。メネゴの性質をそっくり受け継いだ息子のルーポも、ルペットも、当時の実在の人物をモデルにしている。前者は、トレポルティ（ヴェネツィアのラグーナの周辺をなす半島のひとつ）の有名なレガータ選手で、後者はその息子のアルマンドである。この映画は、レガータを初めてカラーで撮影したことでも重要である。アグロカラーのフィルムを使い、一九四二年の特別なレガータを扱ったが、それはルーポにとってとりわけよい前兆となった。彼は一九四六年、すなわちイタリア解放後最初の歴史レガータのレースで優勝するからである。

ムッソリーニの社会共和国のもとで制作され、連合軍上陸後に発表されたフランチェスコ・デ・ロベルティスの『素朴な生活』（一九四五年）は、ある弁護士に対するゴンドラ職人一家の闘いを描いている。弁護士は、サン・トロヴァーゾのスクェーロを工場に改造するために売ろうとするが、最後には、ヴェネツィア的な生活、つまり、まさに素朴な生活の素晴らしさに気づき、改心するのである。同じく一九四五年の作品に、カルロ・カンポガッリアーニの『悪魔のゴンドラ』がある。これは、ルネサンスを舞台とした時代劇のフィルム・ノワールで、ゴンドラが謎に満ちた一連の犯罪の中心にある。最も疑わしく思われたゴンドリエーレは、最後には正義の使者であることが判明する。

一九五五年の『旅情』は、ヴェネツィアを舞台とした最初のカラー作品である。監督はデヴィッド・リーンで、キャサリン・ヘプバーンとロッサノ・ブラッツィが主役を演じた。オハイオ州で秘書をしているジェインがヴァカンスでヴェネツィアにやってきて、女たらしのアンティーク商レナートと恋に落ちるが、レナートは大家族の父親だったことがわかるという筋書きである。彼女はヴァポレットに乗ったり、行き交うゴンドラを眺めたりもする。実際には、このハリウッドの女性スターはホテル・グリッティの近くの館に住んでおり、そこがリーンの宿となった。彼女はまた、完全に自分の自由にできるゴンドラを持っていた。

ゴンドラは、『シシー――ある皇妃の運命』（一九五七年）でも大きな存在感を与えられている。これは、エルンスト・マリシュカが皇帝フランツ・ヨーゼフの妃エリーザベトに捧げた三部作の最後の作品である。もっとも、映画の構成は現実とかなり異なっている。すでに述べたように、皇帝夫妻がヴェネツィアに着いたのは雪の降る冬の日だったが、映画の中では春の太陽が輝いている。また、実際はトリエステからヴェネツィアに来て、ミラノに旅立ったのに、映画では逆になっている。さらに、現実には大運河の水上パレードは行なわれず、サン・マルコの水域でのみ行なわれた。なにより、実際の愛国的イベントは、映画で見るほど派手なものではなかったのだ。

ディーノ・リージの『ヴェネツィア、月と君』(一九五八年)は、かなり凡庸なイタリアン・コメディである。ゴンドリエーレのベーピ(アルベルト・ソルディ)は、ニーナ(当時流行のグラマー女優マリーザ・アッラジオ)と結婚の約束をしていたが、美しいアメリカ人女性観光客を嫌いはしない。モーターボート運転手のトーニ(ニーノ・マンフレディ)もニーナに熱狂的に恋していたが、少し間が抜けていて、ベーピがはったり屋なのと同じくらい、トーニは気が小さかった。この映画は人々の記憶に残るような作品ではなかったが、ゴンドリエーレを演じたソルディが、ヴェネツィア訛りをぎこちなくまねるかわりに、滑るようなローマ方言を使ったことや、ゴンドリエーレとモーターボート運転手の十年来の対立を再現したこと――どれほど意図的だったかはわからないが――は、注目すべきだろう。

死への旅立ちも映画には登場する。ティント・ブラス監督がソフト・ポルノに転向する前に撮った『働く者は失われている』(一九六二年)の闘士の葬儀のシーンは、白黒の画面が赤色に変わって闘争旗となり、それが風にはためくという終わりかたである。同年の『狂おしい青春』は、もっと政治色が薄い。ホセリート・ヒメネスのヴェネツィアへの旅を描いたこの作品は、伊仏西合作である(イタリア語版のタイトルは『この馬鹿げた、馬鹿げた、馬鹿げた青春』、フランス語版では『ホセリートの小さなゴンドリエーレ』)。監督・脚本のマヌエル・ムル・オテイは、若いホセリートをヴェネツィアに送り込み、船尾で漕ぐことを覚えさせ、スペイン語で歌わせる。ブレイク・エドワーズが大成功をおさめた『ピンク・パンサー』シリーズの第一作が世に出たのは、一九六四年である。そのオープニングでは、有名なアニメキャラクターがゴンドラに乗る場面がある。

トマス・マンの『ヴェニスに死す』は、一九七一年にルキノ・ヴィスコンティの手で映画化された。ダーク・ボガード演じるグスタフ・アシェンバハ教授は、リドへ行くためゴンドラに乗る。あるシーンでは、日よけテントを張ったゴンドラがサン・マルコの水域に列をなす光景が、夕暮どきのサン・ジョルジョ島のシルエットを背景に映し出される。きわめて叙情的なシーンだが、何十年も前から使われなくなっていた付属品をすべての舟につけることは、決して簡単ではなかったにちがいない。

ジェイムズ・ボンドもゴンドラに乗ったことがある。ロジャー・ムーアが演じた『007　ムーンレイカー』(一九七九年)には、かなり長い追跡シーンがある。モーターのついたゴンドラに乗ったボンドは、最後にエアバッグを膨らませ、よじ登ってサン・マルコ広場に逃げる。彼を追いかけるモーターボートは、ゴンドリエーレとお決まりのカップルが乗ったゴンドラを真っ二つにする(『大運河』でも、ゴンドラが他の舟に突っ込まれるシーンがあるが、犯人はヴァポレットである)。諜報部員ボンドは、一九六三年の『ロシアより愛をこめて』でもヴェネツィアに来たことがあった。また、二〇〇六年には『カジノ・ロワイヤル』でふたたびヴェネツィアにやってくるが、このときはゴンドラをただ眺めるだけである。ハリウッドでいちばん有名な考古学者は、『インディ・ジョーンズ　最後の聖戦』(一九八九年)でヴェネツィアへ行く。そして、下水溝(現実には存在しない)に下りて、ぞっとするようなドブネズミの群れに出会うのだが、それでも世界でいちばん有名な舟に乗るのは嫌なのである。

フィルムの時代からデジタルの時代まで、貴族出身の監督からアマチュアの撮影者まで、誰をも魅了してきたゴンドラは、サイバースペースにも現れないはずがない。ヴェネツィアの舟は、誰もが短い動画を共有できるインターネット・ポータルのYou Tube（ユー・チューブ）にも、たびたび登場する。正真正銘のヴェネツィアのゴンドリエーレも、ラスベガスで働くシチリア出身のゴンドリエーレもいる。また、メーオというあだ名のヴェネツィア人ゴンドリエーレは、若い東洋人女性のグループを乗せて、「メーオ、メーオ、俺のあれを舐めてくれよ《マンニメ・ロセオ》」と歌わせる。彼女たちは笑うが、幸いにして意味がわかっていない。メーオは「サンキュー」と礼を言う。

漫画の世界では、その黎明期からラグーナが舞台となってきた。サンタクロースは、あるコマ割り漫画の中で、緑色の外套を着てヴェネツィアにやってくる。それは一九〇八年のことで、コカ・コーラ社はまだ彼に服の色を変えるよう強制してはいなかった。つまり、彼がこの飲料業者の色彩主義に屈服してわれわれが見慣れた赤い服を着るのは、それよりもあとのことなのである。実際、バスター・ブラウンの生みの親リチャード・フェルトン・アウトコルトは、アメリカの日刊紙『セントルイス・リパブリック』に緑色の服を着た不器用なサンタクロースを描いた。彼は、にわかゴンドリエーレになりすまし、左側に櫂を出し巨大な平行六面体の歯がついたフェッロを持つという、実際にはありえないゴンドラを漕ごうとして、水に落ちてしまうのである。だが、この漫画家の創造でもっと有名なのは、イタリア語でミンモ・マンモロと呼ばれるキャラクターだろう。彼はヴェネツィアにいて、最初は二ドルと言っていたのに四ドルを要求してくるゴンドリエーレと口論する。また、第一次世界大戦前夜の一九一四年には、ジョージ・マクマヌスがジグズ&マギー（イタリア語版では、アルチバルド&ペトロニッラ）をヴェネツィアに送り込む。彼らはそこで、自転車のハンドル型の口髭をして滅茶苦茶な英語を話すゴンドリエーレに出会う。その英語は、イタリア人の口から出たらそうなるだろうとアメリカ人が想像するようなものである（ドンタ、バッカ、プッシャ、ウォッチャ、など）。ゴンドリエーレはジグズに漕ぎかたを教えようとするのだが、櫂を左に出してフェッロを背にしているのでは、とても漕げるようにはならないだろう。つまり、すべてが反対なのだ。

両大戦間期には、リー・フォークとフィル・ディヴィズが『宝探し』のエピソードの中で、マンドレイクと妻のナルダ姫をヴェネツィアに送り込んだ。二人がリアルト橋のたもとのワイン河岸《リヴァ・デル・ヴィン》を歩いていると、ナルダは金色のゴンドラに気づいてマンドレイクに教える。ゴンドラの上では、ゴンドリエーレが「小さなゴンドラの金髪娘」を歌っている。『デイリー・ミラー』紙の漫画キャラクターとして一九三二年に誕生したセクシー美人のジェインは、一九三六年にヴェネツィアに行っている。プラチナ・ブロンドのジェインは、大西洋基地に配備されたイギリス軍戦車隊の華だったが、[6] 恋人のウォルターからホテルに置き去りにされる。ウォルターは、二人の船頭が漕ぐテントのついたゴンドラで遠ざかっていくのである。

一九五一年には、アル・キャップがリル・アブナーをつくり出す。このキャラクターは、フェッロが二つついたゴンドラに乗り、座って、二本の櫂を持ち、後ろ向きで漕ぐ。ゴルドーニの言葉を借りれば、「海賊かガレー船奴隷の漕ぎかた」なのだ。漫画の主人公たちは、明らかにゴンドラに魅了されているが、同じぐらい明らかにゴンドラを漕ぐ技術に不慣れである。デンマーク人ミック（ダール・ミケルセン）の鉛筆から生まれたフェルディナンドもそうなのだが、彼の場合、船首にあるべきフェッロが船尾についているゴンドラを漕いだ挙句、ラグーナの真ん中に櫂が突き刺さったまま動けなくなってしまう。これと同類なのは、俳優のエツィオ・グレッジョだろう。彼は、カルロ・ヴァンツィーナのB級映画『ゴンドラに乗った准尉』（二〇〇六年）に出演し、水に刺さった櫂に止まり木のようにつかまったままでいた。ボスカラートが『ヴィットリオーソ』誌のために描いた十六世紀風のゴンドラは、もっと正統的である。もっとも、少なくとも一世紀以上後のゴンドラにつけられるべきフェッロがついているのだが、あまり多くを求めないでおこう。一九七一年の『ジョルナリーノ』誌にアルフレード・カステッリが描いた宇宙のヒッチハイカーたちは、空飛ぶゴンドラでヴェネツィアを救い、運河に着水する。大運河でゴンドラの間を縫って繰り広げられるモーターボート・チェイスをサニ・マルクスが描いたのは、一九七二年である。同年には、グラツィア・ニダジオのキャラクター、ヴァレンティーナ・メラヴェルデが、『コリエーレ・ディ・ピッコリ』誌によって出版された『町が死ぬ』という漫画の中でゴンドラに乗る。「彼女の目にはゴンドラに見えたが、それは花やら何やらがついた死人用の箱なのだ」。いっぽう、同じく一九七二年、フランスの漫画家グレッグは、コンコルド広場をヴェネツィア風にして、そこに杭《パリーナ》や舫《もや》っているゴンドラを描いた。探偵リップ・カービィは、美しいトレド・スティールとともにゴンドラでドクター・リーを追う。バットマンとロビンでさえ、ゴンドラと無縁ではいられない。ボブ・ケインの手による『八日間世界一周』の話の中で、バットマンは犯人のゴンドリエーレと戦い、櫂で打ち合うが、櫂を棒のように使い、最後に相手を脚で蹴って決着をつける。また、「筋肉ムキムキ、頭はからっぽ」タイプのスーパーマンが、「古い自動車のボディをゴンドラに変え」たいと言うシーンがある。たしかに、そんなことは彼にしかできないだろう。パオロ・オンガロが絵を描き、ピエロ・ザノットが話を書いた『ゴンドリエーレの物語』シリーズには、一八五三年三月六日のフェニーチェ劇場での初演を控えていたジュゼッペ・ヴェルディが『椿姫』をこっそりラグーナで練習していると、一人のゴンドリエーレがまだ発表されていないアリア「女心の歌」を歌いながら通り過ぎる、という話がある。

グイド・クレパックスの官能的でエロティックな裸のキャラクター、ヴァレンティーナが『天使の墜落』の話の中で見る夢は、腿まで水に浸かっていると、ヴェネツィア人監督アルノに呼ばれ、その光景を心霊体となったゴンドリエーレが見ている、というものである。エロティックなジャンルでは、一九七四年にホセ・ゴンザレスが半裸のキャラクター、ヴァンピレッラを現実味あるゴンドラに乗せた。一九七五年に出された『セクシー小作品集』シリーズには、『ヴェネツィアの夜』というタイトルの漫画がある。これはもっとポルノ的である。表紙の絵は、はちきれそうな胸をした女性が下着とガーターと黒いタイツだけを身につけてゴンドラのなかに横たわり、すばらしい肉体の男性と睦みあい、傍らではゴンドリエーレが月明かりの下で舟を漕いでいる、というものである。表紙をめくると、冒頭でゴンドリエーレのピストロンが次のように自己紹介をする。「み、皆様、私は舟を漕ぐのに特別な方法を使います。母なる自然は、このような私めに、木のような一物をお与えくださったのです」。そして、奇妙で不釣合いなほど巨大な男性のシンボルを使って漕ぎ始めるのである。

ドナルド・ダックは、何度もヴェネツィアに行っているが、描き手により、現実味の度合いは変わる。アメリカ人のカール・バークスがドナルド・ダックを乗せたゴンドラは、どう見ても実際にはありえない。いっぽう、ヴェネツィア人のジョルジョ・カヴァッツァーノとロマーノ・スカルパは、もっと現実に忠実な舟が出てくる漫画をたくさん描いた。たとえば、『ミッキー・マウスと金のフェッロ』(タイトルにある鉄《フェッロ》は、もちろんゴンドラのフェッロのことである)では、若いミッキー・マウスがとても現実的なスクエーロでゴンドラ職人の見習いになり、木でゴンドラの模型をつくる。グーフィーも、一九六六年のディズニー漫画『グーフィーとゴンドラ』でラグーナにやってきて、「ゴンドラに乗るのはなんて素敵なんだ」と歌う。だが、これを描いた人は、本物のゴンドラを一度も見たことがなかったにちがいない。船首にも船尾にもフェッロを描いているからである。「ゴンドラ・ツアーをしよう!」とミッキー・マウスが叫び、

一九七〇年代のエロティックな漫画。

グーフィーはみやげ物の小さなゴンドラに心を奪われるが、値段があまりにも高いのを見て、買うのをやめる。そこでグーフィーはゴンドリエーレになろうと決心し、舟を漕ごうとする。今度のゴンドラは正しい位置にフェッロがついており、船尾にもちゃんと渦巻き飾りがある。だが、グーフィーはうまく漕ぐことができず、「ガゥー！　ゴンドリエーレになるのは、見た目ほど簡単じゃないぞ」と叫ぶ。

あらゆる漫画キャラクターのなかで最もヴェネツィアらしいのは、一九六七年に『しょっぱい海のバラード』でデビューしたコルト・マルテーゼである。ヴェネツィアン育ちのウーゴ・プラットが描いたこの作品は、第一次大戦中の南方の海を舞台にしたストーリーで、丸木舟に乗った原住民がヴェネツィア方言を話す。彼らが発する戦いの叫び声は、「ビーリ、バーリ、ブラーゴラ」だ（これらはヴェネツィアに実在する三つの場所の名前である）。そして、潜水艦に乗った海賊は、頭蓋骨に交差させた二本の頚骨という古典的なジョリー・ロジャーの旗の代わりに、黒字にゴンドラのフェッロを描いた旗を掲げている。プラットは『ヴェネツィアのおとぎ話』でもゴンドラを描いている。この話は、コルトがガブリエーレ・ダンヌンツィオに出会うという設定である。

グレッグはベルギー時代に、(7) アシル・タロンをみすぼらしいゴンドラに乗せて不潔な地下水路を通らせた。それはパリの下水道風で、両側に岸があり、トンネル状の天井に灯りが吊るされ、階段があり、ヴェネツィア方言で「パンテガーネ」と呼ぶ肥ったドブネズミが周りじゅうにいる。「でも、ハトは？　ハトはどこだ？」と乗客のアシルは尋ねるが、ゴンドリエーレは大声を張り上げて歌っている。同じようにぞっとする調子で一九七三年にヴェネツィアを描いたのは、ジョヴァンニ・チャンティである。そこでは「古ぼけた醜悪なゴンドラが永遠の瞬間のなかにじっと浮かんでいる。そしてカエルたちがゲロゲロと鳴き始める」

ピエロ・ザノットの筆とモロ・ミッサリアおよびイヴォ・パヴォーネの鉛筆から一九八〇年に生まれたゴンドリエーレは、『ヴェネツィアのスリラー』の話の中で、ダイヤモンドの密輪を発見する。ダイヤはゴンドラの底に固定された物入れに隠されていたが、それが舟の平衡状態を変化させていることに気づいたのである。

フランス人のシリウスは、一九八六年に『黒いゴンドラ』を出版した。これは、第四回十字軍に参加するため一二〇一年にヴェネツィアにやってきたフランク人十字軍騎士の物語である。彼は出帆を待つ間にラグーナに舟を出すのだが、そのゴンドラは時代錯誤なことに二十世紀風で、フェッロがつき、船首と船尾が水面から高くそそり立ち、フェルツェはない。二艘のゴンドラの上で棍棒で殴り合う乱闘シーンや、雨霰のように降ってくる矢のなかをゴンドラで逃げるシーン、それに続いて、底に突き刺さった槍のために穴があいて舟が沈むシーンもある。別のフランス人、ジャン・ジロー(ペンネームではメビウス)は、数回にわたるヴェネツィア訪問から怪しげな着想を得て、「死んだラグーナ」(8)に浮かぶ仮面でいっぱいのゴンドラや、深淵のようだが水のない運河を進むゴンドラを描いた。後者のシーンでは、背景に見えるスカルツィ橋とスカルツィ教会は、単なる石の山になってしまっている。

(1) *カードを用いた賭博で、十八世紀に広く普及していた。
(2) *ヴェネツィアの貴族階級は、一二九七年の「閉鎖《セッラータ》」のときに大評議会の議員だった家系から構成され、その後、偶発的な追加が行なわれて最終的に成立した。貴族の家名は『黄金の書』に登録された。
(3) フランス革命期に流行した歌と踊り。
(4) トウモロコシの粉と水を混ぜ、暖めながら長い間練り上げてつくる食べ物。裕福な人々は、冬場、できたてのポレンタを布に包んで懐炉代わりにした。
（5） 現在のケンジントン・オリンピア駅。
（6）＊ジェインが初めてフルヌードで登場するのは、一九四四年九月、敵地を一〇キロメートルにわたって征服したイギリス第三六師団においてである。ウィントスン・チャーチルは、この漫画を「われわれの秘密兵器」と呼んだ。
（7） 先述箇所ではフランスの漫画家となっているが、一九三一年ベルギー生まれで、一九七〇年代以降フランスに活動拠点を移した。
（8） ラグーナの周辺で土砂の堆積が進み、水がよどんで沼地化した部分のこと。これに対し、「生きたラグーナ」は、塩の満干が順調に行なわれる健康なラグーナをさす。

14　レガータ

十世紀のヴェネツィアは、われわれが知るヴェネツィアとはずいぶん異なっていた。まだ都市と呼べるものは存在せず、ラグーナに点在する集落の寄せ集めでしかなかった（ヴェネツィアという呼称もなく、ただ「ウェネト人の町《キウイタス・ウエネテイアルム》」と呼ばれていた）。これらの集落のひとつが「リヴォアルト」だった。他の集落の人口が減っていくのにともなって（トルチェッロ島は盛時には二万人以上の住民がいたが、現在では二〇人もいない）、リアルトが発展し、まさしくヴェネツィアと呼ばれるものに成長していく。十世紀のヴェネツィアの人々は、一握りの漁師や塩の商人だったが、誰にも先を越されない気概を持っていた。当時のアドリア海は、穏やかな海などではなく、制海権を巡ってあちこちで争いが生じていた。制海権を狙っていたなかに、イストリアの海賊ガイオーロがいた。彼はラグーナを襲撃しては娘たちをさらい、奴隷にしていた。だが、ヴェネツィア人もされるままではいなかった。船団を仕立て、ドージェのピエトロ・カンディアーノ三世自らがこれを率いて（ヴェネツィア人を愚弄することを誰にも許さないと明確に示すために）、ガイオーロ征伐に乗り出したのである。そして九四三年二月二日に彼をカオルレのラグーナで捕らえた。この場所は、以後、「乙女たちの港《ポルト・デッレ・ドンゼッレ》」と呼ばれるようになった。ガイオーロは容赦なく殺された。そして、ラグーナの住民に対してよこしまな意図を持つ者に永遠の教訓を与えるため、祭りが始められた。この「マリアたちの祭り」は、中世のヴェネツィアで最も重要な祭りになった。さまざまな地区を代表して町で最も美しい一二人の乙女が選ばれ、所属する地区の貴族によって衣装や宝石で美しく着飾られ、豪華にしつらえた数艘の舟（ゴンドラの祖先のスカウラ）に乗り、司教座聖堂であるサン・ピエトロ・ディ・カステッロに赴く。そこで司教が彼女たちを出迎えて祝福を与える（おそらくここから、サン・ピエトロ・ディ・カステッロの祭壇から一二人の花嫁が略奪されたという伝説が生まれたのだろう）。

その後、乙女たちはサン・マルコに戻り、ミサに出る（宗教上の二重性に注目していただきたい。つまり、中心から外れたサン・ピエトロ・ディ・カステッロがヴェネツィアの司教座である――一八〇七年までずっとそうだった――いっぽう、サン・マルコ聖堂はドージェの私的礼拝堂であり国家の教会であった）。そして、ドージェを先頭に舟の行列を組んでリアルトまで大運河を進み、ドイツ人商館横の運河を通ってサンタ・マリア・フォルモーサ教会まで行く。ここで盛大な儀式が行なわれる。年ごとにこの祭りの重要性は増し、各地区のマリアを選ぶ競争も激しくなった。対立が高じて喧嘩や騒乱も起きたので、そういった事態を避けるため、乙女たちは木彫りの像で代替されることになった。これらの「トーラ（板）のマリア」の像は、アルセナーレの親方たちによってつくられたが、だんだん巨大化して「大きなマリア像《マリオーナ》」と呼ばれるようになった。そのため、共和国政府は、「大きなマリア像《マリオーナ》」を小型化して「小さなマリア像《マリオネッタ》」にするよう命じなければならなかった。これが「マリオネット」という語の語源である。

「マリアたちの祭り」に由来する言葉は、これだけではない。ドージェのジョヴァンニ・ソランツォは、一三一五年一月十日に命令を発し、祭りをより盛大に祝うための手漕ぎ舟レースを創設した。第一回のレースでは、「整列した舟《イン・リガ》」という表現が用いられた。「レガータ」という語は、ここから来ている。この年の九月には、各々五〇人の漕ぎ手を乗せた二艘の大型《ペアトーネ》ペアータでレースが競われた。「マリアたちの祭り」は、一三七九年のキオッジャ戦争(1)の際に中止されたまま、その後二度と繰り返されなかった。しかし、

「レガータ」という言葉は一般的な語彙となり、完全に定着した。一六五二年には、ヴェネツィアの行事につい て述べた英語の文章に現れている。

いずれにせよ、ドージェのソランツォがしたのは、すでにあった競技に威厳を与えることにほかならなかった。舟のレースに関する最初の文書記録は十三世紀に遡る。それは、フリウリの詩人パーチェがラテン語で書いたもので、二艘の舟が大運河で競漕したことに触れている。勝者には「馬のレースの場合と同じような」賞が与えられた。

レガータは何世紀にもわたって繰り返されたが、特に決まった開催日はなく、高名な人物がヴェネツィアを訪問したときなどの祝典を盛り上げるために行なわれることも多かった。たとえば、一四五二年には、皇帝フリードリヒ三世のためにラグーナでレースが行なわれ、大運河には千を越える舟が集まったと、のちに教皇ピウス二世となるエネア・シルヴィオ・ピッコローミニが記している。一五〇二年、ハンガリー王妃アンナのために小さくて快速の舟で競い合ったのは、闘士のように「油を塗った裸の男たち」だった(このような趣向は繰り返されなかった。煽情的すぎたためなのか、それとも受けが悪すぎたためなのか、定かではない)。一五七四年には、フランス王アンリ三世のためのレースが行なわれた。一六七〇年八月二十五日にスペイン王の代理セバスティアン・コルティソスのために行なわれたレガータでは、初めて台本が書かれた。一六八六年には、ブラウンシュヴァイク公のために、一一回のレースが一日中続けられ、三五二人の漕者と一〇四艘の舟が参加した。一七〇九年三月四日はデンマーク王フレゼリク四世の番だった。一七四〇年、ザクセン侯のために開かれたレガータに列席したメアリ・ワートレイ・モンタギューは、それがヨーロッパで見ることのできる見世物のなかでも飛びぬけて美しく、イギリス王の戴冠式の壮麗な催しでさえかなわないと書いた。一七六四年六月四日にはヨーク公のために、一七六七年六月三日にはヴユルテンベルク公カール・オイゲンのために、一七八二年はロシア皇太子夫妻のために、それぞれレガータが行なわれた。ヴュルテンベルク公のときには、三二篇の愛の詩や散文がつくられて印刷された。そして、いとも静謐なる共和国が滅亡する一年前にも、一七九六年四月二十六日にヴェネツィアに到着した新任の教皇特使でミラノ貴族のフィリッポ・ガッララーティ・スコッティを迎えて、華麗なお仕着せに身を包んだゴンドリエーレが漕ぐ四人漕ぎゴンドラの豪奢なパレードがいつものように行なわれた。

　ヴェネツィア共和国が滅亡しても、レガータの習慣は廃れなかった。国家元首はもはやドージェではなく、オーストリアの皇帝となったが、一八一五年十一月二十七日、フランツ一世とマリア・ルドヴィカは、自分たちのために開かれたレガータに臨席した。フランツ一世は一八二五年八月七日にもヴェネツィアを訪れ、皇帝陛下の御前でレースが行なわれた。一八五六年十二月のフランツ・ヨーゼフ一世のためのレガータは、「十九世紀」の章で見たとおり、悪天候のために一週間延期された。しかし、一八九九年以降は、「歴史レガータ《レガータ・ストリカ》」（ヴェネツィア人は単に「ストリカ」とだけ呼ぶ）として制度化され、今日にいたっている。

　レガータはスケールの大きな見世物で、ヴェネツィア人はレースを見ようと何千艘もの舟で競技の場につめかける。「バロティーナ」と呼ばれるレガータ用の舟も生まれた。四人漕ぎのこの舟からは、観客を遠ざけて競技のためのスペースを確保するために、粘土や石膏でつくり金色に塗った球（バロータ）を投げる。多くの場合、バロティーナの船首には優雅に着飾った貴族が乗り、弓を使って球を放った。このような見世物の見物を熱望しない旅人はいなかった。一七一二年に出された碩学的な旅行ガイド『異邦人の偉大なる指南』には、次のようにある。「ヴェネツィアのレガータを見ない者には、威厳ある気晴らしとはどういうものであるかがわからない。片側の館も反対側の館も豪華なタペストリーで飾られ、大運河はすべての貴婦人と騎士たちが居並んで高貴な雰囲気になる。あらゆる種類のたくさんのラッパが絶えず吹き鳴らされ、さまざまな木で漕ぐ競技者を鼓舞する。最大の楽しみは、目指すゴールに一番乗りをしようと競い合う船頭たちの努力を見ることである。ゴール地点にはたいてい、海の神の姿をした大きな祝祭装置が設けられ、一着の者には最も大きな褒美が与えられる」。それから六二年後の一七八四年に出された別の旅行ガイド『啓蒙的な異邦人』も、同様のことを述べている。「レガータは、人々が外国の君侯に捧げるのを常とする楽しい気晴らしのひとつである。このような祭りの日には、町の中央を流れる大運河全体が両側の館に掛けられた豪華なタペストリーで飾り立てられる」。ある人が一七五八年に数えたところ、大運河沿いの一万八六一九ものバルコニーがタペストリーや絨毯で飾られていたそうである。

貴族たちは有名な漕ぎ手を自分のゴンドリエーレに雇いたいと強く望んだ。レースの翌日、勝者は貴族の家から家へと回って褒め言葉や贈り物を受けた。雇っているゴンドリエーレが「旗をとる」ことは、その家の自慢の種になった。ゴンドリエーレの居場所は屋敷のアトリウムだったので、訪れる人は誰も有名なチャンピオンと顔を合わせられるのだった。レガータが終わると、勝利したゴンドリエーレの家では祝賀会が何日も続いた。優勝旗は父親の肖像画の横に掛けられた。十七世紀末から十八世紀いっぱいまで、優勝旗に囲まれたレガータ選手の肖像画を描く習慣があり、櫂のチャンピオンの画廊がつくれるほどだった。

十九世紀にもレガータの神話は続いた。有名な漕者だったルイジ・ザッタは、水を入れた鉢をゴンドラの船首に置いて、一滴もこぼすことなくレースを闘うことができたと言われている。彼を称えて詩もできた。「神様は一人だけ、教皇様も一人だけ／レガータにはザッタだけ」

レガータの歴史は、風変わりな事柄の歴史でもあり、「驚くべきこと」がヴェネツィア人や外国人の想像力を刺激した。修道士もレースをした。一三六六年に優勝したのは、サン・サルヴァドール修道院の修道士たちだった。女たちのレースもあった。最初の女性レガータは、一四九三年、ミラノ公ルドヴィーコ・スフォルツァの妃ベアトリーチェ・デステのヴェネツィア来訪を祝して行なわれた。ヴェネツィア周辺の島々から来た五〇人ほどの女性漕手が競い合ったが、彼女たちが身につけていたのは、短い麻の服だった。おそらくそれが、大きな関心を集めた理由のひとつだろう。最後の女性レガータは一七八四年に行なわれ、それから一世紀半の間、女性のレースは一度もなかった（一八六六年十一月にヴィットリオ・エマヌエーレ二世の御前で行なわれたものを除いて）。しかし、一九五三年、ヴェネツィア市観光局の希望で再開された。とはいえ、すんなりいったわけではない。父親、夫、婚約者たちが、女性のレースにこぞって反対した。だが、ヴィニョーレ島出身のテレジーナ・ボスコロとマリア・ボスコロが勝ち、横槍は入らなかった。「カタリーネ」と呼ばれた二人の従姉妹は翌年も勝ったが、ライヴァルの舟の先頭で漕いでいた女性が気絶してしまった。妊娠していたのに、そうと気づかず出場していたのである。議論は延々と続き、一九七七年まで女性のレガータは中断されていた。その二年前から、「遠漕ぎ《ヴォガロンガ》」が議論の的になっていた。これは、順位を競わない催しで、手漕ぎ舟ならどんなものでも参加できる。女性参加者は非常に多く、また積極的だったので、「毒《ヴエレーノ》」の異名をとるベニート・ヴィニョットが追い風を利用して、サンテラズモ島で女性レガータの復活を試みた。それがうまくいったため、一九七七年のうちに女性たちは「ストリカ」に戻ることができたのである。

女性レガータでも神話が生まれた。二〇〇四年に七三歳で亡くなったマルゲリータ・チットンは、住んでいたサンテラズモ島から毎日野菜をサンドロに載せてリアルトの市場へ運んでいた。彼女にとって舟を漕ぐのは自然なことだったし、好きだった。だから、レガータに参加するのは当然のなりゆきだったので

昔の女性のレガータ。

ある。七〇年代の終わりにはすでに五〇歳に近かったが、二人漕ぎの「マスカレータ」という舟で行なわれる歴史レガータの女性レースに出場し続け、何度も優勝旗を手にした。あるときなど、ペアの漕手の気分が悪くなりレースに出られなくなったが、一人で出場し、一本の櫂だけで一着になって拍手喝采を浴びた。

レガータは、トルコのスレイマン大帝との戦争に送るガレー漕手を集めるシステムにもなりえた。一五三九年、ヴェネツィア共和国は、漕手不足のために二五隻のガレー船をすべて武装することができないでいた（当時はまだ、囚人に強制的に漕がせることは行なわれていなかった）。六月二十日、元老院は、六隻のガレー船で競うレースを毎年四回開くことを決定した。漕ぐのは、四千人のリストのなかからくじ引きで選ばれた千人の男たちである。だが、その翌年、ヴェネツィアは和平条約の調印を余儀なくされ、ペロポネソス半島の二大戦略拠点、ナフプリオとモネムヴァシア（ヴェネツィア人はマルヴァシアと呼んでいたが、その名からワインの名産地であることがわかるだろう）を失うのである。

一七六四年、カンナレージョ地区の運河で、パンのこね箱に乗って行なわれるレースが開かれた。これもれっきとしたレガータの一種で、パン職人たちがパンをこねるのに使う道具を玉じゃくしで漕いだのである。一七七三年十月二十七日には、八〇歳前後のゴンドリエーレによるレースが行なわれた。優勝したのは、最年長で八四歳のピエトロ・モーラだった。二着は七七歳のナーニ・キオゾート、三着は八三歳のアンジョロ・アルメリンである。一六八六年と一七八九年には、障がい者のレガータが行なわれた。ヴェネツィア共和国滅亡後の一七九七年、民主政府によって、「戦死したフランス人を追悼」するためのレガータが開催された。しかし、『ガゼッタ・ウルバーナ・ヴェネタ』紙は「壮麗さに欠ける催し」だったと書いた。それでも、レガータはヴェネツィアの外に広められた。一八二八年八月の十七日と二十四日にミラノで開かれたレガータでは、ヴェネツィアのゴンドリエーレたちが水を張った競技場でポー川の船頭たちと競い合い、二度とも勝利をおさめた。

　当時、レガータ選手間のライヴァル意識は、ヴェネツィアに古くからある「カステッラーニ」と「ニコロッティ」のライヴァル意識を反映していた。前者はカステッロ地区とサン・マルコ地区、およびドルソドゥーロ地区の一部（サン・グレゴリオ教区とサン・ヴィオ教区）の住民で、伝統的に国家に雇われて働く人々だった（アルセナーレ労働者が中心）。後者は、カンナレージョ地区、サン・ポーロ地区、サンタ・クローチェ地区、およびドルソドゥーロ地区のサン・トロヴァーゾ教区までの住民で、漁民と船頭が多かった。カステッラーニは赤い帯と帽子、ニコロッティは黒の帯と帽子を身につける。後者は自分たち独自のドージェを選んだ。「ニコロッティのドージェ」は、サン・ニコロ・デイ・メンディコリ教区（かつてはヴェネツィアの南側の地区の末端だった）の漁師から選ばれ、投票の翌日には貴族のように赤い繻子の服を着てドゥカーレ館に赴き、本当のドージェから兄弟の抱擁を受けた。赤は勝者に与えられる色だったが、一五四八年十月三十一日にカステッラーニの色とすることが決定された。このとき、「げんこつ橋の戦い」(2)に初めてジュデッカ島の住民が参加した。彼らが加勢したおかげで、カステッラーニは勝つことができた。それ以来ずっと、カステッラーニは赤、ニコロッティは黒になったのである。だが、ジュデッカ島の住民は、その後考え直して、ニコロッティの側につく。公式には、ラグーナの島々の住民はカステッラーニ、本土の住民はニコロッティである。対立は根深いが、両者がいっしょになる機会がひとつだけある。二つの党派の境界線のところに位置するサン・トロヴァーゾ教会においてである――ゴンドラ職人組合《アルテ》の祭壇もここにある――。正面《ファサード》が二つあり、一つはカステッラーニ用、もう一つがニコロッティ用である。伝説によれば、時の流れとともにニコロッティの黒が褪せて青になったのが、今日もゴンドリエーレの帽子を飾る——党派争いとはまったく無関係に——赤いリボンと青いリボンの起源であるという。

十九世紀は偉大なる革新の世紀だった。レガータが近代的な意味で定義され、規則が整えられて、歴史《レガータ・》レガータ《ストリカ》と呼ばれるものができたのである。一八二五年、オーストリア皇帝のために行なわれたレースの際に、伝統的な「バテーオ」に代わって、「二人漕ぎのゴンドレッタ（軽ゴンドラ）」が初めて使われた。一八四一年——ヴェネツィアはオーストリア支配下にあった——に市長のジョヴァンニ・コッレールが制度化した規約は、今日まで続いている。市議会の規定には、次のように書かれている。「ゴンドリエーレたちがそのすばらしい技術を維持するのを助けるため、大運河のコースでゴンドレッタのレースを毎年行なうものとする（市が責任と費用を負担する）」。一八九九年には、それまで「王のレガータ」と呼ばれていたものが、市長フィリッポ・グリマーニの発案により「歴史レガータ」になり、今日にいたっている。

まさに一八四一年、ミケーレ・カザルは最初のレガータ用ゴンドリーノ（小型ゴンドラ）数艘をオンニッサンティのスクェーロで建造した。それらは、全長九・六五メートル、幅一・一二メートル、喫水部の長さは全長の約四分の三、重量三〇〇—三五〇キログラムだった。二人漕ぎで、勝敗を決するのは船首の漕者である。サンテレーナ島の公園の前を出発してから、サン・マルコの水域を通って、サンタ・ルチアの杭のところまで大運河を三六九〇メートル進み、そこで折り返してふたたび大運河を進み、カ・フォスカリ(3)の前に設営されたゴールまで、荒々しいまでの力を振り絞って舟を漕ぐのは、船首の者なのである。船尾の漕者は、舟をコントロールする。言うなれば、戦術を担当するのである。

一八四三年以降、ゴンドリーノは九つの色に塗り分けられるようになり、一八九二年に定められた順序が現在も使われている。すなわち、一番が白、二番がカナリア色、三番が紫、四番が空色、五番が赤、六番が緑、七番がオレンジ、八番がピンク、九番が茶色で、予備として灰色または赤と緑の二色も用いられる。漕者たちは験《げん》かつぎを好み、それぞれの色に縁起があると信じている。たとえば、ピンク色の舟は「女用」である。茶色は「坊主の色」(4)で、実際の勝率もかなり低いため、あまり好まれない。否定的な言い伝えが破られたのは、比較的最近の一九五三年のことである。この年にジュデッカ島のレガータでデビューした「チャーチ」ことセルジョ・タリアピエトラ選手が、茶色のプッパリーノでいきなり優勝したのである。最も勝率が高いのは空色で、一九〇五年から現在までで通算一三勝である。いっぽう、なかなか一位になれないのはカナリア色で、一九五七年と一九五九年に勝ったあと、次の優勝は二〇〇二年まで待たなければならなかった。このような迷信を避けるために、年毎に舟の色が代えられていた時期もあったが、六〇年代以降、ゴンドリーノの色は昔どおりに戻った。

ゴンドリーノのレースは、詩のミューズ、カリオペをも刺激した。一八四六年、プラータ伯は、五九三聯の四行詩節からなる『ヴェネツィアのレガータ』を書いた。レガータの際に行なわれる詩作は一九三〇年代まで続いた。

ヴェネツィアのイタリア王国への併合(一八六六年)のあと、ゴンドリエーレたちは政治的行動を展開する。ムラーノ島、本土のメストレ、およびヴェネツィアのトラゲットの長たちは、新しいイタリア政府に嘆願書を送り、レガータはゴンドリエーレの経済的繁栄に寄与するものであるため、毎年恒例の行事とすることを保証してほしいと要請した(それが認められると見るや、今度は、観光客の便宜のために夏季の海水浴用の新しい施設も要請した)。また、イタリア統一とともに、イタリアの三色旗に倣って、勝者に与えられる三つの旗の色も定められた。一位が赤、二位が白、三位が緑である。それ以前は、二位は空色で、四位には黄色の旗が与えられていた。四位には、残念賞として「子豚旗《ポルケット》」も与えられていた。当初は子豚の図柄を刺繍した単なる黄色の旗だけだったが、その後――二世紀ほどの間――、生きた子豚が賞品となった。子豚は檻に入れられ叫び声を上げながら、行列をなす人々によって四着の選手たちのところへ運ばれた。だが、動物愛護団体の抗議により、二〇〇二年には、子豚の絵を描いた紺色の旗だけに戻された。レガータの歴史のなかで一度だけ、一六九六年に旗の色が変えられ、一位が黄色、二位が赤、三位が空色、四位が緑となった。

しばしば、「運河を制する者はゴールを制する」と言われる。これは、すべての競技にサン・マルコの水域[5]が用いられることを意味すると同時に、大運河に先頭で入った者が必然的に「ストリカ」の勝者となることも意味する。確かにそう言えるのだが、常にというわけではない。一九三七年と一九三八年には、「ニーノ」ことジョヴァンニ・ジュポーニが（まだ有名なゴンドラ職人になる前）大運河で後続の舟に追い越され、一九三七年の場合は三位に終わったからである。また、一九九九年と二〇〇三年には、「ヴィニョッティーニ」と呼ばれたルーディとイゴルのヴィニョット従兄弟（「毒《ヴエレーノ》」ことベニート・ヴィニョットの後継者たち）も大運河で追い抜かれた。

一九二三年、日刊紙『ガゼッタ・ディ・ヴェネツィア』はレガータ祭をふたたび活発にしようと努め、一九二五年には「ファシストのレガータ」になった。それから、「ストリカ」に戻され、また「ファシスト」になり、今度は「王のレガータ」になった。一九三八年から一九四六年までの間、大運河でのレガータは行なわれなかった。もっとも、一九四二年の例外はあるが、それは映画『大運河』の撮影のためであって、本当の競技ではなかった。戦後最初のレガータは「解放のレガータ」と銘打たれた。そして、一九四七年以降は歴史レガータが毎年恒例となり、現在もなお、九月の第一日曜日に開催されている。

レガータのレース前に行なわれる水上パレードは、手漕ぎ舟を愛するヴェネツィアの人々がゴンドラの発展的かつ正統的なバージョン、たとえば、十人漕ぎ《ディエゾーナ》の「七つの海」号、十二人漕ぎ《ドデゾーナ》の「ブチントーロ」

号、十八人漕《ディスドトーナ》ぎの大型ゴンドラ「クェリーニ」号などを見せびらかす機会になっている。「クェリーニ」号は、三つに分解することができ、世界中を旅して「舟の大使」の役割を果たしている。

初期のレガータ用ゴンドリーノには、違いがないことを保証するために検印が押されていた。だが、第二次大戦後、市当局は、ひとつのスクェーロですべて同一に製造させることを決定した。最近のものは、クレアのスクェーロで合板を使ってつくられている。だが、艇体が常に同じだからといって、装備もそうであるというわけではない。一九七〇年代の初め、複数回チャンピオンとなった（優勝が一四回）「ストリゲータ」ことアルビーノ・デイ・ロッシは、フォルコラを前に移動させ、自分の体重がより前方にかかるようにし始めた。このやりかたはスキャンダルを呼び、多くの人が彼はもう年老いて疲れたのだと言った（だが、それを否定するように、二〇〇四年まで生きた）。また、ジュゼッペ・カルリは、ストリゲータが望むようにフォルコラを修正することを拒否した。しかしやがて、彼が正しかったことがわかってきた。舟の重心を前へ移動させる漕者が少しずつ増え、そのうち誰もがそうするようになった。この方法は、水力学的効率性を高めるからである。ただ、これはゴンドリーノだけに言えることである。ストリカの一週間後にブラーノ島で行なわれるレガータは、ストリカの雪辱戦とも言われるが、ここでの競技には古典的な一人漕ぎのゴンドラが用いられているのである。

（1）東地中海の覇権を巡るヴェネツィアとジェノヴァの戦争で、パドヴァおよびハンガリーと同盟したジェノヴァによって一時は危機に陥ったものの、最終的にはヴェネツィアが巻き返した。

（2）ヴェネツィアで伝統的に行なわれていた祭りのひとつで、カステッラーニとニコロッティが橋の上で殴り合いの喧嘩をするというもの。
(3) サン・マルコ側から進んで最初に大運河が折れ曲がる場所にある館。現ヴェネツィア大学本部。
(4) フランチェスコ会系修道士の僧服の色。
(5) 大運河の入口にあたる。

15　哀れな従弟サンドロ

ゴンドリエーレを決して「サンドロ漕ぎ《サンドリスタ》」と呼んではいけない。気を悪くするかもしれないからだ。高貴なゴンドラを漕ぐ者は、さほど有名ではない同類の舟を見下している。というよりも、それらの舟に耐えられないのだ。幸い、ゴンドリエーレとサンドリスタの悪口の応酬が喧嘩に発展する時代は終わった。今日では後者の数が減ってしまい、邪魔にならないほどになったし、低料金での競争相手とも見なされなくなったのである。サンドリスタの免許数は八〇年代には八五だったが、二〇〇七年には一九になった。代用船頭の六人を合わせても、四二五人のゴンドリエーレに比べれば、物の数ではない。

　サンドロという語は、一二九二年のある文書で言及されているのが史料上の初出である。この語は実際のところ、ある種の舟を指して用いられる。人を輸送するのに用いられ、船首に渦巻き飾りを持ち、黒く塗られ、ゴンドラと同様の調度を備えた舟を運河で見かける。それらは正しくは「船頭が漕ぐブラーノ式《サンドロ・ブラネッロ・ダ・》のサンドロ《バルカリオル》」というのだが、便宜上誰もが単に「サンドロ」と呼んでいる。それは、「サンドロ・マスカレータ」がただ「マスカレータ」と呼ばれるのと同じことである。本来、「ブラーノ式のサンドロ《サンドロ・ブラネッロ》」は、長さが二一ピエデ、すなわち七・三〇メートルだったが、今日では長さ九・一〇メートル、幅一・四〇メートル、重さ二五〇キログラムの大きさに達している。規則では、九メートルを超す長さの舟だけが六人の乗客を乗せることができるからである。サンドロには決まった寸法がない。すなわち、ゴンドラのように決まった「作業台《カンティエーレ》」（基本的な長さの基準となる軸板）がないのである。

七〇歳のアゴスティーノ・アマディは、自分のことを「古い世代の最年少」と定義するのを好む。彼の作業所はブラーノ島にある。ここは、サンドロが生まれた島で、サンドロは本来、漁に使われていた。彼は言う。「サンドロは注文に応じてつくられる。決まった〈作業台《カンティエーレ》〉はないのだ。ゴンドラはどれも美しい。それは常に〈作業台《カンティエーレ》〉があるからである。だが、サンドロは美しい場合もあれば醜い場合もあるのだ」。サンドロはまた、常に同じ特徴を持つわけでもない。たとえば「横木《トラスト》(1)」は、船首に向かって四分の三の位置につけられることもあれば、船尾の近くにつけられることもあり、一か所ある場合もある。「サンドロはゴンドラよりも漕ぎやすいだけでなく、それ以上の舟なのだ。現在では、やや左右対称でもある」とは、サンドリスタ協会会長ダリオ・スカトゥリンの言である。

サンドロは、オーク、カラマツ、マホガニー、合板を用いて建造される。ゴンドラに比べて製造法も簡単だし、価格も約半分で、調度を含めて一万四〇〇〇—一万八〇〇〇ユーロである。昔はモミ材で舷側と舟底がつくられていたが、モミは樹脂が多いため、現在では、より便利で耐久性のある合板が代用されている。アマディは、これまでに約七〇艘のサンドロをつくったと自負している。その大半はヴェネツィア人に使われており、なかには帆を持つものもある。だが、いずれにせよ、サンドロの需要はさほど高くない。その理由のひとつは、ヴェネツィアの人々やスポーツ界がもっと軽いタイプの舟を好むことにある。たとえばマスカレータやス・チョポンで、これらはプッパリーノと同様、より競技向きなのである。

アマディは言う。「サンドロは安い舟で、誰の手にも届くものでなければならない。それは第一に漁のための舟だった」。だから、サンドロが漁師の島（レース編みの島であるだけでなく）ブラーノで生まれたのは偶然ではないのだ。ブラーノの船大工アマディはまた、次のように言う。「サンドロは美しく、優雅である。昔は、ブラーノやトルチェッロから旅行客を運ぶのに使われていた。ヴェネツィアでは七〇年代の初めまで、サンドロは〈下級のゴンドラ〉と見なされ、しばしば外付けエンジンが取り付けられていた」

年輩のゴンドリエーレたちは、六〇年代に頻繁にもめごとが起こっていたのを記憶している。サンドロは晩の九時に営業を終えなければならなかったのに、営業を続けてゴンドラの客を奪っていたのが原因だった。その後二〇年間にサンドロの違法営業は拡大し、すっかり定着するまでになった。そのような行為を行なっていたのは、罪悪感を持たない者たちで、大罪を犯した前科者である場合も多かった。彼らは、駐車場の島トロンケットで何も知らない外国人観光客をつかまえて舟に乗せ、ラグーナの真ん中に置き去りにするなどと脅して、法外な運賃をむしりとっていた。しかし、公権力が厳しく介入したおかげで、今では事態は正常化している。

ヴェネツィアのサンドリスタ二五人はゴンドラ法人に加入しているが、ゴンドリエーレのように、この法人から免許を与えられてはいない。サンドロの免許は、水上タクシーと同様に、ヴェネツィア市交通局が認可するのである。よって、サンドリスタにも独自の職業上の団体があり、現在の会長はダリオ・スカトゥリンである。彼は言う。「われわれには専用の岸がなく、ゴンドリエーレたちから許可をもらって営業している」。サンドリスタは、市内に定められた五か所で客待ちをし、利用金はゴンドラと同じである。「舟は違っても仕事は同じだ」とスカトゥリンは強調する。櫂を持つ二つの職種の間に何世紀も続く対立は彼を熱くさせる。彼は一歩も引こうとせず、次のように述べる。「われわれはゴンドリエーレたちから毛嫌いされている。彼らはわれわれを憎み、われわれが彼らの仕事を奪うと言う。居酒屋の前に水飲み場があっては困るというわけなのだ。彼らは自分たちがヴェネツィアの主人だと思っている。われわれは数が少ないのに、邪魔者扱いされている。だが、サンドリスタという職種を完全に抹殺することはできないから、われわれは存在を許されているのだ」。それでも、彼らには強い誇りがある。「サンドリスタと同じ仕事をするにはゴンドリエーレが一〇人必要だ。サンドロに客を乗り込ませるには、ものすごく力が要る。簡単な仕事じゃないんだ」。そのうえ、サンドロに認められたわずか五か所の停泊所で、彼らは観光客の注意を引くために「ゴンドラ」と呼びかける。「サンドロ」と呼んだところで、誰も見向きもしないだろう。「われわれはゴンドラと言うが、ゴンドリエーレよりも親切だ。客に軽食やアイスクリームを持ってきてあげることもある。ゴンドリエーレには、こんなことを考える時間がない。今まで、サンドリスタに不満を感じた人は一人もいない。ゴンドラとサンドロの違いを尋ねる人は多い。われわれは、サンドロは典型的な舟で、潮位が高いときにも橋の下をくぐることができる利点を持っているんですよ、と説明する。われわれはゴンドリエーレよりも仕事が少ない。われわれは観光客に声をかけても、三回目か四回目でやっと客を捕まえることができる。ゴンドリエーレはわれわれよりも率がいいのだ」

地味なサンドロは派手なゴンドラに比べ、ヴェネツィアの紀行文学に登場する頻度が断然低い。ほとんど誰も、サンドロについて書こうとはしない。同様に、信じられないほどの積荷を積んで限界ぎりぎりに喫水線を下げて進むペアータが外国人旅行者の注意をとらえる以外は、ラグーナの他の舟もほとんど注目されない。サンドロについて書く例外的著述家の代表は、一八八〇年の『ハーパーズ・ロビンズ・ニュー・マンスリー・マガジン』誌に「ヴェネツィアのボート」という記事を書いたエリザベス・ペンネルである。アメリカ人の彼女は次のように観察する。「ゴンドラは、現実においても詩の中でも、ありとあらゆる美しさを持つ。だが、ゴンドラの弟であるサンドロが、ヴェネツィアの舟のなかでいちばんとは言わないまでも、とくに愛らしいもののひとつであることに疑いはない。サンドロも平底であるが、ずっと小さくて軽く、船首にはフェッロの代わりに鋼鉄製の丸いこぶがついている(ここで言及されているのは、明らかにマスカレータである。なぜなら、サンドロには金属製の渦巻き飾りがついているからだ)。だが、帆を掲げればゴンドラよりもよく進む。きわめて軽いため、アマチュアのゴンドリエーレには最適だ。ヴェネツィアにしばらくいれば、さまざまな芸術家たちが自らゴンドリエーレとなり、運河から運河へ、あるいは書斎から飲食店へ、孤独にサンドロを漕いでいるのと、純粋な楽しみのために舟に小さな帆を張り、本土や島々に向かって舟を走らせることで長くけだるい夏の午後を過ごす人とを、見分けられるようになる。また、決して容易ではないヴェネツィア漕法を習得した数少ない女性たち――芸術家であれ愛好家であれ――も知るようになるだろう。彼女たちは、レガータで闘った昔の姉妹たちと同様に勇敢で、濃青の水に櫂を刺し、ひと漕ぎごとに舟を前へ滑らせるのである」

デイヴィッド・ハーバート・ロレンスも、『チャタレイ夫人の恋人』(一九二四年)でサンドリスタに敬意を払っている。二人の淑女に雇われたゴンドリエーレには助手が必要で、別の漕ぎ手を連れて来る。「それはゴンドリエーレを生業としている者ではなかった。だから、商売っ気もなく、自分の身を売ることなど考えてもいなかった。彼はサンドロを持ってきた」

(1) *艇体を横断する細い板で、ラテン帆用のマストを立てるための丸い穴が開いている場合もある。主要な用途は腰掛けとしての機能にある。「横木の子《フィオ・ダ・トラスト》」という表現は、望まれずにできた子どもをさす。それは、男性が女性と舟底に横たわると、横木の下に入ることになり、横木に妨げられて抜くのが間に合わず妊娠させてしまうことがあったからである。

16 ミニチュアのゴンドラ

年に百万点。ゴンドラの形をしたヴェネツィア土産は、山ほど観光客に買われていく。いちばん小さなものではネクタイピンから、いちばん大きなものでは四〇センチメートルほどもあるプラスティック製のミニ・ゴンドラまで、ゴンドラの土産物は無限の可能性を持つビジネスであり、多くの観光客にとってはマスト・バイ・アイテムなのである（一九七〇年代まではゴンドラのぬいぐるみもあったが、今日ではもう見られない）。ヴェネツィア土産のグローバリゼーションは徹底的で、その他の例に先んじている。イタリア人ジャーナリストのイラリア・マリア・サラは、週刊誌『ディアリオ』と日刊紙『ル・モンド』の在中国通信員だった。彼女はヴェネツィアでプラスティック製のゴンドラの模型を買い占め、中国人の家の扉を開かせ、彼らを好意的にさせ、インタビューをするのに利用した。効果は絶大だった。ミニチュアのゴンドラが持つ魅力は、中国人だけでなく、疑り深いエミール・クストリッツァの心をも捉えた。このサライェヴォの映画監督は、『黒猫、白猫』（一九九八年）で、主人公の背後に、お決まりのようにゴンドラを置いた。家の整理箪笥の上に置かれたそれは、おそらく、新婚旅行の過ぎ去った思い出の品という設定なのであろう。

ゴンドラの土産品の伝統は古い。ヴェネツィア人コレクターのアルベルト・コズリッヒは、ロンドンの蚤の市を漁っていたときに、十八世紀のものとおぼしき、鉄と琺瑯《ほうろう》でできた数点のミニチュアのゴンドラを手に入れた。もっとも、それらは怪しげな複製品だった。ある作品では、二人のゴンドラの向きが間違っており、船尾の者が左側に、船首の者が右側に、櫂を出している。それは、グランド・ツアーに出かけたイギリス人が祖国に持ち帰った土産品と想定してよいだろう。コズリッヒのコレクションには、十九世紀中期の木製のモデルもある。大変美しく、また大変正確なので、もともとは観光客向けではなく、どこかのスクェーロが有力な買い手に製品の説明をするためにつくったものと考えてよい（当時は写真カタログなどはなく、通常は模型がこの目的で用いられていた）。おもしろいことに、これらのゴンドラはすべて黒というわけではなく、木目色の部分がある。たとえば船首の甲板がそうであるが、そこでも装飾は黒で（当時ははめ込み式ではなく、別につくって上張りされていた）、全体としてたいへん優雅である。

二十世紀には石膏に色を塗ったゴンドラのミニチュアが登場した。少々不恰好で粗野で、近くで見ると、一世紀後の二〇〇〇年代初頭に大量に売られることになるメイド・イン・チャイナの樹脂製（プラスティックではない）のものを連想させる。石膏製と並んで、陶製のものもあった。こちらは、もっとほっそりしていて、フェルツェのところにインク壷や煙草入れや調味料入れがついているものもあった。寄木細工のゴンドラは、アール・ヌーヴォーの時代趣味を反映し、きわめて繊細である。現存しているものは少ないが、オンライン・オークション・サイトの eBay（イーベイ）に出品されている場合もある。合成樹脂のベークライトでできているのは、三〇年代製である。独創的な鼈甲《べっこう》のイミテーションで、「オー・ソーレ・ミオ」を奏でるオルゴールがついている。三〇年代から四〇年代にかけては、アクモニタル、すなわち、イタリアの硬貨用金属でもつくられた。これは鋼鉄とクロムとニッケルとバナジウムの合金で、一九三七年からイタリア王国硬貨の鋳造に用いられ、イタリア共和国になってからも二〇〇一年まで一部の硬貨に使われ続けた。また、錫メッキを施した鉛製のゴンドラの土産物も大いに普及していたが、戦後この金属が不足すると、アンティモンで代用された。

　錫メッキをした真鍮製のミニ・ゴンドラは二十世紀を通してつくられていた。製造が始まったのは世紀初頭で、七〇年代から八〇年代にかけてピークを迎えたが、二〇〇〇年代になると衰退し、ほとんど姿を消してしまった。今日わずかに見出される真鍮製のミニ・ゴンドラは、ほとんどがインド製で一〇ユーロである。それに対し、ヴェネツィアの製品は鋳造だけで一五ユーロもかかる。トレンティーニ運河沿いに工房を構える真鍮細工師のジョヴァンニ・ボノメットは、八〇年代に真鍮製のミニ・ゴンドラを三人がかりで製造し、年に五〇〇〇個売っていたこと、繁忙期には一度に一〇〇個もつくり、一〇日で全部売り切っていたことを記憶している。当時は一キログラムを鋳造するのに二五〇〇リラ、すなわち一・三〇ユーロかかっていたが、今日では、銅価格急騰の影響もあって、一キログラム当たり二五ユーロもする。さらに人件費も加算しなければならない。

　ヴァレーゼの芸術的な鋳造所でも、先述したような調度用の「子馬《カヴァッリーニ》」のほかに真鍮製のミニ・ゴンドラもつくっているが、このビジネスの衰退は決定的である。八〇年代には年に約一〇〇〇個生産していたが、現在では一五個ほどでしかない。価格は、仕上げに応じて五〇ユーロから二〇〇ユーロである。また、デザインも変わった。かつては、金のように輝く真鍮で全体が光っていたが、現在では、全体が黒で、フェッロだけが光っているタイプが好まれる（これは昔のデザインを復活させたものである。コズリッヒのコレクションには、これとまったく同じ、輝くフェッロを持つブロンズ製の黒いミニ・ゴンドラがあるが、二十世紀初頭の作品である）。

　いずれにせよ、ゴンドラの土産物でとりわけすばらしいのは、プラスティック製のものである。なかには、色とりどりの光にオルゴールと舳先で踊るバレリーナの人形がついているものもある。初期のプラスティック製ミニ・ゴンドラは、六〇年代にナポリからヴェネツィアへやってきた。売れ行きがよかったので、地元の製造者が型を買い入れ、さまざまなサイズのプラスティック製ゴンドラを生産し始めた。機械の大部分は本土で未完成品を製造し、組み立てはヴェネツィアで行なわれた。はじめはシンプルなものだったが、やがて光がつき、七〇年代にはオルゴールに合わせて踊るバレリーナが登場した。この新機軸をもたらしたのは、ヴェネツィア土産の父とも言うべきエルメネジルド・スカルパである。ティモシー・ホームは、一九七一年に出版された『ゴンドラ、ゴンドリエーレ』で、当時サンタ・マリア・フォルモーザ教区にあったプラスティック製ゴンドラ工場の所有者ロベルト・ベネデッティとの会見について語っている。彼の工場は、ある建物の入口に直接つながる運河にかかる三つの橋のうちの一つの向こう側にあった。

「彼が私に見せてくれた工場は、建物の二フロア分を占めていた。ある部屋では、もとゴンドリエーレとおぼしき威厳ある年輩の男性が、つややかな濃青色の奇妙な形をしたプラスティックを機械から集めては、背後の箱のようなものに苦労しながら取り付けていた。ベネデッティ氏は、その一つを取りあげ、丹念に調べた。二つの台の上に置かれ、上にはヴェネツィアが印刷されて、ゴンドラ用の灯りとフェルツェもついていた。それらすべてが合わさると、まるで奇形の胎児のようだった。〈ハンドルを回せば、赤や緑やクリーム色や黒のものもつくれるんです〉と彼は言った。私たちは先へ進み、さまざまな製造段階のプラスティック製ゴンドラを見た。最後にたどり着いた部屋では、二人の娘がやる気なさそうに飾りとバレリーナを取り付けて完成品を仕上げていた」

この工場はもはや存在しない。ロベルトの息子エウジェニオ・ベネデッティ――ミニチュアのゴンドラではないが、ヴェネツィア土産にまだ携わっている――の説明によれば、八〇年代の半ば、欧州共同体が定めたプラスティック製品の安全性と健康への影響に関する規則のために製造コストが高くなりすぎ、プラスティック製ゴンドラ産業は危機に突入した。彼は言う。「八〇年代末にはアジアでの生産が始まったが、短期に終わり、現在出回っているプラスティック製のゴンドラは、すべてイタリアで生産されている」。もっとも、黄金時代には少なくとも四つのサイズがあったのに対し、現在では二種類のサイズしかない。

だが、ベネデットはやめても、スカルパは続けた。今日、ヌオヴァ・サン・マルコ社の経営者は、バレリーナとオルゴールを結びつけたエルメネジルメドの息子エロスである（「それらのオルゴールはみな、スイスで精密につくられていた」とエロス・スカルパは言う）。ヌオヴァ・サン・マルコは、プラスティック製ゴンドラを製造する企業の最後の生き残りとなったが、それも消滅する運命にある。成型機はずっと同じものが使われ続けているが、それらが動かなくなってしまうと、代わりの機械はもはやない。こうして、約三〇年間土産物市場を特徴づけた製品にも、やがて終止符が打たれるだろう（現在、これらのヴィンテージものの土産品は、eBay に掲載されるコレクター・グッズのなかに安い値段で見つけられる）。七〇年代末の黄金期には、三ないし四の生産者が年に数十万個を市場に出していたが、今日ヌオヴォ・サン・マルコが生産するのは、年間四―五万個にとどまっている。エロス・スカルパは、父エルメネジルドが一九六二年に生産拠点を本土に移すことを考えたと述べる。移転先は、ヴェネツィア市に属するカンパルトという町で、メストレにほど近い。ここで彼はプラスティックの成型事業を展開し始めた。すなわち、艇体やその他のパーツをつくり、さらにそれらを組み立てて観光客向けの土産物に仕上げるのである。「当時、プラスティックは画期的な素材だった」とエロス・スカルパは説明する。「加工が容易で、リサイクルが可能だからだ。艇体をつくるのに使われた材料は、溶かして成型し直すことができる。つまり、再利用できるものはすべて、生産者にとって利点となるのである」。欠陥品や破損品、あるいは単なる売れ残りは、店頭から回収され、ふたたび溶かされ、ぴかぴかの新しいゴンドラになって市場に戻った。だが、先述のように、八〇年代半ばにはプラスティック製ゴンドラの生産は危機に直面し、閉鎖する工場が出始める。「ゴンドラは、たとえば中国など、他の場所では生産できない。数が限られていて、大規模生産者には利益にならないからだ」とエロス・スカルパは言う。利益を出すためには、ヴェネツィアだけでは吸収しきれないほどの量が必要なのだ。

今日、観光客に売られるゴンドラの大部分は樹脂製——大理石の粉と接着剤——で、この場合は中国からの輸入である。木製のものもあるが、値段は高い。アンジェロ・ガルビッツァは「ヴェネツィアの特産品」つまり観光土産の卸売業者のなかでも、とくに重要な一人である。彼は言う。「プラスティック製のゴンドラは以前に比べて取るに足りないものになってしまったが、ミニ・ゴンドラ市場はまだ存在する。中国人とともに新しいタイプや大きさの製品をつくる取り組みがなされた。中国からの輸入業者は五、六ある。問屋は一二ほどで、一部はヴェネツィア、一部は本土に点在している。販売店は合計で約千か所にのぼり、全体で約一〇〇万個の売り上げがある。二ユーロのピンから、一〇ユーロほどのプラスティック製ゴンドラまで、いろいろある。二五ユーロの商品をつくる試みもあったが、うまくいかなかった。商売の余地はあるのだが、低価格を維持するのが条件なのだ」

さらに、ガラス製のゴンドラも取り上げておかねばならない。現在では、ほぼすべてが中国製である。かつてはムラーノ島で生産されていたが、極東で低コストでつくらせたものを輸入して利益を増やそうと思いついた者がいた。こうして彼が火をつけた導火線は、ムラーノのゴンドラ生産を吹き飛ばしてしまった。今日もなお、わずかながら生産が続けられているが、非常に美しく、非常に高価で、トップクラスのガラス職人によって生み出されている。七〇年代から八〇年代には、中国製のガラスのゴンドラは不恰好なできそこないだったが、今では、アーモンド形の目をしたガラス職人の腕は上がり、彼らの作品はムラーノ製のものと見分けがつかないほどになった。

17　ヴェネツィアの外のゴンドラ

王への贈り物。ゴンドラは、そう見なされていたにちがいない。一六六二年八月二十三日、二艘のゴンドラがチャールズ二世のためにテムズ川を航行したときのことである。ポルトガル王女カタリナ・ブラガンサは、その四か月前にイギリス王チャールズ二世と結婚していたが、この日、正式にロンドン入りした。王家の行列は、ハンプトンコートからホワイトホールまでテムズの流れを進んだ。ヴェネツィア共和国のロンドン駐在員フランチェスコ・ジャヴァッリーナが元老院に毎週書き送っていた報告書によれば、チャールズ二世は、国王夫妻を乗せた「王の御座舟」の両側を「ヴェネツィアのゴンドラ」にかためさせ、「万雷の拍手を浴びる」ことを望んだ。その一年前にイギリスに渡っていた二艘のゴンドラは、ロンドン＝ヴェネツィア間の濃密な外交的交流の中心的存在であった。駐在員ジャヴァッリーナは、一六六〇年十月二十二日、王がセント・ジェームズ庭園の水面に一対のゴンドラを浮かべたいと望んだことを報告している。王はまた、舟を漕いだり地元の船頭に漕ぎ方を教えたりするため、三、四人のゴンドリエーレも望んだ。十一月十六日、ゴンドラ二艘の注文がなされたことを知らせる書簡がヴェネツィアから駐在員のもとに送られた。一六六一年七月二日、ゴンドラはオランダ商船に積み込まれ、イギリス海峡を目指してラグーナを離れた。ジャヴァッリーナがそれらを王に差し出したのは、二十三日のことである。「陛下はすぐに、ヨーク公夫妻とともに舟のなかへお乗りになられました」と書くヴェネツィアの外交官は、いかにも満足げである。ゴンドラを漕ぐのは、「アルバニア風の衣装をつけた」四人のゴンドリエーレだった。だが、チャールズ二世はゴンドラを贈り物として受け取った最初の君主ではないだろう。ポルトガル王マヌエル一世が一五〇一年に(コロンブスによって発見された土地はインドではなく新大陸ではないかとアメリゴ・ヴェスプッチが考えたのと同年)、一艘のゴンドラを贈られているからである。

いずれにせよ、王が流行の火付け役となり、ロンドンにはゴンドラ熱が広がった。ヨーク公はすぐに二艘のゴンドラを注文し、他のイギリス貴族もそれに倣った。イギリス王がゴンドラを二艘手に入れたのに、フランス王が一艘も持っていないなどということがあってよいものだろうか。もちろん、そんなことは許されない。一六七一年、ルイ十四世は、ゴンドラを自分のもとに送らせる手配をパリ駐劄《ちゅうさつ》ヴェネツィア大使フランチェスコ・ミキエルに依頼した(フランスにいるヴェネツィアの外交代表は『黄金の書』に登録された貴族であり、大使のランクであったが、イギリスにいる外交代表は『銀の書』に登録された市民階級の者で、肩書は駐在員にすぎなかった)。「運河の水を進むのに、ヴェネツィアのゴンドラほどふさわしいものはないのです」とミキエルは報告した。元老院が建造を手配した二艘のゴンドラがフランスに到着したのは、それから三年後のことである。四人のゴンドリエーレと新任のヴェネツィア大使アルヴィーゼ・ジュスティニアンもいっしょだった。一六七四年一月十六日、新品のゴンドラを前にした太陽王は興奮し、ヴェルサイユにつながる運河を遊覧するのに使った。ご満悦の王は、運河沿いに数軒の家が建つ場所を「プティット・ヴェニス」と名づけ、ゴンドラを保護するための冬場の保管場所まで建てさせた。ルイ十四世は、こっそりと白鳥の群れを追いかけるのをことのほか楽しみ、毎日午後になると、水に浮かぶ新しい遊具に乗り込んだ。彼が亡くなると、一四人ものゴンドリエーレは多すぎるとの判断がなされ、ほぼ全員がヴェネツィアに帰された。だが、残された数人のうちの一人は、三四年間この任務を果たし続けた。

流行は少しずつヨーロッパ全体に広まった。ヴェネツィアにとってゴンドラは外交上の道具となり、外国の宮廷や君主と友好関係を結ぶ目的で利用された。フランドルの画家ヘンドリック・フロームは、ゴンドラがアムステルダムに停泊している様子を描いた。それは、西インド諸島から帰還したヤコブ・コルネリス・ネックの凱旋の場面で、ゴンドラもそれを迎えるのに参加したのである。サヴォイア家のアメデオ四世は、トリノを流れるポー川の水面で「気晴らし」をするため、二艘のゴンドラを求めた。バイエルン公は三艘のゴンドラをヴェネツィアから送らせ、ニンフェンブルク宮殿の池に浮かべた。バイエルン公家の色である銀色と空色のお仕着せを着たゴンドリエーレたちがそれらを漕ぐ様子は、ベルナルド・ベッロット(1)の一七六一年の作品によって永遠化されている。一七六二年から一七九六年までロシアの女帝だったエカチェリーナ二世は、サンクトペテルブルクにもゴンドラを浮かべたいと望んだ。「北のヴェネツィア」と呼ばれる都市は多いが、何本もの運河が流れるこの露都もそのひとつである。また、一七六八年のフィレンツェの風景画にも、いわゆる「アルノ川のゴンドラ」が停泊している様子が描かれているが、これは実際のところビッソーナで、トスカーナ大公が迎賓用に使った大型の舟である。

太陽王がゴンドラを手に入れてから一八九年後の一八六三年、別のゴンドラが政治的圧力の道具としてパリにやってきた。その間に世界は変わり、もはや静謐なる共和国は存在しなかった。イタリアは統一王国になっていたが、ヴェネツィアは依然としてオーストリアの支配下に置かれ続けていた。サヴォイア家の外交は反オーストリアの立場でナポレオン三世の好意を得ようと躍起だった。トリノ(当時イタリアの首都)のフランス駐剳大使コスタンティーノ・ニグラにとって、皇妃ユジェニーが好感を寄せてくれたことが幸いした。「とても美男子で賢く騎士的」と評されたニグラは、ある晩、フォンテーヌブロー宮殿の庭で開かれた催しの際に、自分の資質を証明して見せた。突然、松明の光に照らされて、四人漕ぎのゴンドラが庭の大きな池に現れた。ニグラは前に進み出て、詩人アルナルド・フジナート作の頌歌（かの「橋の上に白い旗がはためいて」）を皇帝夫妻に披露した。それは、オーストリアに「囚われの」ゴンドラに捧げられた歌だった。詩の一節には「私はアドリア海の荒波で洗礼を受けた」とあり、別の一節は「彼らに伝えよ、アドリアの岸辺では／人知れずやつれ青ざめた／ヴェネツィアが苦しみもだえている、／だがまだ生きて待ち続けている」である。吟詠が終わると、ニグラはナポレオン三世の耳元で囁いた。「陛下、ヴェネツィアがイタリアに戻るのはいつでありましょうか」

　オーストリア人はヴェネツィアから出て行った。そのとき、数艘のゴンドラも持ち出したようだ。アルフレート・フォン・カウデルカ[2]の回想録には、プーラ港指揮官の提督、海軍工廠の指揮官、軍港の指揮官、艤装監督官たちがゴンドラでヴェネツィアを脱出し、その後十九世紀末まで、オーストリア＝ハンガリー帝国海軍[3]で最も重要な基地のなかを移動するのに、それらのゴンドラを使い続けたことが書かれている。「それから、ゴンドラは姿を消し始めた。ゴンドラに根本的な重要性があっただろうか？　それ自体の実用性ならば、答えはノーだ。しかし、伝統ということなら、文句なしにイエスである。提督が緑色の蒸気船に乗って濃い煙に巻かれながら海軍練習船に近づくのを見るのは、快いものではなかった。だが、二人のエレガントなゴンドリエーレが漕ぐ曲線的なゴンドラなら、そうではなかった」。オーストリアの高級将校たちがヴェネツィアから持って行ったのは、ゴンドラだけではなかった。彼らは、大傘で陽射しを避ける習慣もまねた。これはヴェネツィアがビザンツから拝借した習慣で、ドージェがドゥカーレ館から外へ出るときには必ず、大傘を掲げた従者が付き添った。傘はたいてい金色だった。カウデルカは、地位を表すシンボルとして日傘を使った最後の将校は自分であると述べている。

観光業が確立すると、ヴェネツィアに観光客を連れてくる代わりにヴェネツィアに世界を巡業させようと考える者が現れた。一八六二年、ヴェネツィアの由緒正しきゴンドリエーレ八人が漕ぐゴンドラが、アメリカ合衆国はニューヨークのセントラルパークで水面を滑り始めた。乗客たちは、ゴンドリエーレが歌うヴェルディやプッチーニのアリアにうっとりした。セントラルパークからは長年ゴンドラが消えていたが、一九八六年に博愛主義者のルーシー・モーゼスが「ヴェネツィアの娘」号と名付けたゴンドラを公園管理局に寄贈したおかげで復活した。現在のゴンドリエーレが歌うのは、「オー・ソーレ・ミオ」である。彼の名はアンドレス・ガルシア＝ペーニャという。ミラノ生まれで、両親はコロンビア人だが、二歳のときからニューヨークに住んでいる。売れっ子のシュルレアリスムの画家で、グリニッチ・ヴィレッジのクーパー・ユニオン・カレッジで学び、大きなロフトで暮らしている。一〇点ほどの彼の作品が、ニューヨークでもとくに重要ないくつかの画廊に展示されている。彼は「自分は伝達者でありエンターテイナーであると思っている」と語る。ニューヨーカーのゴンドラが静かに進む光景は、映画『ボラット　栄光ナル国家カザフスタンのためのアメリカ学習』の冒頭シーンにも登場する。

一八九五年五月十八日、オーストリアの首都に世界で最も早いテーマパークの一つが開かれた。「ウィーンのヴェネツィア」である。プラーター公園のなかの五ヘクタール（八ヘクタールとする文献もある）ほどの土地が、オットー・ワーグナーの弟子であるオスカー・マルモレックという建築家の手でヴェネツィアらしきものに変えられた。邸館やカフェやレストラン、さらにはオペレッタ用の舞台まであって、絵画装飾はフェルディナント・モゼールが担当した。当然ながら運河もあり、本当のゴンドリエーレが漕ぐ四〇艘のゴンドラが行き交っていた。ウィーンの夏には、「さあ、今宵ヴェネツィアに行こう」というフレーズがよく使われるようになった。だが、ドナウ河のほとりのヴェネツィアは短命だった。一九〇一年には「国際都市」になり、その後は「電気都市」に変わった。それでも、名声は長年残り、W・G・ゼーバルトは小説『目眩まし』(一九九五年)の中で、K氏とオスカー・ピックをプラーター公園のゴンドラ池で出会わせている。

同じく二十世紀の初め、一艘のゴンドラがエイヴォン川を穏やかに滑っていた。このゴンドラをイギリスにもたらしたのは、女流作家のマリー・コレッリである。ヴィクトリア女王のお気に入りだった彼女は、エドワード七世の戴冠式に招待された唯一の文人だった。そのゴンドラは時の流れに飲み込まれてしまったが、現在のエイヴォン川には別のゴンドラがある。それは一九五八年建造の「ロザンナ」号で、一九九五年にストラトフォード＝アポン＝エイヴォンの町に運ばれ、ヴェネツィアのナディス・トラモンティンとロベルト・トラモンティン親子のスクェーロで修行をしたシェイクスピアの町の職人が、愛情をこめて修復した。そして、一昔前の二十世紀初頭風の調度で整えられ、夏場には木綿の日よけテントまで張って、在りし日のヴェネツィアを偲ばせている。

大海原と時間を飛び越え、十九世紀末のアメリカ合衆国に移ろう。マサチューセッツ州ボストンで、イザベラ・スチュアート・ガードナーはヴェネツィアの再現に着手していた(そして、愛してやまない都市から届く手紙で最新の「ゴンドラ・ゴシップ」を得ていた)。一八九九年にはフェンウェイ・コートの建設にとりかかる。これは、十五世紀ヴェネツィア風の邸館にロマネスクやスペインや中国の趣味を接ぎ足したような建物である。ここには、イザベラが夫のジョン・I・ガードナーとともに過去二〇年間にヨーロッパで集めた美術品のコレクションをおさめることになっていた。美術館の開館は一九〇三年一月一日だった。訪れた人々は、隣接する池にゴンドラの群れが浮かびラグーナのように仕立ててあるのを称賛した。それらのゴンドラを漕ぐゴンドリエーレたちは、エリザベス・アン・マコーリーの言葉を借りれば、

「借《レント》りる」という語が持つどのような意味においてでも借りる」ことができた。『ゴンドラの日々——イザベラ・スチュアート・ガードナーとバルバロ館のサークル』におさめられた彼女のエッセイは、この館に出入りしていたホモセクシュアルの人々についてのものである。ボストンには、その後約一世紀して、ふたたびゴンドラが登場した。ジョゼフとカミールのギボン夫妻は、アメリカ人ゴンドラ職人のトム・プライスと知り合いになり、「マリア」号および「フィレンツェ」号と名付けられた二艘のゴンドラを購入して、二〇〇一年にチャールズ川に浮かべた。夫妻はボストンのケンブリッジ地区で一年を過ごした後、川の対岸に移った。そして二〇〇六年には船の上で演奏する楽団にゴンドラの所有権を譲った。

ニューヨークのコニーアイランドでドリームランドが一般公開されたのは、一九〇四年五月十五日のことである。いちばん大きくて美しい建物のなかには「ヴェネツィアの運河」があった。広告は、「細部まで忠実に再現された大運河で本物のゴンドラによる遊覧ができる」と謳っていた。それは夜のヴェネツィアで、サン・マルコ広場、ドゥカーレ館、溜息橋、リアルト橋、サルーテ教会、デズデモーナの家などが巨大な舞台袖に描かれていた。ゴンドリエーレたちは、実際にはモーターで進むゴンドラを漕ぐふりをした。だが、一九一一年に激しい火災が発生し、一七〇〇トンものアミアンタス（アスベストの一種）と三〇〇万リットルもの水を投入したにもかかわらず、すべてが無に帰してしまった。そうこうする間に「西部のコニーアイランド」——絵葉書にはそう書かれている——が誕生する。一九〇五年七月四日、カリフォルニアのヴェニスがオープンした。初日の入場者は四万人だった。二十世紀初頭のカリフォルニアの人口の少なさを考えれば、これはとてつもない数字である。また、家やアパートメントの売り上げは四〇・五万ドルにのぼった。この新しいヴェネツィアの運河には、アルデバラン（おうし座の最輝星）、ヴィーナス、コーラル、グランド・カナル（大運河）といった名前がつけられ、その水面をゴンドラが穏やかに行き交った。おそらくそれらは、大西洋の反対側に自分のヴェネツィアを建設しようと望んだアメリカ人の大富豪が、しばらく前にドメニコ・トラモンティンに依頼していた二五艘のゴンドラだっただろう。カリフォルニア州ヴェニスのゴンドラは黒ではなく、別の色に塗りなおされたが、その目的は美的なものではなかった。当時はまだ人種隔離が行なわれていた。色のついた舟は白人専用で、アフリカ系アメリカ人は黒い舟にしか乗れなかったのである。彼らにインスピレーションを与えたラグーナのゴンドリエーレと同様に、ヴェニスのゴンドリエーレも歌を歌った。キャロライン・イレイン・アレクサンダーの『ヴェニス』に収録された写真からも、そのことがはっきりとわかる。二〇年代初頭にはすでにヴェニスは衰え始め、世紀末になってようやく、歴史的な建物や水路が修復された。だが、ゴンドラはもはや影も形もない。古い絵葉書には、アメリカ合衆国にできたもう一つのヴェニスの運河を行くゴンドラが写っている。フロリダのその場所の地元紙は、今日でもなお『ヴェニス・ゴンドリアー・サン』という名である。

その間にも、ヴェネツィアの舟は世界中を旅し続けていた。一九三五年十月十八日の『レジーメ・ファシスタ』紙（ファシスト党の指導者ロベルト・ファリナッチが創設した日刊紙）には、「海の向こうのヴェネツィアのゴンドラ」と題する記事が掲載された。記者のジャンニーノ・オメロ・ガッロは攻撃的な調子で次のように書いている。「すばらしいゴンドラ――この数年に建造された唯一のゴンドラ――が、われらが全権大使ナターレ・ラビア伯爵の命により、トランスヴァール（南アフリカ）のケープタウンに向けて旅立った」。それは、トラモンティンのスクェーロでつくられたゴンドラで、「藁で梱包され、大きな運搬船に積まれ、二台の鉄道車両に乗せられ、ジェノヴァに向かい、そこで戦艦〈ドゥイリオ〉に積まれた。付き添いはマルチェッロ・トラモンティンで、ゴンドラを無傷でトランスヴァールに渡す使命を帯びていた。おそらく彼が最初に舟を漕いで見せ、この世で一番困難な職業を他の者たちに教えることになるであろう」。

新聞記事を丹念に調べていくと、アメリカ合衆国で起きた奇妙なゴンドラ失踪事件も見つかる。FBIの介人も招いたこの「珍事件」は、一九五三年十月七日の数日後、ブルックリンとシンシナティの間のある場所で起きた。問題のゴンドラは、マンハッタンで展示──クリストファー・コロンブスのカラヴェラ船サンタ・マリア号やサン・ピエトロ大聖堂の模型、本物のシチリアの荷車などと並べて──するため、その二年前にアメリカに到着していた。展示会場はメイシーズの巨大な商業複合施設で、そこではイタリア製品も売られていた。現代ならばメイド・イン・イタリーのプロモーション企画とでも呼ぶべきもの(そのときは「USAメイシーズのイタリア」と銘打たれた)を開催したあと、メイシーズ百貨店はゴンドラを興行主のマイケル・トッドに貸した。彼は一九五二年と五三年の夏にジョーンズ・ビーチ・スタジアムで上演したオペレッタ『ヴェニスの夜』でそのゴンドラを使った。ゴンドラはその後、メイシーズからシンシナティにある別の商業センター、ジョン・シリトに売却された。この百貨店は、世界中の商品を大々的に販売する予定だった。ゴンドラは、ジェイムズ・フィッツジェラルドという運転手のトラックに乗せられて、十月七日にブルックリンを出発した。だが、シンシナティには着かなかった。「フィッツジェラルドがまだ到着しないとすれば、櫂を漕いで進んでいるからだろう」。このニュースを報じた一九五三年十月十七日土曜日の『ニューヨーク・タイムズ』紙には、上のようなアルバート・デ・ヴィートの言葉が載った。彼はトラックの所有者で、自分の名前をつけた輸送会社の社長だった。彼はさらに言う。「誰がゴンドラを盗んだりするだろうか? 転売したり釣りに行くのに使ったりできるような舟ではないのだ。それよりも、トラックを盗むほうが当然割りに合うだろう」。同じ記事は、シンシナティから東へ約一五〇キロメートルの町チリカーシのあたりで水曜日にゴンドラを目撃したという証言をオハイオ警察が入手したことも伝えている。翌日——十月十八日——の『ニューヨーク・タイムズ』紙には、ブルックリンとシンシナティを結ぶ道沿いでゴンドラが発見されたことが書かれている。しかし、失踪していた一週間にゴンドラに何が起きたのかは、謎のままである。通報があってから、四つの州の警察とFBIが動いた。ミステリーを解き明かしたのは、オハイオ州ヤングズタウンの警察だった。彼らはデ・ヴィートに、ゴンドラを載せたトラックが駐車しているのが見つかったことを電話で伝えた。運転手は、エンジン・トラブルのために五日間そこにいたと主張したが、彼の雇用主はきわめて懐疑的だったようだ。「故障の話を私は信じていない」と述べたあと、幽霊のように姿を消していたゴンドラについて、「こんなことは生まれてから一度も聞いたことがない」と付け加えた。

今日でも、ヴェネツィアのゴンドラがヴェネツィアにしかないと考えるのは、まったくの間違いである（自由勝手なイミテーションは別としても）。アメリカ合衆国（とりわけ）から日本にいたるまで、オーストラリアからロシアにいたるまで、観光客を乗せて水の上を進むゴンドリエーレは、ほとんどどこにでも見出される。また海外では、アレクサンドラ・アイがヴェネツィアで経験したような苦難を一切経ずに、女性がゴンドリエーラになることさえ可能である。一九九九年以来、ティルザ・モルはアムステルダムの運河でゴンドラを漕いでいる。それ以前にトラモンティンのスクェーロで研修を受けていた彼女は、同国人のレーンチェ・ヴィセルとともにゴンドラに魅せられ、故郷にゴンドラをもたらすことを考えたのだった。二〇〇七年に四〇代だったハンブルク出身のイーナ・ミーリクは、ゴンドラに夢中になる前は、船舶関係のジャーナリストとデザイナーをしていた。彼女は、木造舟の建造にも携わっていたことがあったし、一九九九年以来、エルベ川の河口にもたらされたヴェネツィアの舟を漕いでいたのも彼女だった。ミーリクは、自分の手でゴンドラをつくりたいと望んだ。彼女は大変な努力家だった。本で調べたり、一艘のゴンドラが保存されているミュンヘンのドイツ博物館に何度も足を運んだりした。だが、二年間勉強を続け、ヴェネツィアに四度旅したのち、ゴンドラを修復することに限定したほうがよいと考え、そうした。ジュデッカ島のデイ・ロッシのスクェーロで製造された一艘の古いゴンドラをドイツに運び、ぴかぴかに磨き上げて、一九九九年五月二十四日にアルスター湖に浮かべた。ドイツには他に三艘のゴンドラがあり、二〇〇〇年にバンベルクで開かれたレガータ大会のような催しに出場した。レグニッツ川沿いの「小ヴェネツィア」と呼ばれる地区で、「ドイツ風の」ゴンドラや、わざわざこの催しのためにヴェネツィアからやってきたブチントーロ漕者協会のメンバーたちが漕ぐマスカレータが競い合ったのである。

そして、合衆国だ。ここにはゴンドラが実にたくさんある。ヴェネツィアから輸入された本物もあれば、アメリカでヴェネツィアのものを模してつくられたイミテーションもあるし、さらには、自由気ままにアレンジされてオリジナルのゴンドラからほとんどかけ離れたものまである。ナポリでゴンドラを見つけようと思ったら、地理を掻き回して大西洋の向こうへ飛ばなければならない。いや、正確に言えば、カリフォルニア州ロングビーチのネイプルズ島のことである。そこでは、一一人のゴンドリエーレ・スタッフのなかにレイチェルという名の女性がいる。ニュージャージー州ムーナキーのハドソン川で営業しているゴンドラは、「満足した旦那《イル・シニョール・コンテント》」号という名前である。このゴンドラに乗れば、水辺から見たマンハッタンのスカイラインを目にすることができる。現在の所有者マイク・ノヴァックは、それがもともとバイロン卿のためにつくられたゴンドラであると断言する（どう見ても、十九世紀前半のゴンドラにしては少々カーブがきつすぎるのだが）。いずれにせよ、この舟は、一九五〇年代の初めにジャック・ガロウズという企業家がヴェネツィアで購入してアメリカに運ばせたものである。彼はこのゴンドラを白く塗り、カーニバルのアトラクションに利用した。「神秘的で驚くべきヴェネツィアの白いゴンドラ」は、中西部全域で引っ張りだこになった。だが、ジャックが一九六八年に亡くなると、メキシコ湾沿岸にある高温多湿な倉庫に放置された。ガロウズの相続人たちは、ゴンドラのことなど忘れていたのだ。救済は九〇年代半ばに訪れた。不動産投資の対象を探してアメリカ中を旅していたマイク・ノヴァックは、とある古ぼけてみすぼらしい工業施設をちょっと見てみようと思った。なかに入ると、一艘のゴンドラが床の上に物憂げに横たわっていた。それを見るのと心を奪われるのは同時だった。そして、ニュージャージーに連れて行こうと決めた。何か月も調査して、ヴェネツィアも何度か訪れたあと、修復が開始された。アンジェリーノ・サンドリはアルト・アディジェ地方の山岳地帯の出身だったが、ひょんなことからヴェネツィアの補欠ゴンドリエーレとなり、アメリカ人のエイプリル・クィンと結婚した。彼女が卒業のためにアメリカへ帰国することになったとき、彼は人生で何をするべきかを決めた。そして、一九九九年にカリフォルニア州オークランドのメリット湖でゴンドラを使った事業に乗り出した。デイ・ロッシのスクェーロでつくられた六艘の舟によるビジネスはとてもうまくいったので、舟の数を倍に増やし、フロリダ州のフォートローダーデイルでも営業を始めた。ここには総延長一四〇キロメートルの航行可能な運河があり、五〇年代から「アメリカのヴェネツィア」として発展していた。

ストークズ・カフェのオーナーであるジム・ストークは、二〇〇三年にヴェネツィアに行った。そこでフォートローダーデイルの運河にゴンドラをもたらすことを思いついた彼は、アメリカに帰ると、サンドリに連絡をとった。カリフォルニアの冬は寒すぎてゴンドラの舟遊びはできないが、温暖なフロリダなら、もっとよいビジネスが見込めた。そこでサンドリは自分の車の牽引台に一艘のゴンドラを載せ、太平洋から大西洋まで運んだ。また、別の一艘をトラックで送り、営業を開始したのである。現在、彼の会社はカリフォルニアでもフロリダでも活動している。同じくフロリダ州のオーランドでも、一風変わった「ゴンドラもどき」を導入する試みが二〇〇五年に行なわれたが、一年後に挫折した。そこで使われたのは、以前からカリフォルニア州のニューポート・ビーチで運行していた、「アーヴィング」号、「テキサス号」、「ラスベガス湖」号、「ネバダ」号だった。また、マリーナ・デル・レイの舟も「カリフォルニアのゴンドラもどき」と呼ぶことができる。いっぽう、同じカリフォルニア州でも、サンディエゴのコロナド湾で活動している四艘は、ヴェネツィアでつくられた正真正銘の本物である。また、ラスベガスにある巨大でキッチュきわまりないヴェネシアン・リゾート・ホテル・カジノの宿泊客を遊覧に連れて行くゴンドラは、多少の改変はあるものの、本場ヴェネツィアのゴンドラと同様である。この大規模ホテルには、サン・マルコの鐘楼や、いくつかの橋がかかってゴンドラが行き交う運河（はっきり「カナル・グランデ」と呼ばれている）まである。この巨大複合施設には、系列のホテルも生まれた。中国マカオに二〇〇七年八月二十八日にオープンしたそれは、親ホテルよりもなお大きく（七〇平方メートルから一七〇平方メートルまで、三〇〇〇室のスイート・ルームがある）、三本の運河でゴンドラ遊覧が楽しめる。ロードアイランド州プロヴィデンスでは、一九九六年製の「シンシア・ジュリア」号と一九九七年製の「シンシア・ジェイコブ」号が営業に使われている。これら二艘のゴンドラは、完全にアメリカ製ではあるが、ヴェネツィアのオリジナルを模してある。

北部ミネソタ州のクロワ川とセンテニアル湖では、ジョン・カーシュボームのゴンドラが二〇〇〇年から航行している。彼は、ミネソタ州のいくつもの川でカヤックのパドルを漕いで人生を過ごしていたが、一九九八年にヴェネツィアへ行ったとき、ゴンドラに電撃的な衝撃を受けた。そして、ヴェネツィア漕法の世界に導いてくれる案内人を同国人トム・プライスのなかに見出した。クロワ川最初のゴンドラはスティルウォーター市で営業を始め、二〇〇六年以降はセンテニアル湖畔のエディナにも支部ができた。いっぽう、ニューヨーク州オンタリオ湖畔の都市ロチェスターでジョゼフ・ドヴレルが漕ぐゴンドラは、ナディス・トラモンティンの作である。また、ルイジアナ州ニューオーリンズにも一艘ゴンドラがあったのだが、二〇〇五年八月のハリケーン・カトリーナによる都市の荒廃のため、今は営業していない（このハリケーンによって、数多い「アメリカのヴェニス」のうちルイジアナにあったものも破壊された）。

南北アメリカには、ヴェネツィアの名を持つ都市が実に九七も点在している。最北はアラスカ州ヴェネティー、最南はブラジル南部サンタ・カタリナ州のノヴァ・ヴェネサである。ノヴァ・ヴェネサの住民の多くはヴェネト地方にルーツを持ち、中心広場プラサ・ウンベルト・ボルトロットの池には、彼らのためのゴンドラ、当地風に言えば「ゴーンドラ」が浮かんでいる。この舟はイタジャイ港まで海路をとり、そこから陸路で運ばれた。ウルグアイにもゴンドラがある。といっても、文学の話で、アメリカ人ピーター・キャメロンの小説『君の行き着く都市』（二〇〇二年）に登場する。美しいキャロラインは、「ずっとするわ。ヴェネツィアから遠い場所で、ゴンドラはとてもばかげたものに見える」と言うのだ。

かなりの数のゴンドラがオーストラリアにあるが、ヴェネツィア製の本物は、アデレードにある二艘だけで、トラモンティンのスクェーロでつくられた。全体の三分の一は、すべてオーストラリア製である。パースのスワン川を航行するゴンドラは、まったく独創的なフェルツェがついている点を除けば、本物にかなり近い。いっぽう、メルボルンのヤラ川やシドニーで見られるゴンドラは、ヴェネツィアのオリジナルとの共通点はゴンドラという名称だけで、モーターさえついている。

オンタリオ州オタワは、小さいながらも優美な都市で、カナダの首都である。ここにもかつてゴンドラがあったのだが、それがどうなったかはわからない。いっぽう、ケベック州ハル(4)にあるカナダ文明博物館には、一九六八年にトラモンティンのスクェーロで建造された「アンソエータ」号が展示されている（「アンソエータ」は、おそらく「アンジョレッタ」を意味する「アンゾレータ」が本来の名前であろう)。このゴンドラは、ヴェネツィア人航海者ジョヴァンニ・カボット(当地ではジョン・カボットと呼ばれている)[5]がカナダを発見(イギリスの帆船で)してから五〇〇周年にあたる一九九八年、ヴェネト系カナダ人から寄贈されたものである。

今度は日本に行ってみよう。名古屋港イタリア村には一〇〇メートルの運河があり、正真正銘イタリア人のゴンドリエーレが本物のゴンドラに観光客を乗せて運んでいる[6]。だが、舟の長さが運河全長の一割を占めるのだから、閉所恐怖症になりそうな窮屈さにちがいない。中国にもいくつかゴンドラはあるが、完全にプラスティック製で、模倣のレベルもひどい。上海の一角に偽のヴェネツィアがつくられ、その運河にゴンドラが配置されている。また、超巨大都市北京から列車で四時間の杭州では、二〇〇六年に余暇博覧会の会場にするための大きな公園がつくられた。この新規事業はうまくいかず、一年後には、コピーのドゥカーレ館の一フロアが丸ごと住居用に売り出された。ここでは、一時間たったの四ユーロでゴンドラに乗ることができた。それはゴンドラというよりも、舷側に中国語の文字が書かれた、黒くてずんぐりしたモーターつきの舟で、やはりプラスティック製のフェッロのようなものを持ち、ありえないことに、中国人ゴンドリエーレの手には櫂ではなくモーターのハンドルが握られているのである。

太平洋からバルト海に向かってシベリア鉄道に数日間揺られると、ロシアだ。「ヴェネツィア・ノルド」とは、ネヴァ川を渡ってペトロパヴロフスク要塞の壁の下に観光客を運ぶ三艘のゴンドラを経営する会社のために、サンクトペテルブルクの弁護士アレクサンドル・スミルノフが選んだ名称である。エカチェリーナ大帝が望んだゴンドラがどうなったかは知る由もないが、二〇〇三年にヴェネト州知事ジャンカルロ・ガランは、サンクトペテルブルクの都市建設三〇〇周年を祝って一艘のゴンドラを贈ることを決めた。

要塞の内部に飾られたこの舟は、スミルノフと二人の共同経営者――彼らもまた弁護士とみて間違いないだろう――が地元でのゴンドラ建造という冒険に乗り出そうと決めたとき、モデルとなった。地元でつくるおもな理由はただ一つ、安上がりだということだ。スミルノフは、ゴンドラ職人の手を借りずにゴンドラをつくりあげるのに成功した。インターネットのおかげもあったし、この都市が造船業の長い歴史を持つことも幸いしたが、大部分は勘によるものだった。たしかにそれはイミテーションなのだが、玄人目にはすぐにそうとわかるとしても、全体的な外観は好ましい。過去にはガレー船と軍艦の、現在はモーターボートの生産が行なわれているサンクトペテルブルクには、造船の経験が息づいている。そのおかげでスミルノフたちは、カビや湿気に強い適切な木材を選ぶことができた。「伝統的に要求される八種類の木材ではないかもしれない。その代わり、すべて地元産である」とスミルノフは言う。彼が用いたのは、カバ、トネリコ、オーク、ヒマラヤスギで、シベリアからカフカスにいたるロシア全土から取り寄せた。処女作のゴンドラは、きわめて慎重に、新しい作業をするたびに疑問を解明するために話し合い、時間をかけてつくられた。船大工の手を借りなかったため、実際に作業の指示をする者はなく、技術的な問題を解決する技師が一人いただけだった。たとえば、真鍮製の調度は、わからないことだらけだった。要塞にあるゴンドラの子馬《カヴァッリーニ》をそっくり写し、サンクトペテルブルクの美術アカデミーに下絵を起こしてもらったが、一回目も二回目も、大きすぎたり、不恰好だったりして、うまくいかなかった。

ゴンドラが出来上がると、今度はゴンドリエーレが必要である。二〇〇四年の冬、ちょっとした思いつきで、スミルノフは町のボート学校へ行ってみた。コーチは二つ返事で、彼の息子を含む三人の生意気盛りの若者にヴェネツィア漕法を教えることを請け負った。スミルノフは言う。「ヴェネツィアでは、ゴンドリエーレの養成に九か月かかる。われわれは一か月半でやってのけた」。すべては独習だった。ゴンドリエーレが少しでも写っている写真やドキュメンタリーを丹念に観察し、スミルノフがラグーナで撮影した映像を研究した。「そして、たくさん練習した」と、最も優秀なゴンドリエーレのヴァシリーは言う。またイゴルは、ゴンドリエーレの故郷での研修に少しも反してはいないだろうと付言する。彼らのうち、実際にヴェネツィアへ行ったことがあるのは一人だけだ。もっとも、ある船の乗組員をしていたときに二度行ったにすぎず、時間がなかったのでゴンドリエーレは一人も見ていない。三人のうち誰もイタリア語が話せないし、ヴェネツィア方言はなおさらなので、ゴンドラに関する用語をすべてロシア語に訳すのは並みたいていの苦労ではなかった。「フォルコラ」をはじめ、いくつかの語は、ためらわずにそのまま使うことにした。カバとヒマラヤスギでできた三艘のゴンドラは、二〇〇四年七月に営業を開始した。それぞれ、「ベアトリーチェ」号、「ラヴェンナ」号、「ヴェローナ」号と名付けられたが、もし彼らにイタリアについての知識があるのなら、行き当たりばったりに命名したのだろう。モスクワのチスティエ・プルドイ（「澄んだ池」の意）公園の水上にもゴンドラが一艘あるが、舷側にでかでかとスポンサーであるマルティーニ・エ・ロッシの社名が書かれている。

われわれはゴンドラを求めて地球上を旅してきたが、最後にイタリアに戻って、世界で有名なもう一つの都市、フィレンツェを訪ねよう。アルノ川にもまた、ゴンドラがあるのだ。ここにゴンドラを持ってきたのは、フィレンツェ漕者協会のエマヌエレ・バルレッティである。彼は九〇年代の半ばに、ヴェネツィアの有名なレガータ選手ベーピ・フォンゲルから競技用のゴンドラを購入した。アルノ川の岸辺に運ばれてきたとき、この舟は赤色だったが、バルレッティの好みで黒く塗り直された。それから毎日のように、彼が静かな川面で舟を漕ぐ姿が見られるようになった。とはいえ、アルノ川はいつでも穏やかなわけではない。二〇〇五年十一月末のある悪天候の日、激しい増水からゴンドラを救おうとして、バルレッティは危うく命を落としかけた。十一月二十七日日曜日、彼のゴンドラはいつものようにヴェッキオ橋の下に舫《もや》ってあったが、川の水はどんどん膨れ上がった。バルレッティは次のように語る。「私は、もっと安全なところにゴンドラを移そうとした。アルノ川の増水で橋の拱門が壊れそうだったからだ。困難だったが、なんとか綱を解いて、別の輪につないだ。私はその綱で大丈夫だと思っていたが、ほどけてしまい、ゴンドラは流され始めた。すぐに私は、岸に引っかかっていた木につかまった。消防隊員が川沿いの建物の窓から投げたつり索で、私は救助された。まったくひどい目に遭った」。ゴンドラは、荒れ狂うアルノ川の水に運び去られてしまった。ヴェネツィアのレガータで何度も栄光に浴したゴンドラの、哀れな結末だった。川を少し下ったところにある「ペスカイエ」で粉々に砕けているのが見つかったのである。そこは、戦争の際に敵がアルノ川を昇ってくるのを防ぐためにメディチ家がつくらせた落差のある場所だった。バルレッティが命を賭してゴンドラを守ろうとしたニュースがフィレンツェからヴェネツィアに届いたのは、ゴルドーニ劇場での上演中のことだった。感動した観衆の割れるような拍手で迎えられたニュースは、ヴェネツィア中の人々を動かした。漕者団体が連名で協力し、私的なスポンサーもついた。バルレッティは言う。「フィレンツェの人々は私に糸巻きを与えた。だがヴェネツィアでは、〈よそ者〉がゴンドラを救うために命を危険にさらしたという事実が、価値あることと見なされたのだ」。こうして、二〇〇六年六月以降、フィレンツェのアルノ川にはふたたびゴンドラが存在することになった。それを製造したのはクレアである。

二〇〇七年九月十九日には、一時的に貸し出されたものであるにせよ、ローマのサン・ピエトロ広場にゴンドラが現れた。それは、水曜に行なわれる教皇ベネディクト十六世の謁見の際のことだった。ヴェネツィアからテヴェレ川にゴンドラを運んだのは、ゴンドリエーレのヴィットリオ・オリオである。彼はこの手段で、トーゴの子どもたちを苦しめている難病を撲滅するための医学的研究に対する世論の喚起を狙ったのだった。そして、沿岸警備隊の協力により、このゴンドラは陸路でヴァティカン市国に運ばれた。オリオはボートレースの古参だった。二〇〇六年夏には、ポルデノーネからヴェネツィアに向かってリヴェンツァ川で漕いでいたとき、ある男の死体を偶然発見して新聞に載った。ミラノにもゴンドラがある。正確な場所はミラノの水上飛行機基地で、ここには二〇〇六年以来、ステファノ・トラヴィが自分の作品を置いている。この舟は実際、ベルガモ県トレヴィリオにある実験的作業所で、トラヴィが徹頭徹尾、自分の手でつくりあげたものだった。彫刻家で修復師でもある彼は、人生を木に捧げているのだが、ゴンドラにすっかり魅せられてしまい、完全に自分の手だけで一艘つくろうと思った。そこで、二〇〇四年にトラモンティンのスクェーロへ行き（まだネディスが生きていた）、作業の各工程を観察したり、デザインを手に入れたりした（トラモンティン一族は決して設計図を描かないので、模型による）。そして、二〇〇五年一月から八月までの七か月間で、合板はいっさい使わず、伝統的な木材だけで自分のゴンドラをつくりあげた。

しかし、トラヴィの作業所は正式なサイズのゴンドラを収容するには小さすぎた。そこで彼は、長さ八メートル、幅一・一五メートルに縮小したゴンドラをつくることにした。フォルコラとアルミニウム製のフェッロも手づくりした（フォルコラのつくり方を学ぶためにサヴェリオ・パストールのところで数時間を過ごした）。彫刻や装飾や櫂も自作である。櫂は、十分な長さのラミーン材が手に入らなかったので、オークを使った。ゴンドラは二つに分けられてトレヴィリオからリナーテ空港のすぐ横にある水上飛行機基地まで運ばれ、そこで組み立てられた。だが、彫刻家トラヴィにとって最大の困難は、ゴンドラをつくることではなく、漕ぎ方を覚えることだった。ジュデッカの漕者サークルで手ほどきを受けたが、漕ぐのがあまり難しくないサンドラを用いてだった。だが、障害を乗り越えて本気で取り組み、週末ごとに水上飛行機基地へ行ってはフォルコラに櫂を置いた。「水に落ちたことは一度もないよ」と言う彼は満足そうだ。ミラノの人々も彼を称賛している。

（1） 十八世紀ヴェネツィアの風景画家カナレットの甥。
（2） *アルフレート・フォン・カウデルカ男爵（一八六四―一九四七）は、副提督の肩書きで、トリエステ港最後のオーストリア指揮官を務めた。トリエステに配属された船の乗組員を集めてオーストリア＝ハンガリー帝国海兵大隊を構成し、アルプス東部で「海を臨みながら」戦った。
（3） *「皇室王室海軍」（kk Kriegsmarine）は、オーストリアとハンガリーの妥協によって二重君主政が成立した一八六七年から二一年もたった一八八九年に、「皇室および王室海軍」（kuk Kriegsmarine）になった。
（4） *オタワとハルは、オタワ川をはさんで向かい合っている。
（5） 大航海時代初期の航海者ジョヴァンニ（ジョン）・カボットの出生地は明確にわかっていないが、子供の頃からヴェネツィアに住んでいた。のちにイングランドに移り、ヘンリー七世の特許状を得て北米方面の探検航海を行なった。
（6） 名古屋港イタリア村は、本書の原著がイタリアで出版された翌月の二〇〇八年五月に経営破綻し、閉鎖された。

謝辞

以下の人々に感謝したい。まず、妻のミリアムに。彼女は、労苦から逃れるためにコンピューターと原稿を火に焼《く》べてしまいたいという、時として抵抗しがたいほどの衝動に、よく耐えてくれた。次に、二人の息子、マルコとペーターに。彼らは、ピンクパンサーのゴンドリエーレ版を見つけ出し、パパに教えたことを誇りにしてくれている。

また、原稿を校閲してくれた人々に特別な感謝を送りたい。シルヴィオ・テスタ氏は、櫂の世界に関する深い知識により、私が誤りや不正確さを避けるのを助けてくれた。ジョヴァンナ・ギデッティ氏は文体や内容を厳密に判断し、パトリツィア・シヴィスは、さらなるチェックをしてくれた。常に明敏な助言を与えてくれたヴァレリオ・フィアンドラにも、心から感謝する。

さらに、「エルフォ」ことジャンカルロ・アスカリ、マルゲリータ・ベルジョイォーゾ、アンナリサ・ブルーニ、ジャンニ・カニアート、ヴェネツィア市パシネッリ映画ライブラリーと所長のロベルト・エッレーロ、アルベルト・コズリッヒ、ジュリオ・ジドーニ、ミケーレ・ゴッタルディ、ミケーレ・グラデニーゴ、アレクサンドラ・アイ、ラウラ・ロ・フォルティ、ジュリアーナ・ロンゴ、ジロラモ・マルチェッロ、ミケーレ・マーザ、ステファノ・ピアセンティーニ、レオポルド・ピエトラニョーリ、イゴール・プリバック、フェルディナンド・ローランド、ジャンベルト・ジエベッツィ、アーウィン・ジーヒェ、ロベルト・ズスベルク、アンナ・トスカーノ、ミケーラ・ヴィアネッロの諸氏にも感謝を捧げる。

訳者あとがき

ゴンドラといえばヴェネツィア、ヴェネツィアといえばゴンドラである。ゴンドラを生んだヴェネツィアは、世界に類を見ない独特な都市であるが、そこで生まれたゴンドラもまた、きわめて独特な舟である。なまめかしく非対称にカーヴした漆黒の艇体は（そもそも、左右非対称の舟など、いったい他にあるだろうか？）、ほんの数人しか乗せられないのに、異様なまでに長い。それをたった一人のゴンドリエーレが一本の櫂でさばきながら、恐ろしいほど狭く曲がりくねった運河を優雅に滑る。ラグーナ（潟）の泥の上に築かれた都市ヴェネツィアがこの世の驚異であるとすれば、ゴンドラもまた、摩訶不思議な乗り物なのである。

しかし、ヴェネツィアについて書かれた本や記事、ヴェネツィアを紹介するテレビ番組などのおびただしさに比べ、ゴンドラだけが注目を浴びることは珍しい。とくにわが国では、ゴンドラについて詳しく知りたいと思っても、その好奇心を満たしてくれるような日本語の文献は、これまで皆無だった。そのような状況において、本書を日本語に訳す意義は大きいだろう。

本書の著者アレッサンドロ・マルツォ・マーニョ Alessandro Marzo Magno（一九六二―）は、フリージャーナリストとして『コリエーレ・デッラ・セーラ』紙をはじめとする新聞や雑誌に記事を書くかたわら、最近は、多彩なテーマの本を精力的に執筆している（処女単行本は、ユーゴスラヴィア問題を扱った *La guerra dei dieci anni. Jugoslavia 1991 / 2001*, Milano, 2001、最新作はイタリア北部のピアヴェ川についての *Piave. Cronache di un fiume sacro*, Milano, 2010）。ミラノ在住であるが、もともとはヴェネツィア生まれのヴェネツィア育ちで、ヴェネツィア・カ・フォスカリ大学で歴史学の学位を取得している。

本書は、いかにもジャーナリストが書いた本らしい特徴を持っている。それはなにより、情報源の多くが新聞記事だということである。昔の記事からごく最近の記事まで、イタリア国内にとどまらず外国紙からも、ゴンドラに関する豊富なエピソードを拾い集めている（一昔前までなら、ここまで調べ上げるには超人的な努力が必要だったにちがいないが、現在はコンピューターによるデータベース検索という至極便利な手段がある）。また、新聞や雑誌だけでなく、文学作品や映画、インターネットサイトなど、さまざまなジャンルを渉猟し、古今東西の隅々からゴンドラを見つけ出している。実際のところ、本書は「ゴンドラの歴史」というよりもむしろ、「ゴンドラにまつわるあらゆることの歴史」であり、ゴンドラに乗る人々、ゴンドラをつくる人々、ゴンドラを漕ぐ人々、ゴンドラを愛する人々、そしてまた、ゴンドラのことなど意に介さない人々、の歴史なのである。

本書のもうひとつの特色は、ゴンドラの過去以上にゴンドラの現在を扱っていることである。「ゴンドラの歴史」という題からは（原題は *La carozza di Venezia. Storia della gondola*『ヴェネツィアの馬車　ゴンドラの歴史』）、ゴンドラが人々の生活に密着していた共和国時代、あるいは、ロマン主義の文人や芸術家たちがヴェネツィアに魅せられた十九世紀について書かれていることが予期される。もちろん、そういった時代のことも十分に書かれてはいるのだが、本書には、二十世紀、さらには二〇〇〇年代の話題も劣らず多い。ヴェネツィアが栄光ある独立を失ったのち、鉄道や蒸気船、果てはモーターボートが出現した近現代にも、古風な手漕ぎ舟ゴンドラは消滅せずに生き延びてきた。のみならず、「ミニ・ヴェネツィア」の増殖も相まって、世界各地に進出してさえいるのである。だが著者は、その理由を力んで解き明かそうとするのではなく、さまざまなエピソードを淡々と、ともすれば羅列的に、並べ語る。そのようなスタイルもまた、ジャーナリスト的と言えるだろうか。

私は今年の二月末にゼミの学生たちとヴェネツィアを訪れた際、運よく著者に会うことができた。普段はミラノに住んでいる著者が、偶然、母親の誕生日を祝うためヴェネツィアに帰省していたのである。双方とも過密なスケジュールの合間であったため、あまり時間はなかったのだが、冬の終わりの夕闇が迫る頃、いくつかのスクエーロやフォルコラ工房、ゴンドラ職人組合の祭壇のあるサン・トロヴァーゾ教会などを足早に案内してくれた。私は翌日に学生たちとゴンドラに乗る予定だったため、もし誰かいいゴンドリエーレを知っていたら紹介してもらおうと思っていたのだが、彼は苦笑しながら、「ゴンドリエーレたちには嫌われているんだ」と言った。ゴンドリエーレの悪い面も包み隠さず書いたからだという。納得した私は、翌日、ゴンドラのことなど何も知らない風を装ってゴンドラに乗った。しかし、子馬《カヴァッリーニ》や船尾の渦巻き飾りなど、大半の観光客が気にも留めない細部をじっくり観察したことは言うまでもない。

本書の翻訳中に遭遇したおもな困難は、ヴェネツィア方言、ゴンドラの専門用語、日本ではほとんど知られていない数多くの作家や映画監督とその作品、の三つである。第一の困難に対処するには、ヴェネツィア方言辞典 (Giuseppe Boerio, *Dizionario del dialetto veneziano*, Venezia, 1856, ristampa, Firenze, 1983) が大いに役立ったが、それでもわからないところは、著者に直接質問して説明してもらった。第二の点は、たまたま以前から持っていたイタリア語文献 (Gianfranco Munerotto, *Gondole. Sei secoli di evoluzione nella storia e nell'arte*, Venezia, 1994) によって、ほぼ解決された。本書の用語解説は原著にはなく、訳者が付加したものであるが、基本的にこれら二冊の文献に依拠している。そして第三の問題で威力を発揮したのは、なんといってもインターネットである。著者もインターネットを活用していることがうかがえるのだが (自身がブロガーでもある)、インターネットに頼る以外に調べようのない事項は非常に多かった。それらをインターネットで調べて確認することができなければ、本書の翻訳はもっと不正確なものになっていたにちがいない。今回の経験ほど、時代の恩恵をひしひしと感じたことはなかった。

私はヴェネツィア史を専門にしているが、正直なところ、ゴンドラそのものにとくに注意を払ったことはなかった。白水社の芝山博氏から本書の翻訳のお話をいただいたときにも、第一に多忙なこともあり、実はあまり乗り気ではなかった。しかし今では、そのような自分の偏狭さを恥じている。本書の翻訳を通して得た知見の広がりは、私にとって大きな収穫だった。予定よりも遅れてしまった脱稿を辛抱強く待ってくださったことも含めて、芝山氏には心から感謝の気持ちを捧げたい。

最後に、当たり前のことを改めて強調しておきたい。それは、「ゴンドラは美しい」ということである。長い歴史を経て現在にいたったそのフォルムの秘密や、陽気な観光シーズンのゴンドラからは容易にうかがい知れない過去の苦難を知れば、その魅力は否が応でも増すだろう。本書をとおして、ヴェネツィアとゴンドラの理解者が日本に一人でも増えるよう願っている。

和栗珠里

二〇一〇年五月

参考文献

・インターネット

www.agostinoamadisnc.it, sito del cantiere Amadi di Burano, produttore di sandoli buranelli.

www.avon-boating.co.uk/htmlpages/gondola.html, pagina della gondola sul fiume Avon, UK.

www.adelaidegondola.com.au, sito dell'unica autentica gondola veneziana in Australia.

www.bostongondolas.com, sito delle gondole sul fiume Charles, Boston/Cambridge, Massachusetts (anche *www.gondoladivenezia.com*).

www.centralpark2000.com/database/gondola_ride.html, pagina della gondola del Central Park, New York, NY.

www.diegondel.de, sito della "gondoliera" di Amburgo, Ina Mierig.

www.elfelze.com, sito dell'associazione fra artigiani della gondola.

www.forcola.it, sito del remer Franco Frulanetto.

www.forcoladivenezia.com, sito del remer Mauro Pregnolato.

www.forcole.com, sito del remer Saverio Pastor.

www.freegondolaride.com, sito di Kathleen Ann González, autrice di *Free Gondola Ride*.

www.giulianalongo.com/gondolier.html, pagina del cappello da gondoliere nel sito di Giuliana Longo.

www.gondola.com, sito di fantasiose similgondole che navigano in California, Texas e Nevada.

www.gondola.com.au, sito di Brisbane, Australia.

www.gondolacompany.com, sito delle gondole di San Diego, CA.

www.gondoladamore.com, sito delle barche di Marina del Rey, CA.

www.gondolagetawayinc.com, sito delle barche di Naples Island, Belmont Shores, Long Beach, CA.

www.gondolaman.com, sito della gondola sul fiume Hudson.

www.gondolanetwork.com, sito della Gondola Society, fondata nel 1983, che vuole promuovere le gondole nell'America del Nord.

www.gondolaonline.org, sito del venzeziano Piero Pazzi, ideatore del Calendario dei gondolieri, ricco di notizie sulla gondola e i suoi conducenti.

www.gondolari.com, sito delle gondole made in Usa di Providence, Rhode Island.

www.gondolaromantica.com, sito delle gondole sul fiume Croix e sul lago Centennial, MN.

www.gondolaservizio.com, sito delle gondole sul lago Merrit, Oakland,CA.

www.gondolasontheswan.com, sito delle gondole made in Australia di Perth.
www.gondolavenezia.it, sito dell'Istituzione per la conservazione della gondola e la tutela del gondoliere (ex Ente gondola).
www.huwelijksidee.nl/romantiek/gondel.asp, pagina di Tirza Mol, gondoliera ad Amsterdam.
www.incantesimoveneziano.org, sito della gondoliera Alexandra Hai.
www.italianwarrior.it, sito di Roberto Pilla, il gondoliere-wrestler.
www.lasolasboulevard.com/new/gondolas2.htm, pagina delle gondole di Fort Lauderdale, FL.
www.portalveneza.com.br/monumentos_e_pracas.php, pagina della gondola di Nova Veneza, Brasile.
www.sydneygondolas.com.au, sito delle gondole a motore di Sydncy, Australia.
www.tramontingondole.it, sito dello squero Tramontin. ,
www.venetian.com, sito del The Venetian Resort Hotel Casino, di Las Vegas, NV.
www.venetianmacao.com, sito del The Venetian Macao Resort Hotel, di Macao, Cina.
www.veniceboats.com, sito di Gilberto Penzo.
www.venicegondolier.com, sito del *Venice Gondolier Sun*, quotidiano di Venice, FL.
www.veniceontheyarra.com.au, sito delle similgondole sul fiume Yarra, Melbourne, Australia.
www.vivishanghai.com/content/view/196/145/, pagina della Venezia cinese, a Hangzhou.
www.vogaveneta.it e *www.vogaveneta.com*, siti di appassionati di barche tradizionali veneziane.

・書籍資料

Albrizzi, Giovanni Battista, *Forestiero illuminato intorno le cose più rare e curiose antiche e moderne della città di Venezia*, Venezia, Girolamo Albrizzi, 1784.
Alexander, Carolyn Elayne, *Venice*, Charleston SC, Arcadia, 2004.
Aa, Vv, *Gondola Days. Isabella Stewart Gardner and the Palazzo Barbaro Circle*, Boston, Isabella Stewart Gardner Museum, 2004.
Aa, Vv, *Maestri d'ascia. Costruire barche a Venezia*, Venezia, Confartigianato Venezia-Marsilio, 2005.
Barbaro, Paolo, *Venezia. La città ritrovata*, Venezia, Marsilio, 1998.
Benenato, Raginio, *Il gran maestro dei forastieri*, Venezia, Zatta, 1712.
Bertolini, Gino, "Italia". *Le categorie sociali. Vonezia nella vita contemporanea e nella storia*, Venezia, Ist. veneto di arti grafiche, 1912.
Bona, Luigi (a cura di),*Almanacco veneziano*, Milano, Ennio Ciscato, 1974.
Bratti, Ricciotti, "Gondole veneziane", in *La lettura*, 1930.

Brosses, Charles de, Viaggio in Italia. Lettere familiari, Bari Laterza, 1973. Tit. orig. *Lettres familières écrites d'Italie en 1739 et 1740.*
Brown, Horatio, *Life on the Lagoons*, London, Rivingtons, 1909.
Butazzi, Grazietta Chiesa, *Venezia e la sua gondola*, Milano, Görlich, 1974.
Calimani, Riccardo, *Storia del ghetto di Venezia*, Milano, Rusconi, 1985.
Caniato, Giovanni (a cura di),*Arte degli squerarioli*, Venezia, Associazione Settemari 1985.
Caniato, Giovanni (a cura di), *Giovanni Giuponi. Arte di far gondole*, Venezia, Associazione Settemari, 1985.
Caniato, Giovanni (a cura di),*L'arte dei remèri*, Sommacampagna(Vr), Cierre, 2007.
Cargasacchi Neve, Gabriella, *La gondola. Storia, tecnica, linguaggio*, Venezia, Arsenale cooperativa editrice, 1979.
Cherini, Aldo, *Le gondole di Venezia. Origine ed evoluzione*, Trieste, Associazione marinara Aldebaran, 1996.
Coco, Carla, *Venezia quotidiana. Una guida storica*, Bari, Laterza, 2005.
Cosulich, Alberto, *Viaggi e turismo a Venezia dal 1500 al 1900*, Venezia, I Sette, 1990.
Crepax, Guido, *Valentina. Riflesso e altre storie*, Milano, Edizione speciale per il Corriere della Sera, 2007.
Damerini, Gino (a cura di), *La gondola*, Venezia, Nuova editoriale, 1956.
Delerm, Philippe, *Venezia in un'istante*, Milano, Frassinelli, 2007.
Tit. orig. *La bulle de Tiepolo*, Paris, Gallimard, 2005.
Delleani, Caterina, "Gondola, simbolo ed anima di Venezia", in *La donna italiana*, giugno 1942.
Dell'Oro, Giuseppe, "Gondole—Squeri—Gondolieri a Venezia", in *Homo Faber*, n. 23, 1953.
Demski, Eva, *Venedig. Salon der Welt*, Frankfurt am Main-Leipzig, Insel Verlag,2006.
Donatelli, Carlo, *La gondola. Una straordinaria architettura navale*, Venezia, Arsenale editrice, 1990.
Ervas, Ermanno e Alessandro, *Il ferro da gondola. Ipotesi progettuale*, stampato in proprio, Venezia, 2004.
Gallo, Giannino Omero, "Ritornano le gondole", in *Le vie d'Italia*, rivista mensile del Touring club italiano, marzo 1936.
Gillette, Arthur, "I segreti della gondola", in *Il corriere Unesco*, gennaio 1989.
Goethe, Johann Wolfgang von, *Diario del viaggio in Italia 1786*, a cura dell'Assessorato al Turismo della Regione Veneto, Venezia, 1986. Tit. or. *Italienische Reise.*
Goofy and the Gondola. An Adventure in Italy, The Walt Disney Company, Grolier Enterprises Inc., 2003.

González, Kathleen Ann, Free Gondola Ride. *A Summer with the Men Behind the Mistery*, Usa, 2003.
Gordon, Scott, *The History and Philosophy of Social Science*, London-New York, Routledge, 1991.
Gottardi, Michele, "La sindrome di Livia. Mito e decadenza nell'Ottocento cinematografico", in *L'immagine di Venezia nel cinema del Novecento*, Venezia, Istituto veneto di scienze, lettere e arti 2004.
Grillparzer, Franz, *Reise-tagebücher*, Berlin, Rütten & Loening, 1984.
Haustedt, Birgit, *Mit Rilke durch Venedig*, Frankfurt am Main-Leipzig, Insel Verlag, 2006.
Holme, Thimothy, *Gondola, Gondolier*, London, Gentry Books, 1971.
Hopkinson Smith, Francis, *Gondola Days*, Boston-New York, Houghton Mifflin Co.-The Riverside Press Cambridge, 1897.
Howells, William Dean, *Vita a Venezia dal 1861 al 1865*, Editoria Universitaria, 2005. Tit. orig. *Venetian Life*, 1866.
Hyper, Philip, *The Gondola and Boats of Old Venice*, Hampshire, UK, 2000.
Fugagnollo, Ugo, *Venezia così*, Milano, Mursia, 1969.
Immaginarial comics. Altan, Breccia, Crepax, Nidasio, Pratt, Toppi per Venezia, Venezia, Arsenale cooperativa editrice, 1980.
Immaginarial comics. Venezia nel fumetto, Venezia, Arsenale cooperativa editrice, 1980.
James, Henry, "The Grand Canal", in *Scribner's Magazine*, vol. XII, n. 5, novembre 1892.
Keats, Jonathan, *The Siege of Venice*, London, Chatto & Windus, 2005.
Koudelka, Alfred von, *Rotta su Trieste*, Gorizia, Editrice Goriziana, 1990; tit. orig. *Denn Österreich lag einst an Meer. Das Leben des Admirals Alfred von Koudelka*, Graz, H. Wieshaupt Verlag, 1987.
La gondola, Enit—Direzione generale per il turismo/Ferrovie dello Stato, 1936.
Lanapoppi, Paolo, "Six Centuries of Gondolas", in *Wooden Boat*, January/February 2000.
Laven, Mary, *Virgins of Venice. Broken Vows and Cloistered Lives in the Renaissance Convent*, New York-London, Viking, 2002.
Littlewood, Ian, *Venice. A Literay Companion*, London, John Murray, 1991.
Littlewood, Ian, *Climi bollenti. Viaggi e sesso nei giorni del Grand Tour*, Firenze, Le Lettere, 2004, tit. or. *Sultry Climates. Travel and Sex since the Grand Tour*, London, John Murray, 2001.
Marangoni, Giovanni, *Gondola e gondolieri (de qua e de là de l'acqua)*, Venezia, Filippi, 1970.
Marta, Guido, *La gondola*, Venezia, Zanetti, 1936.
Martin, Judith, *No Vulgar Hotel. The Desire and Pursuit of Venice*, New York-London, W. W. Norton & Co, 2007.

Maschere, gondole e pugnali. Intrighi a fumetti nella Venezia dei dogi, a cura del Circolo culturale Pino Budicin, Assessorato alla Cultura e Belle Arti del Comune di Venezia, Consiglio di quartiere Marghera-Catene, in collaborazione con il quotidiano *La Nuova Venezia*.

McCarthy, Mary, *Venice Observed*, San Diego-New York-London, A Harvest Book-Harcourt Inc, 1963.

Meloncini, Angelo, *La gondola veneziana: origine e storia. Un singolare problema di architettura navale*, memoria presentata al VII Congresso degli ingegneri navali e meccanici presso la vasca nazionale, 27, 28 e 29 marzo XVIII, Roma, Nuove grafiche, 1940.

Merati, Tita, *Sagi (sic) metrici de Tati Remita*, Venezia, Andrea Rappetti, 1763.

Mérys, Jacques-André, "A Venise. En gondole", in *À travers le monde*, 47 livre, 24 novembre 1900.

Molmenti, Pompeo, *Storia di Venezia nella vita privata*, Trieste, Lint, 1973. Prima ed. Torino 1880.

Moltedo, Guido, *Welcome to Venice. Cento volte imitata, copiata, sognata*, Venezia, Consorzio Venezia Nuova, 2007.

Morris, Jan, *Venice*, London, Faber and Faber, 1993.

Munerotto, Gianfranco, *Gondole. Sei secoli di evoluzione nella storia e nell'arte*, Venezia, il Cardo, 1994.

Norwich, John Julius, *Venezia. Nascita di un mito romantico*, Milano, il Saggiatore, 2006. Tit. orig. *Paradise of Cities. Venice in the 19th Century*, New York-London, Doubleday, 2003

Ortalli, Gherardo, "Mille anni sulla laguna", in *Storia e dossier*, Giunti, Milano, maggio 1987.

Pastor, Saverio (a cura di), *Forcole*, Venezia, Mare di carta, 1999.

Penzo, Gilberto, *La gondola. Storia, progettazione e costruzione della più straordinaria imbarcazione tradizionale veneziana*, Venezia, Cicero, 1999.

Penzo, Gilberto, con la collaborazione di Saverio Pastor, *Forcole, remi e voga alla veneta*, Sottomarina di Chioggia (Ve), Il leggio, 1997.

Pierson, Herbert, "The Evolution of the Gondola", in *Cosmpolitan Magazine*, 1891.

Pietragnoli, Leopoldo, *Delitti & misteri. La cronaca nera del secondo Novecento*, Venezia, Supernova, 2002.

Pignatti, Terisio, *Gli incanti di Venezia*, Firenze, Giunti, 1996.

Plant, Margaret, *Venice. Fragile City 1797-1997*, New Haven-London, Yale University Press, 2002.

Ragg, Lonsdale e Laura M., *Things Seen in Venice*, London, Seeley, 1920.

Rizzo, Tiziano, *"La biondina in gondoleta". Marina Querini Benzon, una nobildonna a Venezia fra Settecento e Ottocento*, Vicenza, Neri Pozza, 1994.

Rocca, Gino, "La Gondola", in *L'illustrazione italiana*, luglio 1935.

Roggiero, Guido, *The Boundaries of Eros. Sex Crime and Sexuality in Renaissance Venice*, New York-Oxford, Oxford University Press, 1985.
Romanelli, Chiara (a cura di), *Idee della gondola*, Venezia, Istituto per la conservazione della gondola e la tutela del gondoliere, 2001.
Rubin de Cervin, Giovanni Battista, *La flotta di Venezia. Navi e barche della Serenissima*, Milano, Automobilia, 1985.
Sartre, Jean-Paul, *L'ultimo turista*, Milano, il Saggiatore, 1993. Tit. orig. *La Reine Albemarle ou le dernier touriste*, Paris, Gallimard, 1991.
Scarpa, Tiziano, *Venezia è un pesce. Una guida*, Milano, Feltrinelli, 2000.
Sirius, *La gondole noire*, Dupuis, 1986.
Schümer, Dirk, *Leben in Venedig*, Berlin, List, 2004.
Stieler, Karl, "Venice", in *National Geographic Magazine*, vol. XXVII, n. 6, giugno 1915.
Tassini, Giuseppe, *Curiosità veneziane*, Venezia, Scarabellin, 1933.
Turner, Gregg M., *Venice in the 1920s*, Charleston SC, Arcadia, 2000.
Venise entre les lignes, Préface de Jean d'Ormesson, Paris, Denöel, 1999.
Vianello, Lele; Livieri, Davide, *Gondola. Magia sull'acqua*, Venezia Editgraf.
Vittoria, Eugenio, *Il gondoliere e la sua gondola*, Venezia, Evi, 1979.
Zanelli, Guglielmo, *Traghetti veneziani. La gondola al servizio della città*, Venezia, Cicero, 2004.
Zorzi, Alvise, *Venezia austriaca*, Bari, Laterza, 1985.

訳者略歴
和栗珠里（わぐり・じゅり）
一九六三年愛媛県生まれ
一九八六年神戸市外国語大学卒業（英米語学科）
一九九三年同志社大学文学研究科博士後期課程単位取得退学（文化史学西洋史専攻）
現在、桃山学院大学国際教養学部専任講師
主要著訳書
『マキャヴェッリ全集』第六巻（共訳、筑摩書房、二〇〇〇年）
『地中海の暦と祭り』（共著、刀水書房、二〇〇二年）
『フィレンツェの傭兵隊長　ジョン・ホークウッド』（白水社、二〇〇六年）

ゴンドラの文化史
運河をとおして見るヴェネツィア

二〇一〇年　八　月一五日　印刷
二〇一〇年　八　月三〇日　発行

著者　アレッサンドロ・マルツォ・マーニョ
訳者 ©　和栗珠里
発行者　及川直志
印刷所　株式会社 三陽社
発行所　株式会社 白水社
東京都千代田区神田小川町三の二四
電話　営業部〇三（三二九一）七八一一
　　　編集部〇三（三二九一）七八二一
振替　〇〇一九〇-五-三三二二八
郵便番号　一〇一-〇〇五二
http://www.hakusuisha.co.jp
乱丁・落丁本は、送料小社負担にてお取り替えいたします。

松岳社 株式会社 青木製本所

ISBN978-4-560-08084-9

Printed in Japan

■市口桂子
ヴェネツィア・ミステリーガイド

1泊2日ではもったいない。サンマルコ広場だけではわからない。歴史の闇と深部を、ミステリアスな伝説を追体験しながら見えてくる、水の都の奥の奥。

（2010年8月下旬刊）

■仙北谷茅戸
畑の向こうのヴェネツィア

ヴェネツィア近郊の町ノアーレ。そこに暮らす日本人女性とその家族の四季折々の生活と過ぎ去りし日々への思いを、匂い、音、色彩といった感覚をもとに描いた追憶のエッセイ。

■ピーター・ハンフリー　高橋朋子訳
ルネサンス・ヴェネツィア絵画

ルネサンス期のヴェネツィア絵画は、いかにしてフィレンツェとは異なる独自の展開を遂げたのか。画家たちの交流を追い、作品鑑賞しながらたどるヴェネツィア絵画入門の決定版。

■河村英和
カプリ島　地中海観光の文化史

地中海観光のメッカ、カプリ島。本書では十八世紀から二十世紀にかけて、カプリがどのようにして観光の島として発展していったかを、文学・建築・美術といった文化史的な側面から描く。

■ドゥッチョ・バレストラッチ　和栗珠里訳
フィレンツェの傭兵隊長　ジョン・ホークウッド

中世イタリアは、都市国家が各地に群雄割拠する一種の戦国時代であり、傭兵が重要な役割を果たしていた。稀代の武将ホークウッドの数奇な生涯を中心に、当時の政治・社会を概観する。